W0308391

MAXIMILIAN JOSEPH K. V. B.
ber=Volksfest in München 1822.
LANDWIRTHSCHAFTS VEREIN.

175 Jahre Oktoberfest
1810–1985

175 Jahre

Oktoberfest

1810 - 1985

Herausgegeben
von der Landeshauptstadt München

Zusammengestellt
von Richard Bauer und Fritz Fenzl

Bruckmann München

Dieser Band erscheint als offizielle Festschrift
der Landeshauptstadt München
zum 175jährigen Jubiläum des Oktoberfestes.

Für Anregung und Mitarbeit ist zu danken:
Winfried Zehetmeier
Heinz Strobl
Nina Krieg
Stefanie Bielmeier
Peter Schneider
sowie den Mitarbeitern
des Stadtarchivs und
der Monacensia-Sammlung

Motiv des Umschlags:
Peter Hess, Das Pferde-Rennen bey der Vermählungs Feyer 1810
München, Stadtmuseum

Motiv des Vor- und Nachsatzes:
Erinnerungsblatt an das Oktoberfest 1822
München, Stadtarchiv

Der Ausstellungskatalog »Das Oktoberfest«
(ISBN 3 7654 2028 X)
bietet weitere Information zum Thema.

CIP-Kurztitelaufnahme der Deutschen Bibliothek
175 [Hundertfünfundsiebzig] Jahre Oktoberfest:
1810–1985/hrsg. von d. Landeshauptstadt München.
Zsgest. von Richard Bauer u. Fritz Fenzl. –
München : Bruckmann, 1985.
ISBN 3-7654-2027-1
NE: Bauer, Richard [Hrsg.]; München

© 1985 Verlag F. Bruckmann KG, München
Alle Rechte vorbehalten
Herstellung: F. Bruckmann KG, München
Graphische Kunstanstalten
Printed in Germany
ISBN 3 7654 2027 1

Inhalt

Ausgang
SPATEN

Zum Geleit

Das Münchner Oktoberfest wird 175 Jahre alt. Am 12. Oktober 1810 feierte München die Vermählung des Kronprinzen Ludwig mit der Prinzessin Therese von Sachsen-Hildburghausen. Und die Münchner ließen sich es nicht nehmen, dies nach guter alter Sitte zu tun: mit einem typisch münchnerischen Fest, einem »Roßrennerts«, so wie es schon öfters aus Anlaß einer Fürstenhochzeit veranstaltet wurde.

So fanden am 17. Oktober – einem der schönsten Herbsttage des Jahres 1810, wie der Chronist Ernst von Destouches berichtete – die Vermählungsfeierlichkeiten mit einem Pferderennen ihren krönenden Abschluß. Die Geschichte des Münchner Oktoberfests aber nahm damit ihren glücklichen Anfang.

Das Oktoberfest ist seither für Generationen von Münchnern zu einem »Volks«-Fest im besten Sinne des Wortes geworden – und nicht nur für die Münchner. Es hat heute seine Freunde überall in der Welt, die mit Eugen Roth einer Meinung sind:

> »Zu Münchens schönsten Paradiesen
> zählt ohne Zweifel seine Wiesen.«

Als Münchner »Paradies« ist das Oktoberfest inzwischen eine Weltattraktion ersten Ranges. Das beweisen die Besucherscharen, die Jahr für Jahr nach München kommen, um hier echte Oktoberfeststimmung einmal »live« zu erleben. Das beweisen aber auch die zahllosen Nachahmungen des Münchner Oktoberfests in aller Welt. Grußworte des Münchner Oberbürgermeisters sind dazu schon bis Penang in Malaysia gegangen, bis Nashville/Tennessee, Sydney in Australien oder Kathmandu in Nepal.

Das Oktoberfest ist einer der erfolgreichsten Botschafter Münchens in allen fünf Erdteilen. Und gerade das spricht wiederum für die Unverwechselbarkeit des Münchner Originals. Das Oktoberfest ist bei aller Internationalität geblieben, was es immer war: ein Nationalfest der Bayern, ein geselliger Treffpunkt von Stadt und Land, verwurzelt und gewachsen in bodenständigem Brauchtum.

Zu diesem Brauchtum gehört heute auch eine der wichtigsten Amtshandlungen des Münchner Oberbürgermeisters – eine Amtshandlung, die Thomas Wimmer vor 35 Jahren zum ersten Mal vollzogen hat, die dem Münchner seither einen wichtigen Aufschluß gibt über das schlagkräftige Geschick seines Stadtoberhaupts und bei der alles gespannt auf die feierliche Vollzugsmeldung wartet: »O'zapft is'!«

Damit ist das Oktoberfest eröffnet; damit ist der Start frei für sechzehn Tage urtypischer und unbeschwerter Wies'n-Festlichkeit, so wie sie nun schon seit 175 Jahren Bestand hat in unserer Stadt und wie sie auch weiterhin bestehen bleiben soll.

Diese Festschrift will auf den nachfolgenden Seiten einen Eindruck davon vermitteln. Ich wünsche ihr dazu viel Erfolg und allen ihren Lesern viel Vergnügen.

München, 29. April 1985

G. Kronawitter

Georg Kronawitter
Oberbürgermeister

Chronik

Die in diesem Abriß der Oktoberfestgeschichte wiedergegebenen Fakten orientieren sich zunächst am Inhalt der bis auf das Jahr 1818 zurückführenden »Jahrbücher der Stadt München«, die im Münchner Stadtarchiv aufbewahrt werden. Da das Oktoberfest innerhalb der Stadtchronik jahrgangsweise natürlich unterschiedlich gewichtet ist und der jeweilige Chronist zudem stets nur das ihm persönlich aktuell Erscheinende für seine Darstellung auswählte, war eine Ergänzung der Chronikhinweise durch Literatur und Aktengut des Stadtarchivs notwendig. Der in dieser Festschrift zur Verfügung stehende Raum gebot andererseits wieder eine sorgfältige Auswahl und eine strenge Beschränkung auf die notwendigsten Namen und Ereignisse, so daß es nicht immer leicht war, innerhalb des Jubiläumszeitraumes 1810–1985 Kontinuität und Veränderung aller Festelemente gleichermaßen zu verdeutlichen.
»Von lokalpatriotischem Sinn und von vaterländischer Begeisterung durchweht und getragen« kann – im Gegensatz zu der von Ernst von Destouches 1910 verfaßten Säkularchronik – die vorliegende Darstellung nicht sein.
Knapp und informativ, wie es dem gegenwärtigen Stil der Münchner Stadtchronik entspricht, soll hier berichtet werden, damit der Leser rasch den für das Jubiläum notwendigen Orientierungsrahmen erhält.
Die Chronologie der Ereignisse wird erweitert durch Bildbelege: Gemälde, Zeichnungen, Stiche, Pläne, Plakate, Fotos – mit wenigen Ausnahmen wiedergegeben nach den Vorlagen des Stadtarchivs – illustrieren die traditionelle Vielfalt der festlichen Szenerie. Der Reichtum des bei den Vorbereitungsarbeiten für die Festschrift ans Licht beförderten Materials hebt die Bildquellen über die gewöhnliche »dienende« Funktion am Text hinaus und gibt ihnen einen wichtigen ergänzenden Informationswert. So gesehen darf diese Festschrift auch als »Bilder-Chronik« des Münchner Oktoberfestes verstanden werden.

Richard Bauer
Stadtarchiv München

Kavallerie der Nationalgarde, auf deren Veranlassung das Pferderennen auf der Theresienwiese 1810 veranstaltet wurde, kolorierter Stich, 1809

1810
Das Oktoberfest als Münchner »Nationalfest«

Hochzeiten, besonders in Herrscherhäusern, haben immer schon idealen Anlaß für große Feierlichkeiten geboten. Ein solches Ereignis – nämlich die Vermählung des bayerischen Kronprinzen Ludwig mit Prinzessin Therese Charlotte Louise von Sachsen-Hildburghausen – kündigte sich im Jahr **1810** in der königlichen Haupt- und Residenzstadt München an. Wenn nach dem Ursprung des Münchner Oktoberfestes gefragt wird, steht diese Hochzeit im Mittelpunkt. Denn sie gab nach dem Urteil der 1910 verfaßten Säkularchronik *»die erste Veranlassung zu den Oktoberfesten, welche zu Nationalfesten geworden, die in Deutschland ihres Gleichen suchen«*. Zunächst feierte München an zwei Tagen, am 13. und 14. Oktober, ein vom König Maximilian I. Joseph selbst angeordnetes und im wesentlichen von der Zentralstaatskasse bezahltes großes *»Volksfest«*, bei welchem an vier öffentlichen Plätzen in der Stadt kostenlos Speisen und Getränke an die Bevölkerung ausgeteilt wurden. Gleichzeitig veranstaltete die Münchner Schützengesellschaft ein über mehrere Tage dauerndes Preisschießen, und schließlich wurde noch von einigen *»bey der Cavallerie-Division der National-Garde dritter Klasse eingereihten Individuen«*, angeführt von Major Andreas von Dall'Armi, die allerhöchste Erlaubnis erwirkt, die Vermählung noch zusätzlich durch ein Pferderennen auf der großen Freifläche zwischen dem Allgemeinen Krankenhaus und dem Sendlinger Berg in Anwesenheit des Hofes verherrlichen zu dürfen. Dahinter stand unter anderem auch die Absicht, die einst so beliebten Altmünchner Scharlachrennen – benannt nach einem Stück Scharlachtuch, das dem Sieger winkte –, die seit 1786 nicht mehr veranstaltet wurden, wieder aufleben zu lassen.

Leider ist in der bisherigen Oktoberfest-Literatur der Zusammenhang dieses Pferderennens mit all den übrigen Ereignissen des verordneten Festes viel zu wenig beachtet worden. Die – übrigens erst in jüngster Zeit – angezweifelte Verbindung des Hochzeitrennens von 1810 mit stationären Verpflegungsmöglichkeiten für die Besucher wird bereits durch das

Das Brautpaar, Therese, geborene Prinzessin von Sachsen-Hildburghausen, und Kronprinz Ludwig von Bayern, 1810

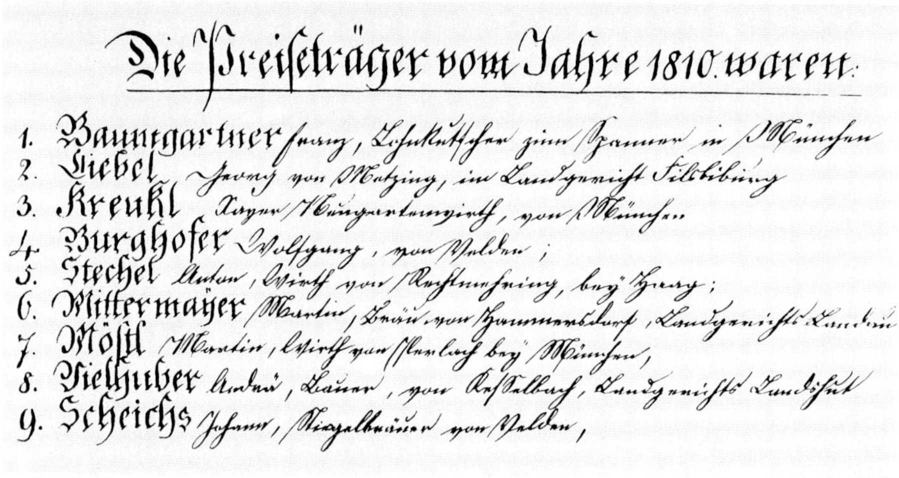

Die Preisträger vom Jahre 1810 waren:

1. Baumgartner Franz, Lohnkutscher ... in München
2. Siebel Franz von Matzing, im Landgericht ...
3. Krenkl Xaver, ..., von München
4. Burghofer Wolfgang, von ...;
5. Stechel Anton, Wirth von ...;
6. Mittermayer Martin, Bräu von ..., Landgerichts ...
7. Mößl Martin, Wirth von ... bey München,
8. Vielhuber Andrä, Bauer, von ..., Landgerichts Landshut
9. Scheichs Johann, ... von ...,

Auflistung der Preisträger des ersten Pferderennens 1810

offizielle gedruckte Einladungsschreiben der Veranstalter widerlegt. Darin ist ausdrücklich von den *»Zelten der Traiteurs«* auf der Anhöhe über der ausgemessenen Rennbahn die Rede. Da den *»Traiteurs«* die Abgabe von Speisen und Getränken, auch Bier und Wein, erlaubt war, ist die Oktoberfesttradition des Münchner Gastgewerbes eindeutig bereits für das Jahr 1810 gesichert.

Das Festrennen am 17. Oktober 1810 begann mit einer Feldmesse im Bürgersaal und mit dem feierlichen Abmarsch der Nationalgarde nebst regulären militärischen Abteilungen zum Festplatz. Vor dem Renn-Spektakel war noch ein patriotisches Schauspiel in Szene gesetzt worden, über das die Säkularchronik 1910 berichtet: *»Während alsdann die Pferde umgewiesen wurden, bewegte sich ein äußerst stimmungsvoller Zug zum königlichen Pavillon: 16 Paare, Knaben und Mädchen, Söhne und Töchter von Nationalgardekavalleristen, von dem Kreisrat Lipowsky geführt, das erste Paar mit einem Lorbeer- und Myrtenkranze, die weiteren neun als Vertreter der damaligen neun Kreise des Königreiches* [...] *die folgenden als Bürger und Landleute verschiedener Gegenden und das letzte Paar in der Tracht der Alt-Wittelsbacher. Sie brachten dem Königs- und Kronprinzenpaare ihre Huldigung dar, worauf die Feiertagsschulen ein von Jakob Ignaz Sendtner komponiertes Weihelied sangen. Nun folgte das Pferderennen, bei welchem 30 Pferde – also mehr als je bei den früheren Scharlachrennen – sich beteiligten und die 11200 Schuh* [ca. 3270 m] *lange Bahn dreimal umliefen.«* Sieger bei diesem ersten Münchner Oktoberfest-Rennen wurde der Nationalgarde-Kavallerist und Lohnkutscher Franz Baumgartner, welcher der Überlieferung nach als erster die Anregung zu dieser Veranstaltung gegeben haben soll. Den dritten Platz belegte der Lohnkutscher Xaver Krenkl, dessen Name in den Siegerlisten der folgen-

Major Andreas von Dall'Armi (1765–1842)

Das erste Oktoberfestrennen am 17. Oktober 1810, Ausschnitt aus einer Darstellung von 1811

den Jahre immer wieder aufgeführt ist. Die Preisverteilung nahm der königliche Staatsminister Maximilian Graf von Montgelas vor, und nicht nur die Rennmeister, sondern auch die Rennbuben (Jockeys) erhielten damals goldene Gedenkmedaillen. Die Anzahl der Besucher soll der Überlieferung gemäß 40000 betragen haben. Noch während des Festes hatten Mitglieder der Nationalgarde an König Maximilian I. Joseph die Bitte übermitteln lassen, *»die Wiese, worauf das erste bayerische Nationalfest gefeiert worden, zum bleibenden Andenken Theresens Wiese benennen zu dürfen«*, einen Wunsch, den der König selbstverständlich gerne gewährte. Das an die offiziellen Hochzeitsfeierlichkeiten angeschlossene und mit einer symbolischen Huldigungsadresse aller bayerischen Kreise – sie entsprechen den heutigen Regierungsbezirken – geschickt verknüpfte Pferderennen kam als »Nationalfest« dem König und seinem Ministerium nicht ungelegen.
Durch den Zerfall des alten Reichskörpers nach 1801 und durch den taktisch geschickten Anschluß an das napoleonische Frankreich hatte Bayern

Bewirtung auf den frühen Oktoberfesten

links oben:
Die Sendlinger Anhöhe (rechter Bildrand) mit den Zelten der »Traiteurs«, 1810; Ausschnitt aus einer Radierung von W. v. Kobell

links unten:
Bretterbuden der Wirte; Ausschnitt aus einer Radierung von H. Adam, um 1824

rechts:
»Szene auf der Theresienwiese«, Ölgemälde von C. Klotz, 1835; im Vordergrund eine Obstverkäuferin, dahinter ein Bierausschank

Weihelied auf das erste bayerische Nationalfest

in den Jahren seit 1805 immensen Gebietszuwachs erhalten und war zudem durch die Gnade des Korsen zu einem Königreich aufgestiegen. Das nunmehr aus altbayerischen, schwäbischen, fränkischen und tirolischen Gebietsteilen zusammengestückelte neue Territorium konnte auf die Dauer allein mit der Popularität der Dynastie Wittelsbach regiert und durch die Konstruktion eines die alten Stammesgrenzen überschreitenden neu-bayerischen Zusammengehörigkeitsgefühls erhalten werden. Dieser »Bedürfnislage« entsprechen die in den ersten drei Jahrzehnten der bayerischen Monarchie von oben angeregten und geförderten Regungen eines »Nationalbewußtseins«. »Nationalfeste«, »Nationaltrachten« und das Bemühen um den »Nationalcharakter« der Bayern sind somit typischer Ausdruck einer schwierigen staatlichen Konsolidierungsphase. So muß auch jener berühmte Satz, den Kronprinz Ludwig gesprochen haben soll, als man ihm 1810 den Festplan vortrug, weniger als zustimmende Freundlichkeit, denn vielmehr als politische Perspektive verstanden werden: *»Volksfeste freuen mich besonders. Sie sprechen den Nationalcharakter aus, der sich auf Kinder und Kindes-Kinder vererbt. Ich wünsche nun auch Kinder zu erhalten; und sie müssen gute Baiern werden; denn sonst würde ich sie mir minder wünschen können. Der König, mein Vater, hat mich zum guten Baiern gebildet.«*

1811–1818

Das Oktoberfest als Veranstaltung des Landwirtschaftlichen Vereins

Der 1810 gegründete »Landwirtschaftliche Verein in Bayern« regte für das Jahr **1811** eine Wiederholung des erfolgreichen Pferderennens des Vorjahres an, das mit einer Viehausstellung und Viehprämierung verbunden werden sollte. Damit wurde der patriotische Ansatzpunkt des Festes zeittypisch mit volksbildenden Elementen angereichert, die der wirtschaftlichen Ausgangssituation des Agrarstaates Bayern Rechnung tragen sollten.

Das vom Verein arrangierte und bezahlte zweitägige Fest wurde tatsächlich ein großer Erfolg und gab König und Kronprinz erneut die Gelegenheit, patriarchalische Umsicht und Fürsorge zu demonstrieren. Die bei den Viehprämierungen inszenierte festliche Begegnung des Monarchen mit dem bislang gering geachteten Bauernstand realisierte nunmehr auch in Bayern ein von *»Kaiser Joseph als Pflüger«* bereits vorgeprägtes Idealbild des aufgeklärten Regenten. Deutlich war nun König Maximilian I. Joseph als oberster Repräsentant der Nation in den Mittelpunkt des Festgeschehens getreten; um seinen Namenstag, den 12. Oktober, gruppierten sich die einzelnen Veranstaltungen. Dieser Ausrichtung auf die Person des Monarchen entsprach auch das Königszelt als Zentrum des Festplatzes.

Auch **1812** war der Landwirtschaftliche Verein der alleinige Träger des Oktoberfestes. In getrennten Rennen gingen in diesem Jahr 22 bayerische und 15 ausländische Pferde an den Start; das Schaurennen, das Höhepunkt aller Festereignisse blieb, trug also auch den Erfordernissen der einheimischen Pferdezucht Rechnung, welche aufgrund des ungeheuren militärischen Pferdebedarfs jener Jahre nach neuen Impulsen verlangte.

Die Befreiungskriege, die Bayern zum radikalen Frontwechsel an die Seite seiner einstigen Feinde und vorhersehbaren Sieger veranlaßt hatten, zwangen dazu, das Oktoberfest **1813** abzusagen.

Auch das Fest **1814** konnte nur als Rumpfveranstaltung abgehalten werden. Das Pferderennen unterblieb, während am Festtag der Landwirtschaft in Abwesenheit des Königs und des Kronprinzen – sie weilten beim Wiener Kongreß – eine Preisverteilung *»für vervollkommnete Viehzucht«* stattfand, *»um die Landwirthe nicht zu entmutigen«*.

Symbolische Darstellung der Landwirtschaft, 1832

Als nach dem Sieg über Napoleon 1815 in Europa Friede eingekehrt war, hielt die königliche Familie unter dem Jubel der Bevölkerung wieder Einzug auf der Theresienwiese. Erneut beteiligte sich auch die Nationalgarde an der Finanzierung des Pferderennens, wodurch der Einfluß des Landwirtschaftlichen Vereins auf den Festablauf und die Festgestaltung wieder zurückgedrängt wurde. Eine Neuerung des Oktoberfestes von **1815** war die Auszeichnung besonders eifriger Feiertagsschüler – an den Sonntagen schulpflichtige Lehrlinge und Gesellen – mit Gedenkmünzen, denn *»nichts kann für die Stadt wichtiger seyn, als für die gute Erziehung der heranwachsenden Jugend fortwährend besorgt zu seyn«*. Darüber hinaus veranstalteten die Festorganisatoren ein Preiswettrennen, an dem sich insgesamt 16 Feiertagsschüler beteiligten. Die Jugendlichen sollten dazu angehalten werden, *»ihre körperliche Gewandtheit mehr auszubilden und gebrauchen zu lernen«*.

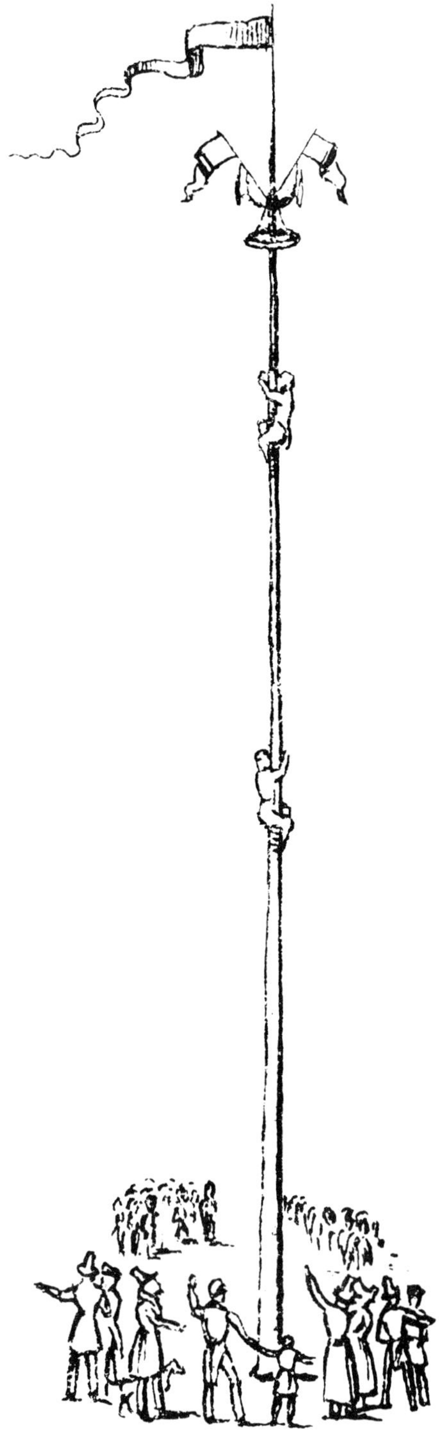

Nach über einem Jahrzehnt schwerer bayerischer Blutopfer auf allen Kriegsschauplätzen Europas wurde die fürsorgende Hinwendung zur Jugend zum notwendigen Bestandteil der Bevölkerungsmotivation. Letztere erwies sich bald um so notwendiger, als 1816/17 durch Mißernte und Getreideteuerung in Bayern eine katastrophale Hungersnot ausgelöst wurde. Wie unter solchen Umständen das Oktoberfest zu gestalten sei, dazu äußerte sich der Münchner Weinwirt und Rennrichter Johann Baptist Findl: *»Bey solchen Zeitpunkten ist es die vorzüglichste Pflicht der Väter des Vaterlandes, alle Gelegenheit zu ergreifen, der ärmeren Volksklasse Arbeit und Nahrung zu verschaffen, und das Volk überhaupt mit abwechselnden Vergnügungen zu belustigen, damit es sich von seinem Trübsinn leichter erhole, und durch eine wechselseitige fröhliche Mittheilung seines Kummers ein wenig vergesse, um des andern Tages neu gestärkt wieder an seine Arbeit zu eilen.«*

Dieser Vorgabe, Arbeitsbeschaffung, Wohltätigkeit und Belohnung, Solidarisierung und vor allem Volksbelustigung zum Ablenken von den schlechten Zeiten, kam das Programm des Oktoberfestes **1816** vollkommen entgegen. Eine ganze Reihe von Neuerungen sollte dem Fest den notwendigen äußeren Glanz verleihen. Zum ersten Mal wurden auch Dienstboten städtischer Haushalte mit Medaillen ausgezeichnet, wie es bereits seit 1812 für ländliche Dienstboten üblich war. Als Kriterien galten *»Sittlichkeit, Treue, Fleiß, Verträglichkeit und Häuslichkeit«*. Zudem kauften die Festorganisatoren Handarbeiten von *»weiblichen Arbeitsschulen«* auf, um damit einen Glückshafen einzurichten, dessen Überschüsse wohltätigen Zwecken zugeführt wurden: *»Es ist ein wahrhaft edler Gedanke, der Arbeitsamkeit des schwächeren Geschlechtes mit einiger Ermunterung unter die Arme zu greifen.«* Als besonders attraktiv erwies sich das von den Schützenvereinen eingeführte Vogelschießen. Dabei mußte ein auf eine hohe Stange aufgesteckter Holzadler Stück für Stück herabgeschossen werden. Schützenkönig wurde derjenige, dem es gelang, das letzte Stück herunterzuholen. Und wie es sich für eine festliche Innovation gebührt, wurde Maximilian I. Joseph am 6. Oktober zum Schützenkönig ausgerufen – in Vertretung des Monarchen hatte der königliche Kammerdiener Karl Thurm das letzte Stück herabgeschossen.

Der vorhersehbare starke Zustrom der Münchner Bevölkerung zu den Feierlichkeiten hatte die Organisatoren veranlaßt, eine große hölzerne

Vogelschießen, Ausschnitt aus einem Stich von 1830

Tribüne errichten zu lassen, *»in deren Inneren sich Säle befanden, worinn Erfrischungen eingenommen werden konnten«.*

Auch beim Oktoberfest von **1817** sahen die Veranstalter ihre vornehmste Aufgabe darin, von der noch allenthalben spürbaren Not abzulenken. Allgemeine Aufmerksamkeit erregte der Glückshafen, an dem handwerkliche Lehrlingsarbeiten ausgespielt wurden. Die Ausstellung des im Jahr zuvor gegründeten Polytechnischen Vereins ergänzte die Selbstdarstellung der bayerischen Landwirtschaft und regte gleich dem Glückshafen das Gewerbewesen in Stadt und Land an. Ein dem Oktoberfest angeschlossenes sogenanntes Wiesenfest belohnte Feiertagsschüler, insbesondere die um den Glückshafen verdienten Jugendlichen, mit öffentlicher Danksagung und Ausspeisung im Huber-Garten vor dem Karlstor.

Nur unter Mühen konnte man sich **1818** zwischen Landwirtschaftlichem Verein, Landwehr-Kavallerie-Division und einer Vertretung der Münchner Bürgerschaft über die Finanzierung des Oktoberfestes einigen, dessen erfreulicher Verlauf dann aber auch die allmähliche Gesundung der wirtschaftlichen Situation Bayerns widerspiegelte. Die dem Münchner Praterwirt Anton Gruber erstmals erteilte Konzession zum Betreiben von *»Vergnügungseinrichtungen«* veränderte das Oktoberfest-Milieu grundsätzlich: *»Auf der Sendlinger Anhöhe, von welcher man den ganzen Umfang mit freyem Auge übersehen kann, bewegten sich mehrere Schaukeln*

◁ *Baumklettern, Ausschnitt aus einem Stich von 1835*

Glückshafen, Ausschnitt aus einem Stich von 1830

und schnurrte das mit jungen Leuten besetzte Treibrad eines Karussells mit hölzernen Pferden herum, so, daß man dort alles in einer fortwährenden Bewegung und Lebendigkeit sah.« Die Münchner Wirte hatten nun schon kleine Bretterbuden aufgestellt, in denen die Besucher auf bescheidene Weise verköstigt wurden. Nach der Verteilung der landwirtschaftlichen Preise überreichten Schulkinder aus Würzburg und Speyer dem Königspaar Weinproben, ein Vorgang, der als wichtige politische Demonstration verstanden werden darf, da auf diese Weise die erst nach dem Wiener Kongreß an Bayern gefallenen Provinzen Unterfranken und Rheinpfalz ihre symbolische Anwesenheit auf dem Fest der *»nationalen Einheit«* zum Ausdruck brachten. Und gerade die Schulkinder wurden 1818 besonders hofiert: Sie durften beim »Wiesenfest« unentgeltlich Schaukel und Karussell benutzen. Am Abend dieses letzten Festtages wurde erstmals ein zweites kleines Pferderennen abgehalten, das unter dem Namen »Nachrennen« eine eigene Festtradition begründete.

1819

Das Oktoberfest erstmals unter städtischer Leitung

»Den Oktoberfesten, welche schon in den verflossenen Jahren mit vielen Schwierigkeiten zu kämpfen hatten, droht heuer eine gänzliche Stockung. Man hat daher nach reifer Überlegung beschlossen, die allgemeine Leitung derselben zu übernehmen.« Mit diesen Worten begründete im September **1819** der Magistrat der Stadt München die bevorstehende Übernahme der organisatorischen und finanziellen Verantwortung für das Oktoberfest.
Die vom Magistrat gebrauchte Formulierung, daß die *»Dringenheit der Sache«* eine vorherige Abstimmung mit dem Kollegium der Gemeindebevollmächtigten nicht gestattet habe, läßt etwas von den Spannungen und Schwierigkeiten erahnen, welche diese Neuregelung begleitet haben mögen. Nach einem Jahr starken moralischen Druckes seitens der bisherigen Veranstalter hatte die erst 1818 neu organisierte Münchner Gemeindeverwaltung ohne Rücksicht auf ihren Schuldenstand und ihre zahlreichen anderen Probleme und Belastungen die künftige Ausrichtung des *»Nationalfestes«* zur städtischen Angelegenheit gemacht, wobei allerdings die Besorgung der Viehausstellung und Viehprämierung weiter dem Landwirtschaftlichen Verein und der Aufbau des königlichen Pavillons dem Hofbauamt übertragen werden sollte.
Die Rechnungslegung von 1819 verursachte dann tatsächlich bei den Gemeindebevollmächtigten ein nicht geringes Unbehagen, doch zeigte der Festverlauf dieses Jahres, daß der nun beschrittene Weg der beste Garant für die so beliebten herbstlichen Feiertage sein würde. Obgleich das *»Landwirtschaftsfest«* von diesem Jahr an innerhalb des Festgeschehens als organisatorisch und etatmäßig selbständige Veranstaltung ausgewiesen war, blieb es bis in unser Jahrhundert herein ein gleichberechtigtes und unverzichtbares Element der Oktoberfeste.

1820

Das erste Oktoberfest-Jubiläum

1820 feierte München das erste Jahrzehnt des Oktoberfestes. Wie schon im Vorjahr war der Beginn der *»Maximilianswoche«* – so wurde das Fest bis 1825 bisweilen auch genannt – auf den ersten Sonntag im Oktober gelegt worden, während das Ende der Feierlichkeiten mit dem königlichen Namenstag am 12. Oktober zusammenfiel. Stadtverwaltung und Landwirtschaftlicher Verein organisierten und bezahlten den Festverlauf, der alle bisherigen Programmpunkte, nämlich Preisverleihung an die Landwirte, Pferderennen, Aufzug der Schützen – darunter erstmals die »Bolzschützen-Gesellschaft« –, Preisschießen und Nachrennen einschloß. Auf eigene Kosten hatten die Wirte der Festwiese für die Jugend verschiedene Belustigungen wie Sacklaufen, Hosenrennen und Baumsteigen veranstaltet. Höhepunkt des ersten Jubiläums-Oktoberfestes war ohne jeden Zweifel der Gasballonflug der »Madame Reichard«, der von Münchner Geschäftsleuten finanziert worden war: *»Die Füllung des Ballons mit Wasserstoffgas geschah schon am Vormittag. Der Ballon strotzte* *während der ganzen Zeit der Preisvertheilung und des Pferderennens, welches ein Zeichen seiner vorzüglichen Güte und Luftdichte war. Um 3 Uhr 36 Minuten stieg der erste kleine Ballon und gleich darauf der zweyte größere Ballon (weiß und roth), welche Vorläufer den Weg zeigten, den die Luftschifferin nehmen wird. Beyde nahmen die Richtung über Berg am Laim, nur etwas südlich. Um 3 Uhr 44 Minuten stieg Frau Reichard auf. Schnell erreichte sie eine ansehnliche Höhe und konnte über dem südlichen Theil der Stadt kaum niederer als 3000 Fuß geschwebt haben* [...] *Gegen 4 Uhr hatte sich die Luftschifferin zum Herabsteigen entschlossen. Es war zu verwundern, mit welcher Fertigkeit sie die Höhe ihres Ballons dirigierte. Um 4 Uhr schwebte der Ballon im Schatten einer Wolke, die über Obersendling stand und zwey Minuten später sank die kühne Frau unter diesem Schatten herab und ihre Höhe konnte nun nicht mehr dreimal die Frauenthurmhöhe betragen. Endlich stieg sie ganz herab und man verlor sie hinter dem Walde in der Nähe von Keferlohe aus dem Gesichtsfeld des Fernrohres. Der Ballon kam unweit Zorneding auf einer leichten Waldstelle herab und wurde lange zwischen den Bäumen herumgeworfen, wodurch die Luftschifferin heftig gegen die Erde gestoßen wurde. Der Wachstuchfabrikant Seltenhorn, dahier, der eben von einer Reise zurückkehrte, nahm Frau Reichard mit ihrem Ballon in seinem Wagen auf und so war es möglich, daß dieselbe schon um 8 Uhr abends wieder hier eintraf.«*

Briefkopf des Renngerichts, 1824

Um das Publikum zum Besuch der Theresienwiese anzuregen, hatte der Magistrat die Schützenmeister aufgefordert, einen *»zweckmäßigen Vogel verfertigen zu lassen, damit er nicht sogleich heruntergeschossen werde«* und überdies das Abbrennen eines Feuerwerkes für den Tag des Herunterschießens in Aussicht gestellt.

Am Abend des 8. Oktobers funkelte dann über der Theresienwiese das von einem Augsburger Pyrotechniker vorbereitete erste Oktoberfest-Feuerwerk.

Die Programmzettel des auf Gottesdienst, harmlose Belustigungen und Verlosungen ausgerichteten »Wiesenfestes« der Schuljugend – es wurde am Namenstag des Königs abgehalten – geben zum Teil reichlich unverblümt die konservativ-legitimistischen Tendenzen der damaligen bayerischen Politik wieder: *»Ja, die Kinder sogar, die noch kaum lesen und schreiben können, träumen sich eigene Konstitutionen, Gesetze und Bevorrechtungen! – Man gewöhne sie aber zeitlich daran, irgendein, wenn noch so unbedeutendes Geschäft zu besorgen, und man lasse ihnen die Beschwerlichkeiten seiner ordentlichen Führung fühlen* [...] *Man gebe ihnen somit öfters Gelegenheit, die intellektuellen, sowohl als die physischen und mechanischen Schwierigkeiten des Lebens zu fühlen und erkennen zu lernen: – Und gewiß! Sie werden bald selbst ihren kindischen Übermuth lächerlich finden, und wir werden eine bessere Generation hinterlassen.«*

Der Gasballonflug der »Madame Reichard« war die Attraktion des ersten Jubiläums-Oktoberfestes 1820

Zur Feyer des Octoberfestes
MDCCCXXV.
eil dem König, Heil der Königinn!
iner Sonne Strahlen gleicht Ihr Leben,
eder Strahl bringt Segen, uns zu geben
ieb' für Lieb', des Glückes heitern Sinn!
ankes Iubel grüßt die hohen Gäste,
ines treuen Volkes Iubel-Ruf,
itten unter Baiern — Baierns Beste!
on der Thaten jede, die Er schuf,
uf der Bahn von sechs und zwanzig Iahren,

1821–1848

»Biedermeiers« Oktoberfeste

◁ *Huldigung für König Max I. Joseph und Königin Caroline, 1825*

König Max I. Joseph (1756–1825)

Die Feste **1821**, **1822** und **1823** liefen im gewohnten Rahmen ab, der kleine Neu- und Weiterentwicklungen nicht ausschloß. Das »Wiesenfest« als Nachfest der Schuljugend verschwand allerdings – wie die Chronik vermerkt – nach 1820 aus dem Festprogramm. 1823 wurden erstmals vier Tanzplätze auf der Theresienwiese eingerichtet, was die Attraktivität des Festes noch bedeutend erhöhte.

Das Oktoberfest von **1824** rückte erneut die Person des Monarchen, der in diesem Jahr sein 25jähriges Regierungsjubiläum gefeiert hatte, stark in den Mittelpunkt, bezog aber darüber hinaus die durch die Verlobung der Königstochter Sophie mit dem österreichischen Erzherzog Franz Karl neu gefestigte dynastische Verbindung Wittelsbach-Habsburg in das Festgeschehen ein. Den Eingang zum königlichen Pavillon bildeten drei hohe, mit Blumen und den Namenszügen der Majestäten gezierte Portale, vor denen Fahnen wehten, darunter auch jene mit den Farben Österreichs. Dem Brautpaar, den künftigen Eltern des österreichischen Kaisers Franz Joseph, überreichten zwei als Genien von Bayern verkleidete Kinder auf goldenen Kredenztellern gedruckte Huldigungsgedichte. Neu war eine vom Magistrat angeordnete Verlegung der Buden, die nunmehr in einem großen Viereck vereint wurden, *»dessen Zugangsportale gegen Wägen und Reiter schützten«*.

Auch das Oktoberfest von **1825** war auf König Max I. Joseph ausgerichtet, den *»Vater des Vaterlandes«*. Es war das letzte Fest, an dem er teilnehmen sollte. Unmittelbar danach, in der Nacht vom 12. auf den 13. Oktober 1825, verschied Bayerns erster König.

Das Oktoberfest des Jahres **1826** huldigte in besonderer Weise dem neuen Herrscherpaar Ludwig und Therese, dessen Vermählung einst die Festtradition begründet hatte. Vorab hatte der Magistrat der Stadt München wie schon 1824 und 1825 weitere Grundstücke auf der Theresienwiese angekauft, um den Fortgang des Festes zu sichern; der Festplatz erstreckte sich schließlich auf insgesamt 84 Tagwerk, das entspricht rund 285 600 m^2. König und Königin wurden dort – wie 16 Jahre zuvor – von acht in Landestrachten gekleideten Kinderpaaren willkommen geheißen. Einem Beschluß von 1824 zufolge durften sich am Hauptrennen ausschließlich inländische Pferde beteiligen; von dieser Maßnahme erhoffte man sich wieder einmal eine Förderung der *»bessern, viel mehr edlen Pferdezucht«* in Bayern.

Beim Oktoberfest **1827** verzeichnete die Chronik eine *»nie gesehene«* Anzahl Fremder, sowohl aus dem In- als auch aus dem Ausland, wobei dieser Fremdenstrom wohl auch auf die gleichzeitig eröffnete »Ausstellung inländischer Kunst- und Industrieerzeugnisse« zurückzuführen war.

Bei der Einteilung des Festplatzes **1828** wurde die zentrale Position des Königspavillons erneut hervorgehoben: eine hölzerne Barriere hielt sei-

ne unmittelbare Umgebung frei. Dem Pavillon gegenüber wurden zwei neue Tribünen errichtet, die allein für das Offizierskorps bestimmt waren.
Die Wirtschaftshütten und die Buden der Gewerbetreibenden durften nicht höher als 15 Schuh (ca. 5 m) gebaut werden. Unter den neuen Buden zeichneten sich die der Cafetiers Tambosi und Putscher und das ländliche Wirtshaus eines Konditors Gigl aus. Beim Feuerwerk, das die Festlichkeiten beschloß, traten die königlichen Prinzen selbst in Aktion. Der Kronprinz Maximilian, der spätere König Maximilian II., brannte die ersten drei Raketen sowie die Schlußdekoration ab, und auch die Prinzen Otto, der spätere König von Griechenland, und Luitpold, der spätere Prinzregent, durften sich als Pyrotechniker versuchen *»und äußerten darüber ein besonderes Vergnügen«*.
Ein **1829** eingebrachter Vorschlag, das Fest im Hinblick auf die oft ungünstige Witterung im Oktober auf den dritten Sonntag im September vorzuverlegen, wurde vom Magistrat abgelehnt: *»Weil bey dem Oktober-Feste die umliegenden Änger vieler Privater begangen und befahren werden, was*

Griechen auf der Festwiese; Ausschnitt aus einem kolorierten Stich von P. Hess, 1832 ▷

Preisfahne mit goldenem »T« (Therese) im Blumenkranz, um 1830

den bestehenden Kulturverordnungen gemäß vor Michaeli um so weniger geschehen darf, da in hiesiger Gegend das Grumet vor Ende September nicht eingebracht wird.« – Ein interessanter Hinweis auf die noch sehr ländlichen Verhältnisse im Vorfeld der Hauptstadt. Tatsächlich war dann auch der Wettergott dem Fest 1829 nicht gewogen; am Eröffnungstag regnete es so heftig, *»daß selbst der königliche Pavillon keinen Schutz mehr gewährte«* und die königliche Familie auf ihre Besichtigungsgänge verzichten mußte. Vier Tage später führten starke Schneefälle zu einem seltenen Anblick der Festwiese: »[...] *alle Buden waren geschlossen, die Theresienwiese verödet.«* Auch die Verlängerung um acht Tage brachte nicht den erwarteten Besucherzustrom, das Wetter blieb naß und kalt. Die Wetterproblematik führte erstmals 1872 zu einer Vorverlegung des Hauptsonntags in den September. Einschließlich der inoffiziell gefeierten »Vorwoche« fielen dadurch zwei Wochenenden in diesen Monat, lediglich der Abschlußsonntag blieb dem Monat Oktober erhalten. 1904 wurde beschlossen, daß – vorbehaltlich der Allerhöchsten Genehmigung – in der Regel der Hauptsonntag des Oktoberfestes auf jenen Sonntag fallen soll, der in der Zeit zwischen dem 28. September und 4. Oktober liegt.

»Ein ungeheurer Sturm wüthete durch Europa, die alten Bande des Gehorsams und der Bürgertreue waren zerrissen, Throne stürzten ein [...]«, mit dieser so dramatischen Berufung auf die revolutionäre Situation außerhalb Bayerns beginnt die Chronikaufzeichnung über das Oktoberfest von **1830.** Die Beschreibung der üblichen Jubelszenen kann nicht darüber hinwegtäuschen, daß auch die Dynastie Wittelsbach Propaganda nötig hatte und dafür vor Theatereffekten nicht zurückschreckte: *»Der Himmel hatte sich ganz aufgeheitert, mit ungezwungener Freude blickte der König in die Wolken und sprach: ›Wie schön der Himmel! Hellblau! – unsere Farbe – die Farbe der Treue!‹«*

König Ludwig I. mischte sich obendrein in nie dagewesener Weise unters Volk und zog alle Schichten ins Gespräch: *»Seine Majestät der König blieben, wie fast noch niemals, bei der Preisvertheilung des Rennens zugegen und erkundigte sich über alle Verhältnisse der Rennmeister auf das genaueste* [...] *Seine Majestät der König selbst äußerste, er sey nie so gerne in München gewesen als eben jetzt und sprach lange und viel mit den beiden Herrn Bürgermeistern und den übrigen Mitgliedern des Magistrats.«*

Den größten Beifall des Publikums erntete **1830** das erstmals veranstaltete Ringelstechen. Dabei mußten 26 Reiter nach einer Anlaufdistanz mit einer Lanze durch einen Eisenring stoßen.

Auch **1831** fand man es angeraten, das Oktoberfest mit einer Demonstration der Verbundenheit zwischen König und Volk einzuleiten. So wurde genau am Eröffnungstag das von Wilhelm Lindenschmidt geschaffene Fresko »Schmied von Kochel« an der Margaretenkirche in Sendling ent-

Preisfahne, 1824

Ringelstechen, Vignette aus der Titelillustration des Teilnehmerverzeichnisses von 1860

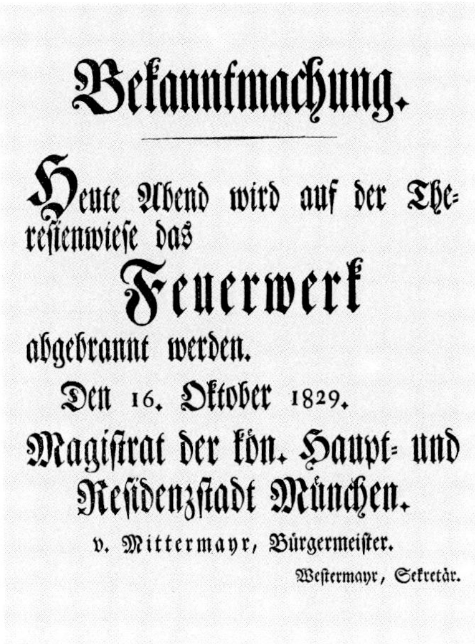

Bekanntmachung.

Heute Abend wird auf der Theresienwiese das

Feuerwerk

abgebrannt werden.

Den 16. Oktober 1829.

Magistrat der kön. Haupt- und Residenzstadt München.

v. Mittermayr, Bürgermeister.

Westermayr, Sekretär.

folgende Doppelseite:

Der Oktoberfestzug 1835; kolorierte Lithographie von G. Kraus

obere Streifen: Landgemeinden aus der Umgebung Münchens repräsentieren stellvertretend die bayerischen Kreise

linke Seite, Mitte und unten: Die vier Jahreszeiten

rechte Seite, Mitte und unten: Die Wagen der Vorstadt Au, die an den 1831 begonnenen Bau der Mariahilfkirche und an den Salvator-Ausschank erinnern

hüllt, das viel zur legendenhaften Umdeutung der »Sendlinger Bauernschlacht« von 1705 beitragen sollte.

Wegen des Besuchs von König Otto von Griechenland, dem zweiten Sohn Ludwigs I., mußte der Beginn des Oktoberfestes **1832** vom 7. auf den 14. Oktober verlegt werden. Am Eröffnungstag erschienen dann neben den Mitgliedern der königlichen Familie auch griechische Abgesandte, die ihren künftigen König in sein Reich geleiten sollten. Das Abschluß-Feuerwerk stand nochmals ganz unter *»griechischem Vorzeichen«*: In *»einer sehr schönen Dekoration«* erschien am Himmel der Namenszug König Ottos, und *»ehrerbiethig entblößten Griechenlands Abgesandte ihre Häupter und begrüßten den jugendlichen König«*. Die Atmosphäre des damaligen Festes und damit der frühen Oktoberfeste hat August Lewald in einer bunten Schilderung festgehalten: *»Ueberall giebt es Gäste, und jeder Wirth sucht es durch irgend eine Anzeige, die er an seine Hütte heftet, seinem Nachbar zuvorzuthun, um mehr Besuch an sich zu locken. Spiele aller Art fehlen auch nicht, und eine auffallende Menge von Männern und Weibern drängen sich mit Rettichen und Nüssen hinzu, die gern von den Leuten beim Bier genossen werden, und die selbst Vornehmere nicht verschmähen. In der Mitte dieses Marktes des Genusses und der Lustigkeit erhebt sich ein Orchester, wo von dem Musikcorps des Bürgermilitärs an schönen Abenden gespielt wird; demungeachtet erschallt aber auch vor jeder Hütte Musik, hier ein Ländler, dort ein Volkslied, Lützows wilde Jagd, und die Barcarole aus der Stummen, in der Restauration von Tambosi eine Symphonie, aus der gegenüberliegenden zum ›Könige von Griechenland‹ ein Straußischer Walzer* [...] *Erfreulich ist es, daß die arbeitende ärmere Klasse der Gesellschaft, die anderwärts nur von außen steht und neidisch und begehrlich zusieht, hier mitgenießen kann. Denn die Genüsse sind gar zu billig. Eine halbe Bier und eine Nudel, einen Rettich oder eine Wurst, das kann leicht ein Jeder erschwingen. Und die guten armen Leute sind an diese Art des Genusses gewöhnt* [...] *Denn nirgends giebt es wohl wie hier Orte, wo der Taglöhner jeden Abend in Gesellschaft geht, manchmal mit Frau und Kind, und wenn er auch nur Brod und Bier hat, dies unter Hunderten seines Gleichen verzehren kann, in hellerleuchteten, freundlichen Localitäten* [...].*«*

Ebenso steht bei Lewald nachzulesen, welch enorme Anziehungskraft schon das frühe Oktober- und Zentrallandwirtschaftsfest auf die bäuerliche Bevölkerung ausgeübt haben muß: *»Von allen Seiten strömten schon die Landbewohner der Hauptstadt zu, um die Erzeugnisse ihrer Provinz beim Feste auszustellen. Die Ställe füllten sich mit herrlichen Rindern und Pferden, welche durch Mast und Zucht zu einem seltenen Grade der Vortrefflichkeit gediehen waren, ihren Besitzern die höchsten landwirtschaftlichen Preise verheißend, und das eigenthümliche Leben, welches diese Gäste in gewissen Bezirken verbreiteten, fing sich auch schon an bemerkbar zu*

Landgericht München.
2
Ober-Donau-Kreis /Feldmoching/
Unter-Donau-Kreis /Pasing/
Regen-Kreis /Aubing/

K. Landgericht München
3
Frühling /Freymann/
Sommer /Garching/
Herbst
/Planeck/
Winter

Rezat-Kreis /Perlach/
Unter-Main-Kreis /Neuhausen/
Ober-Main-Kreis /Sendling u Thalkirchen/
Rhein-Kreis /Aechheim u. Kirhheim.

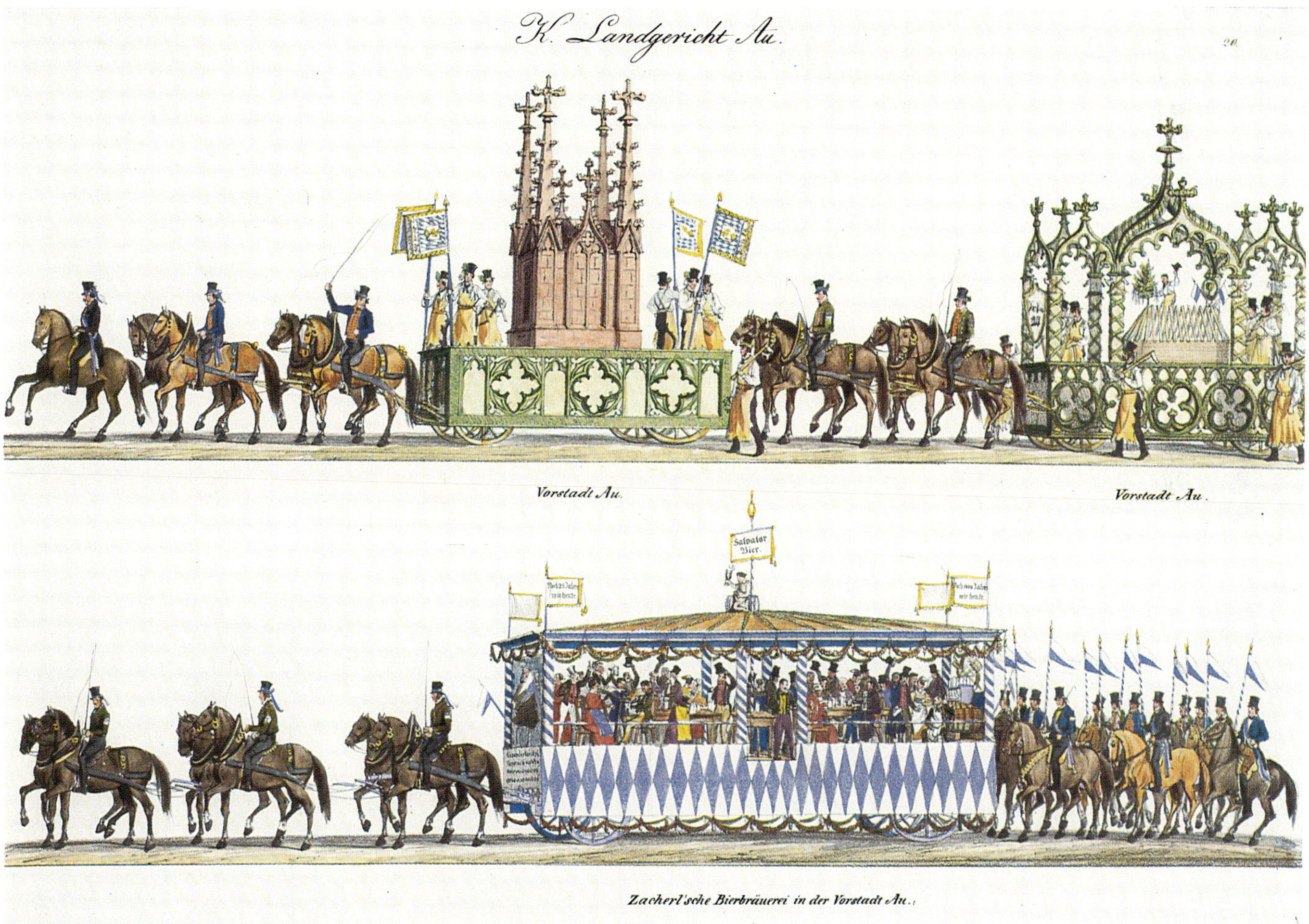
K. Landgericht Au.
20.
Vorstadt Au.
Vorstadt Au.
Salvator Bier.
Zacherl'sche Bierbräuerei in der Vorstadt Au.

machen. In den Gasthöfen war alles besetzt und man begegnete auf den Promenaden Leuten, die in Betragen und Tracht leicht das Fermdartige errathen ließen.«
Das Fest des Jahres **1833** wurde im gewohnten Rahmen und unter Anwesenheit der königlichen Familie gefeiert, während **1834** die Wies'n-Besucher auf die königliche Präsenz verzichten mußten. Ein Ereignis beim letztgenannten Oktoberfest wirft ein Schlaglicht auf die damalige »modische« Griechenland-Begeisterung der Bevölkerung: Die Gäste der Bude »Zum Könige von Griechenland« wurden an einem Tag von »Griechinnen« bedient; der Budenbesitzer Eberhard hatte seinen Dienstboten diese Verkleidung auferlegt. Am folgenden Tag mußte das Personal in Miesbacher Tracht antreten, wohl um den bayerischen Nationalcharakter nicht zu kurz kommen zu lassen, und die Bude wurde einfach »Zum Grünhütl« umbenannt.
Einen *»Glanzpunkt in der Geschichte der Münchner Oktoberfeste«* bildete jenes von **1835**. Das Vierteljahrhundert-Jubiläum erinnerte zugleich an die Silberhochzeit des bayerischen Königspaares. Es wurde am 4. Oktober mit einem prächtigen Festzug des Isarkreises eröffnet, an dem sich auch die gesamte Landwehr mit all ihren Waffengattungen beteiligte. Die acht Kreise des Königreiches mit *»ihren Natur- und Fleißerzeugnissen«* wurden durch Wagen aus den Dörfern um München dargestellt; ein Wagen war besetzt mit Knaben, die alle Ludwig hießen, ein anderer mit Mädchen, die alle den Namen Therese trugen *»und das königliche Jubelpaar mit der Volkshymne begrüßten«.*
Am damaligen Festschießen, eingeleitet von einem stattlichen Schützenzug, nahmen über 1000 Feuer- und Armbrustschützen teil. Das herkömmliche Festprogramm wurde durch einige besondere Spiele und Wettkämpfe belebt: Erstmals fand auf der Festwiese ein Wagenrennen statt, wobei die Wagen *»nach Art der römischen Kampfwägen«* gebaut und die Pferdelenker in römische Kostüme gekleidet waren.
Ebenfalls zu den Publikumsattraktionen zählte der Wettkampf der Bäkkergesellen sowie das sogenannte Radlaufen der Wagnergesellen, die eine ausgemessene Bahn einmal umlaufen und dabei ein Rad an der Nabe antreiben mußten. Ein weiterer Festtag brachte den Besuchern wieder das Spektakel einer Luftschiffahrt, diesmal von Professor Gottfried Reichhard aus Dresden durchgeführt; seine Gattin Wilhelmine war bereits beim Oktoberfest 1820 über der Theresienwiese aufgestiegen.
Die dem Königspaar gewidmete »Jubelfeier« wurde durch zwei in die Festwochen gelegte Denkmalsenthüllungen mit der »glorreichen« Geschichte der Dynastie in Verbindung gebracht. Am Isartor kündete ein Fresko Bernhard Nehers vom siegreichen Einzug Kaiser Ludwigs des Bayern 1322 nach der Schlacht bei Ampfing, und den Platz vor dem Hof-

Ausschnitt aus einem Huldigungsblatt zum 25jährigen Hochzeitsjubiläum des Königspaares Ludwig und Therese, 1835

Darstellung eines Wagnergesellen beim Radlaufen; kolorierte Zeichnung von G. Kraus, 1835

Schlußgruppierung der »Gymnastischen Spiele« des Turnlehrers Gruber; kolorierte Lithographie von G. Kraus, 1835/36

und Nationaltheater schmückte Christian Daniel Rauchs Denkmal des 1825 verstorbenen Königs Maximilian I. Joseph. Das Schlußfeuerwerk ließ in blauem und rotem Feuer die Worte »Heil Ludwig« und »Heil Therese« erstrahlen, während sich die im Brillantfeuer erglänzende Zahl 1810 in die von 1835 verwandelte.

Obwohl Ende September des Jahres **1836** eine Cholera-Epidemie München erfaßt hatte, wurde das Oktoberfest im gewohnten Rahmen abgehalten. Besonders hebt der Chronist das *»Erscheinen sechs schön geschmückter Festwagen«* aus den Münchner Nachbargemeinden hervor. Sie symbolisierten die auf dem agrarischen, wirtschaftlichen und bautechnischen Sektor gemachten Fortschritte in Bayern, nämlich die Landwirtschaft, die Gärtnerei, das Baugewerbe, den Ludwigskanal, die Salva-

tor-Bierbrauerei und die erste Zuckerfabrik. Das schlechte Wetter verhinderte die Vorführung des Preisviehs und die Preisverteilung an die Landwirte. Erst bei einer besonders »ästhetischen« Darbietung zeigte es sich von einer besseren Seite, als nämlich Bäcker- und Schäfflergesellen unter Anleitung des Turnlehrers Gruber »Gymnastische Spiele« zeigten.
Über die Feste von **1837, 1838, 1839** verzeichnet die Chronik kaum Nennenswertes, außer daß sie ohne den Hof abgehalten wurden.
Der Beginn des Oktoberfestes **1840** mußte wegen der Eröffnung der Eisenbahn Augsburg–München um eine Woche verschoben werden. Durch das neue Verkehrsmittel verstärkte sich der Zustrom der Besucher bereits im Eröffnungsjahr spürbar; der Ausbau des Eisenbahnnetzes in den folgenden Jahrzehnten machte dann das Oktoberfest überall im Lande attraktiv. Schon genierte man sich wegen der barackenartigen Bretterbuden der Wirte und nahm sich vor, diese mit der Zeit durch geschmackvollere Holzbauten zu ersetzen.
Um das nicht immer von Spannungen freie Zusammenwirken des Generalkomitees des Landwirtschaftlichen Vereins mit dem Münchner Magistrat bei der Festvorbereitung zu verbessern, wurde **1841** erstmals eine Spezialkommission einberufen, welche sich aus Mitgliedern des Generalkomitees und des Magistrats zusammensetzte und den Ablauf des Oktoberfestes organisierte. Zum großen Erstaunen der Festbesucher mußte sich in diesem Jahr Xaver Krenkl, der absolute Favorit der bisherigen Pferderennen, erstmals mit einem 15. Platz begnügen.
Am 12. Oktober **1842** feierte der Hof die Vermählung des Kronprinzen Maximilian von Bayern mit der königlichen Prinzessin Marie von Preußen, so daß das wenige Tage später beginnende Oktoberfest ganz unter dem Vorzeichen dieses Ereignisses stand. Am Morgen des dritten Oktoberfest-Sonntags wurden 35 Brautpaare, die aus den acht Kreisen des Königreiches stammten, in München getraut. Gemeinsam formierten sie einen prachtvollen Hochzeitszug. Am Nachmittag erschienen die Paare auf der Theresienwiese, um dem Königs- und Kronprinzenpaar zu huldigen. Die Chronik hebt besonders das von der Stadt München gestellte Brautpaar hervor, nämlich den Kistlermeister Johann Schmidt und die Kistlertochter Anna Ortlieb. Zudem hatte die Stadt der Hauptschützengesellschaft eine mit dem Bild des Königs geschmückte Schützenfahne und zum Festschießen eine Ehrenscheibe gestiftet. Kronprinz Maximilian war zum ersten Mal als Vorsitzender des Landwirtschaftlichen Vereins erschienen, ein Ehrenamt, das er auf Wunsch seines Vaters auf sich genommen hatte. Die Stadt kostete dieses Oktoberfest 19 340 Gulden, für die Vermählungsfeierlichkeiten waren – zum Vergleich – vorab schon 41 423 Gulden veranschlagt worden.

Xaver Krenkl (1780–1860)

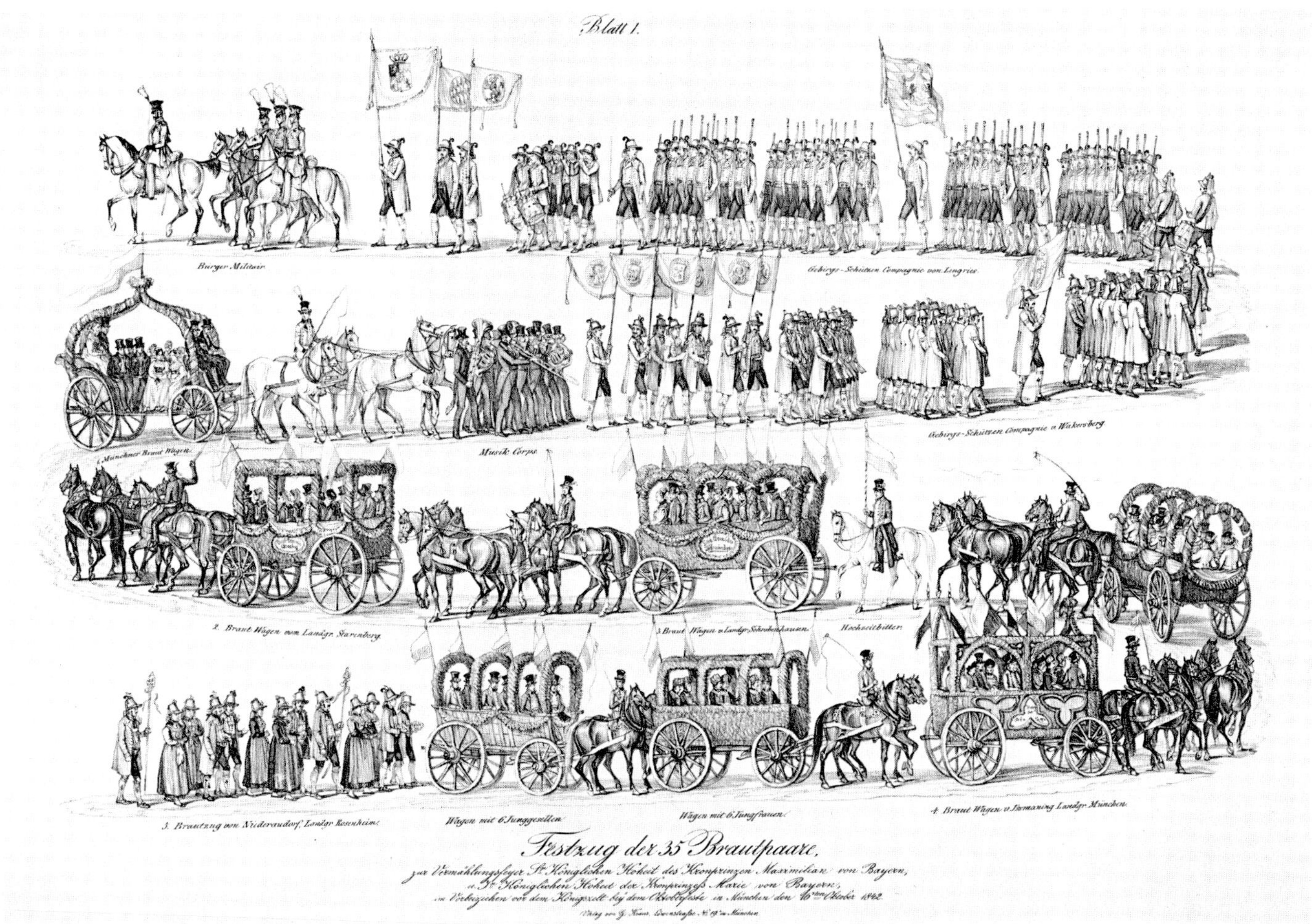

Festzug der 35 Brautpaare; Lithographie von G. Kraus, 1842

Die Feste **1843**, **1844**, **1845** wurden in der üblichen Form abgehalten.
Wegen andauernden Regens begann das Oktoberfest **1846** erstmals seit seinem Bestehen an einem Dienstag. Xaver Krenkl, der wieder zu siegen verstand, wurde von König Ludwig als *»populärster aller Rennmeister«* in besonderer Weise ausgezeichnet. Ludwig weilte zum letzten Mal als regierender Monarch auf der Theresienwiese.
Die überraschende Absage König Ludwigs beim Oktoberfest **1847** spiegelt bereits die Verstimmung zwischen Monarch, Regierung und Bevölkerung wider, die durch Ludwigs Affäre mit der Tänzerin Lola Montez ausgelöst wurde. Dennoch fand das Fest in gewohnter Weise statt, das Rennprogramm wurde allerdings durch das erste Münchner Trabrennen in besonderer Weise bereichert.
Die politischen Stürme des Jahres **1848** waren um vieles heftiger als die

BAYERN.

◁ *Das Oktoberfest und die bayerische Nation; Lithographie von Hohbach, um 1845*

Das Bild des Pferderennens wird umrahmt von Sinnbildern der Landwirtschaft, des Handwerks, der Kunst, des Gewerbes, der Jagd und der Viehzucht

oben rechts: fränkisches Paar und Nürnberger Burg

unten rechts: Pfälzer Paar und Speyrer Dom

unten links: schwäbisches Paar und Augsburger Dom

oben links: oberbayerisches Paar in alpenländischer Landschaft

von 1830: Die blutigen Ereignisse der Pariser Februarrevolution wirkten sich auch auf Italien und Deutschland aus. Hier war es die Märzrevolution, deren Forderungen sich einzelne Fürsten beugen mußten. Am 20. März dankte Ludwig I., der sich dem neuen Zeitgeist nicht unterwerfen wollte, zugunsten seines Sohnes Maximilian ab. *»Mit einem nicht zu beschreibenden Jubel«* empfing die Menge 1848 den dritten bayerischen König Maximilian II. und Königin Marie auf der Festwiese; alle Befürchtungen erwiesen sich als unnötig. Die damals diskutierte nationale Frage löste der Magistrat auf eigene Weise: Für den Festzug mit den Rennpreisfahnen und für das Festschießen ließ er 27 Schärpen *»in den deutschen* [schwarz-rot-goldenen] *Farben eigens«* anfertigen.

Wie 1830 sein Vater, so nutzte auch der neue Monarch in kritischer Zeit das Oktoberfest zur Förderung seiner Popularität und nahm persönlich die Verteilung der landwirtschaftlichen Preise vor. Das politische Klima aber begann sich trotz aller Bekundung der Einheit von Herrscher und Volk zu verändern: *»Nachdem seit den März-Ereignissen das Volk sich mehr Freyheiten bei jeder Gelegenheit erlaubte, als bisher, und ein ernsthaftes Einschreiten der Gendarmerie eben nicht räthlich war, so herrschte bey dem heutigen Oktoberfeste die größte Unordnung. Die Leute drangen mit Ungestüm in die Rennbahn ein, so daß es ein wahres Wunder zu nennen war, daß kein Unglücksfall bei dem Pferderennen vorgefallen ist.«*

Preisgekrönte Kuh und preisgekröntes Pferd, Holzschnitt, 1845

1849–1871

Das Münchner »Nationalfest« wird zum gesamtbayerischen Volksfest

Waren im Vorjahr, unter dem Eindruck der März-Ereignisse, verhältnismäßig wenig Hof- und Staatswürdenträger im königlichen Pavillon anwesend, so scharte sich bei der Eröffnung des Oktoberfestes **1849** alles, was Rang und Namen hatte, um die königliche Familie. Vor der Preisverteilung an die Landwirte erschien eine Delegation von Bamberger Gärtnern, die ihre verschiedenen Erzeugnisse auf bunt geschmückten Wagen der königlichen Familie darbot. Vier Mädchen in fränkischer Volkstracht überreichten zum Zeichen der Huldigung Königin Marie von Bayern Gedichte und zwei Körbe *»mit den vorzüglichsten Gemüsearten«*. Am 10. Oktober schließlich veranstaltete der Regensburger Physiker Kammermeyer zur großen Freude der Besucher wieder einen Ballonaufstieg.

Höhepunkt des Oktoberfestes von **1850**, *»dem unvergeßlichsten aller Feste, die je in und von München gefeiert worden sind«*, war die Enthüllung der Bavaria und eines Teiles der Ruhmeshalle, die noch Ludwig I. durch die Künstler Ludwig Schwanthaler, Leo von Klenze und Ferdinand von Miller hatte errichten lassen. Den besonders prächtigen Festzug führte ein berittenes Musikcorps an, gefolgt von Wagen der Münchner Gewerbe und der Künstlerschaft. Nachdem alle Festwagen zu beiden Seiten des königlichen Pavillons Aufstellung genommen hatten, *»fiel auf einen Wink die 70 Fuß hohe Bretterwand, welche bisher das Standbild der Bavaria den Blicken der Zuschauer entzog und in die Salven der Landwehr-Artillerie mischten sich die Hochrufe der zahllosen Menge«*.

Wegen des Todes von Prinz Wilhelm von Preußen, des Vaters der Königin, nahm die königliche Familie am Oktoberfest des Jahres **1851** nicht teil. Mit diesem Fest trat bei der Ausgestaltung der Renn- und Schützenfahnen eine Änderung ein; auch die ersten Preise wurden von nun an mit Gemälden geziert und nicht mehr bestickt. Eine mit den *»Namenszügen des Königspaares in gutem Gold gestickte Ehrenfahne wurde beschafft«*, die künftig den Preisfahnen vorangetragen werden sollte. Der Wies'n-Wirt Josef Hermann baute zum ersten Mal seine Bierbude auf. Hermann belebte durch originelle Ideen – wie etwa ein Glockenzeichen beim Anstich eines neues Fasses – 40 Jahre lang das Oktoberfest.

Gleich zu Beginn des Jahres **1852** wurde dem Magistrat übermittelt, *»es sei der lebhafteste Wunsch des Königs, daß das Oktoberfest zu einem wirklichen Nationalfeste für ganz Bayern ausgestaltet und daß die Teilnahme an dem Feste auch in den entferntesten Gegenden des Landes belebt und erhöht werden möchte«*. Bei der Festeröffnung war neben dem Königspaar auch König Otto von Griechenland anwesend. Als besonders publikumswirksam erwies sich der damalige Festzug der Preisfahnenträger, Zieler und Musiker, die erstmals *»in ganz neuen, nach Zeichnungen des Hoftheaterkostümiers Fries gefertigten Kostümen«* erschienen. Der schon mehrmals erwähnte Turnlehrer Gruber veranstaltete einen *»griechischen Wettrenn-*

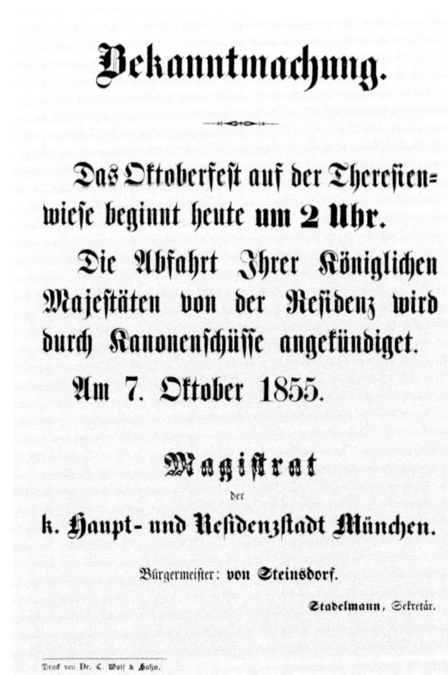
Bekanntmachung.

Das Oktoberfest auf der Theresienwiese beginnt heute **um 2 Uhr.**

Die Abfahrt Ihrer Königlichen Majestäten von der Residenz wird durch Kanonenschüsse angekündiget.

Am 7. Oktober 1855.

Magistrat
der
k. Haupt- und Residenzstadt München.

Bürgermeister: **von Steinsdorf.**

Stadelmann, Sekretär.

Druck von Dr. C. Wolf & Sohn.

kampf zu Pferde«, bei dem sich die Reiter gegenseitig behindern, mit Speeren auf Figuren zielen und zuletzt um die Wette reiten mußten. Ein Großteil der Besucher aber lehnte diese Form der Unterhaltung aufgrund des rüden Umgangs der Reiter mit ihren Pferden ab. Seit der Jahrhundertmitte häuften sich bei den Festorganisatoren die Klagen der Tierschützer über die zu langen Rennstrecken und das als barbarisch verurteilte sattellose Reiten.

Für das Fest **1853** kam man dem Wunsch König Maximilians II. nach einer möglichst starken Einbeziehung der bayerischen Bevölkerung in die Feierlichkeiten insoweit entgegen, als *»die von der Stadtverwaltung schon längst gewünschten Extrazüge von den Endpunkten der Eisenbahnen zu halber Fahrtaxe ministeriell genehmigt«* wurden. Die ersten Wies'n-Sonderzüge zu halbem Tarif rollten an, um dem Oktoberfest noch größere Besucherströme zuzuführen.

Auf Anordnung des Königs mußten im Jahr **1854** sämtliche Feierlichkeiten auf der Theresienwiese abgesagt werden. Grund dafür war eine

Griechischer Wettkampf zu Pferd, Holzschnitt, 1852

schwere Cholera-Epidemie, die allein im Stadtkreis etwa 3000 Todesopfer forderte.

Nach den traurigen Ereignissen des Vorjahres zog das Oktoberfest von **1855** die Bevölkerung von Stadt und Land in besonderem Maße an. Die Chronik berichtet über den Hauptsonntag: *»Die Stadt bot schon am frühen Morgen den Anblick vieler Hunderten von Fremden von nah und fern, welche sich bey dem schönen warmen Herbstwetter theils in den Straßen der Stadt bewegten, theils sich schon am Vormittag auf die Theresienwiese begaben. In den Hauptstraßen der Stadt war mit Mühe durchzukommen, bis zum Mittag kam Wagen an Wagen mit Landleuten aus allen Gegenden an. Es waren beym Oktoberfest nicht leicht so viele Fremde hier wie heuer. Die Anhöhe und die Wiese selbst war schon vor 1 Uhr von Tausenden und Tausenden besetzt.«*

Planausschnitt Ludwigsvorstadt und Theresienwiese mit Einzeichnung der Rennbahn 1849

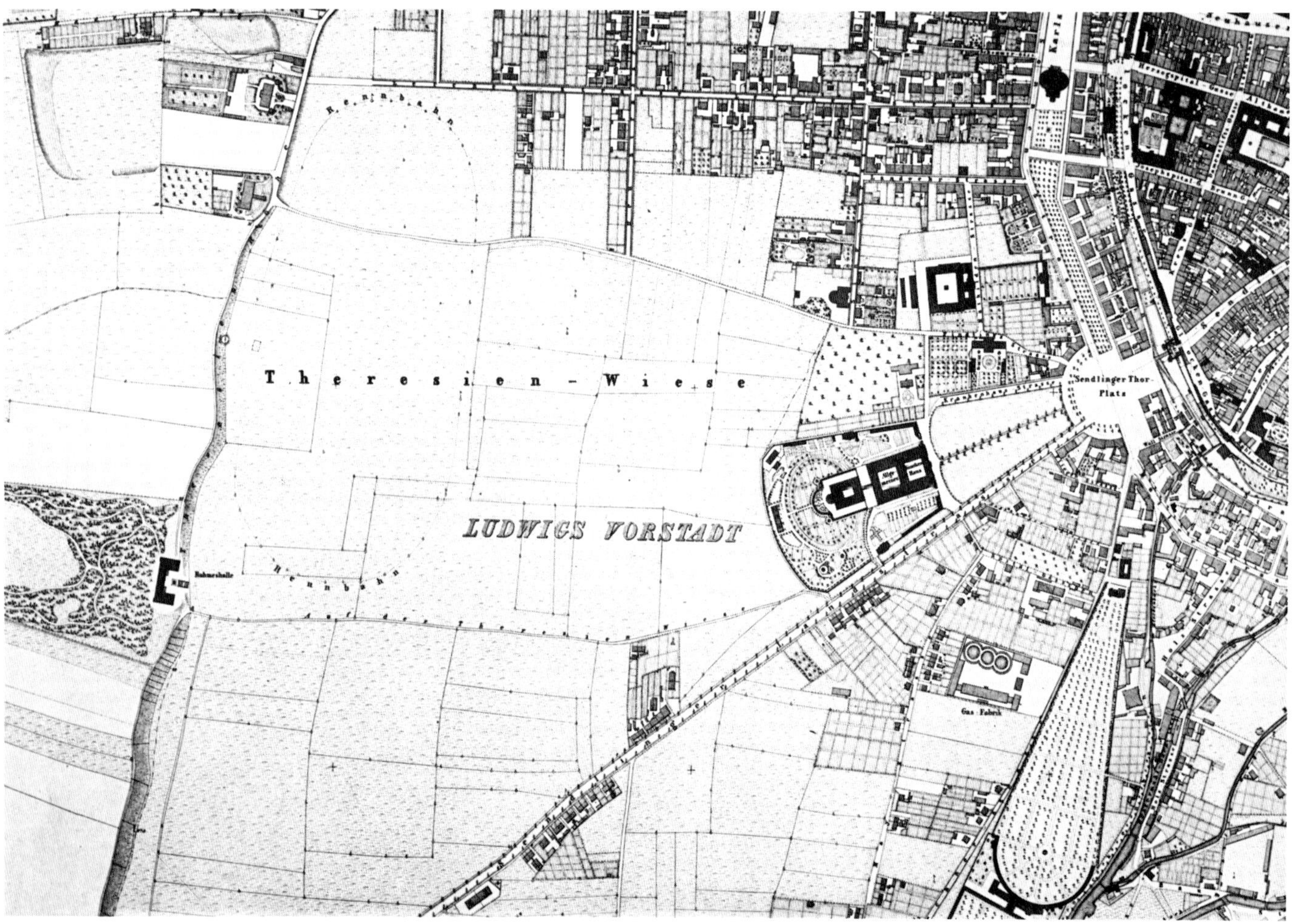

Ankündigungsplakate des Festwirts J. Hermann 1867

Für das Fest im Jahre **1856** hatten sich 52 Wirte um die Aufstellung von Buden beworben, aber nur 18 wurden ausgelost, wobei die 1854 eingemeindeten Vorstädte Au, Haidhausen und Giesing jeweils einen Wirt stellen durften. Der Eröffnung am 5. Oktober wohnten die königliche Familie sowie König Otto von Griechenland bei, *»welcher in reichstem griechischem Costüm erschienen war«*. Statt des bisherigen Trabrennens wurde ein *»Jockeirennen«* angesetzt, an dem ausschließlich nur über 20 Jahre alte Reiter im vorgeschriebenen *»Costüm«* mitmachen durften.

Besonderes Aufsehen erregten beim Hauptfest **1857** die mit ihrer Königin angereisten griechischen Hofdamen in ihren malerischen Kostümen. In diesem Jahr hatte der Magistrat, teils wegen der hohen Kosten und teils auch wegen der nicht ausreichenden Teilnehmerzahlen der Vorjahre, das Trab- und Jockeyrennen vom Festprogramm gestrichen und neben dem Hauptrennen nur mehr das herkömmliche Nachrennen veranstaltet.

Das Oktoberfest des Jahres **1858** schloß unmittelbar an die glanzvolle Jubiläumsfeier zum 700jährigen Bestehen der Stadt München an. Befürchtungen, wonach das Fest, *»das sich alljährlich in ziemlich gleichen Geleisen«* bewege, mit der Zeit an Attraktivität verlieren könnte, bewahrheiteten sich nicht; der Chronist berichtet, ganz im Gegenteil, von rund 80000 Wies'n-Besuchern. Auf der Theresienwiese war ein neuer königlicher Pavillon errichtet worden, da das alte Königszelt beim Brand des Hofbaustadels ein Raub der Flammen geworden war.

Trotz des Krieges zwischen Österreich und Italien beschloß der Magistrat nach einigem Zögern, das Fest **1859** stattfinden zu lassen. Die Schützen beklagten sich in diesem Jahr über die *»Unzureichenheit der Scheibenstände«* – ein Zustand, der wohl auf den starken Andrang zurückzuführen war – und baten, man möge ihnen für die Aufstellung zweier weiterer Scheiben 26 Gulden *»gnädiglichst genehmigen«*. Der Glückshafen des Armenpflegschaftsrates wurde nicht aufgestellt, weil der Leiter des mit der Errichtung beauftragten Komitees der Unterschlagung angeklagt war.

Das Oktoberfest des Jahres **1860** hätte eigentlich Anlaß für eine prächtige Jubiläumsfeier gegeben – die Wies'n hatte nun 50 Jahre Bestand –, die aber auf Wunsch von König Maximilian II. unterbleiben mußte. Es galt, auf den *»königlichen Vater«* Rücksicht zu nehmen, *»um nicht schmerzliche Gefühle in dessen Herzen zu erwecken, da das Fest ja seine Entstehung lediglich der Vermählung König Ludwigs I. verdankt, Königin Therese aber seit 1854 nicht mehr unter den Lebenden weilte«*. Das im Festprogramm vorgesehene Ringelstechen mußte wegen des schlechten Wetters auf den Mittwoch nach der Festwoche verschoben werden. Dennoch wurde bei diesem »halboffiziellen« Jubiläum ein Besucher-Rekord aufgestellt: Am Hauptsonntag wurden erstmals um die 100000 Personen gezählt. Zur

Erinnerung an diese Feierlichkeiten waren vom Magistrat eine silberne Gedenkmünze und ein farbiges Gedenkblatt ausgegeben worden.

Im Jahr **1861** spielte sich das Oktoberfest ohne Beteiligung des Hofes ab, gleichwohl aber unter stärkster Beteiligung der Bevölkerung aus nah und fern. Von diesem Jahr an gewährte der Magistrat Konzessionserleichterungen für Gewerbsleute und Schausteller und ließ darüber hinaus die Hauptstraße auf dem Festgelände in eine jahrmarktsähnliche Budenstraße umwandeln. Von einem reinen Verkaufsmarkt wollte man sich aber immer noch deutlich distanzieren; denn auf ein aus Oberösterreich stammendes Konzessionsgesuch zum Warenverkauf antwortete der Magistrat, *»dass das Oktoberfest nicht in die Kategorie eines Marktes fällt und außerdem nur in hiesiger Stadt gewerblich Berechtigten, nicht aber Auswärtigen der Waaren-Verkauf gestattet wird«.*

»Zum Vergnügen des Volkes« hatte der Magistrat zu den Feierlichkeiten **1862** auf der Festwiese einen Freitanzplatz errichten lassen. Wie im Vorjahr schien ganz Bayern nach München zu drängen. So berichtet der Chronist über den Hauptsonntag: *»Vom schönsten Herbstwetter begünstigt, wurde heute das Landwirthschaftliche Fest auf der Theresienwiese abgehalten. Wie noch in keinem Jahre, hatte der Zuzug von Fremden heuer außerordentliche Dimensionen angenommen. In endlosen Zügen, die obwohl von zwei Lokomotiven fortbewegt, doch meist verspätet eintrafen, waren von gestern Nachmittags angefangen ununterbrochen die ganze Nacht hindurch bis heute mittags die Gäste zum Oktoberfeste aus allen Gegenden her in hiesiger Stadt eingetroffen. Selbst die Packwägen waren voll gepfropft. Nicht besser ging es bei den Post-Omnibussen und Stellwägen, die so zahlreich die Landstraßen befuhren, daß einer an den andern sich reihte. Viele Hunderte von Fremden fanden kein Unternehmen mehr und brachten die Nacht obdachlos zu, indem sie theils in den Cafés und Wirthshäusern aufblieben, theils in den Straßen trotz der empfindlichen Kälte promenierten, theils auf den Kanapees in den Alleen der Stadt ihr Lager aufschlugen. Im Laufe des heutigen Vormittags herrschte nun ein fröhliches Getümmel, ein Treiben und Wogen dieser ungeheueren Menschenmassen durch alle Straßen Münchens. Dazu waren alle Wirthschaftslokalitäten bis zum Erdrücken gefüllt* [...] *Unter der hin und her wogenden Menge wandelte gegen 10 Uhr Vormittags Seine Majestät der König in einfacher Civilkleidung ohne Begleitung, schlichte Landleute auf die herablassendste Wei-*

Enthüllung der von L. Schwanthaler entworfenen und von F. v. Miller gegossenen Bavaria; Lithographie von G. Kraus, 1850

Bekanntmachung.

Dienstag den 7. October l. Js.
wird bei günstiger Witterung auf der

Theresienwiese
eine aeronautische
PRODUCTION

nach untenstehendem Programme stattfinden, wozu hiemit an das verehrliche Publikum geziemende Einladung zu zahlreichem Besuche ergeht.

Programm.

I. Abtheilung.

1. Eine Pyramide, bestehend aus drei großen Ballons, geleitet von einem Genius, geschmückt mit den Namenszügen Ihrer Königl. Majestäten und den Stadt- und Landesfarben.
2. Ein römischer Fechter.
3. Ein Bajazzo.

II. Abtheilung.

4. Ein Ballon mit der Bayerischen Fahne geschmückt.
5. Ein schwäbischer Bauernbube.
6. Ein Elephant.
7. Ein Ballon als Schnellläufer.

III. Abtheilung.

8. Ein Ballon mit der Stadtfahne geschmückt.
9. Ein Römischer Fechter.
10. Die Fischjagd (zwei zwölf Schuh große Haifische und mehrere kleinere verschiedener Art).

IV. Abtheilung.

11. Ein Ballon mit Fahne.
12. Ein Herkules.
13. Eine 10 Schuh große komische Figur.
14. Mephistopheles, welcher auf Verlangen von einer bedeutenden Höhe wieder zurückkehren wird.

Zum Schlusse:

15. Ein großer Ballon mit den Stadt- und Landesfarben.

Anfang und Füllung der Ballons: Nachmittags 2 Uhr.
Füllungs- und Auffahrtsplatz: Links vom Königszelte auf der Rennbahn.

Bei ungünstiger Witterung findet die Produktion an dem nächsten schönen Tage statt.

Sämmtliche Ballons, Menschen- und Thiergestalten sind aus Rindshäutchen gefertigt und mit Wasserstoffgas gefüllt.

Marie Caroline Endres,
Aeronautin.

Einladung.

Durch allgemeines Uebereinkommen sämmtlicher auf der Festwiese befindlichen Wirthe findet mit obrigkeitlicher Bewilligung am **Sonntag den 20. Oktober** ein

Pferde-Sprung-Rennen

statt, an welchem nur inländische Oekonomie-Pferde theilnehmen dürfen, mit nachstehenden Preisen:

1. Preis **20** fl. mit Fahne	7. Preis **8** fl. mit Fahne
2. „ **18** „ „ „	8. „ **6** „ „ „
3. „ **16** „ „ „	9. „ **4** „ „ „
4. „ **14** „ „ „	10. „ **2** „ „ „
5. „ **12** „ „ „	11. „ **1** „ „ „
6. „ **10** „ „ „	Weitfahne **5** Gulden.

Alle Diejenigen, welche an diesem Rennen theilnehmen wollen, haben sich Sonntag früh zwischen 9 und 11 Uhr im Gasthause zum blauen Bock nächst der Schrannenhalle einzufinden, wo die Einschreibung und Schlag 11 Uhr die Verloosung stattfindet.

Das Renngericht wird von den Herren Oekonomen unter sich gewählt, mit Ausnahme von drei hiesigen Schiedsrichtern.

Die Renn-Bahn muß zweimal umritten werden, und dürfen die Pferde nur von erwachsenen Personen mit Satteln geritten werden.

Alle diejenigen Herren Oekonomen, welche den Auszug zu Pferde begleiten, ohne mitzurennen, erhalten Jeder eine Ehrenfahne als Eigenthum.

Der Auszug findet um 1 Uhr vom **„blauen Bock"** aus statt.

Zur zahlreichen Betheiligung ladet im Namen sämmtlicher Gastwirthe freundlichst ein

Jos. Herrmann, Gastgeber.

Ankündigungszettel verschiedener Wies'n-Attraktionen von 1862 und 1867

se ansprechend. Zum ersten Male waren heuer außer den Thürmen des Karls Thores auch mehrere Häuser in der Kaufinger- und Sendlinger-Gasse mit Fahnen in den bayerischen und städtischen Farben geschmückt. Von Mittag an wogten die Menschenmassen neben Equipagen, Wagen und Reitern nach der Festwiese, wo das Arrangement, namentlich der Schau- und Verkaufs-Buden, viel geschmackvoller und linienförmiger als sonst getroffen war, was allgemeine Anerkennung fand. Bis gegen 2 Uhr mochten Hunderttausende die Wiese bedecken, auf der Anhöhe stand von der Bavaria bis zum Spatenkeller die Menge Kopf an Kopf gedrängt. Nach 2 Uhr kamen Seine Majestät König Max mit Ihren Majestäten der Königin Marie, dem Kronprinzen Ludwig und dem Prinzen Otto, von der königlichen Landwehr-Kavallerie eskortiert und mit Kanonensalven begrüßt, auf der Wiese an und wurde von seinem Volke mit stürmischen, nimmer enden wollenden Jubelrufen empfangen.«

Während der Festwoche löste die bayerische *»Aeronautin Maria Karolina Endres«* mit ihren Darbietungen große Heiterkeit aus. Die Künstlerin ließ kleine Ballons, die verschiedene Figuren darstellten – zum Beispiel einen Bajazzo, einen Elefanten, einen Mephisto –, über der Theresienwiese aufsteigen. Vier Tage nach Festbeginn, am 9. Oktober 1862, gründeten die aus ganz Bayern eingetroffenen Schützen auf einer Versammlung den »Bayerischen Schützenbund«, um künftig gleiche Wettkampfbedingungen bei der Abhaltung von Wettschießen zu gewährleisten.

Beim Oktoberfest **1863** faszinierte besonders das erneut veranstaltete Ringelstechen, demzuliebe *»die halbe Bevölkerung Münchens nach der Theresienwiese«* wandelte. Der König, der selbst die Preisverteilung bei der Viehvorführung vornahm, sollte zum letzten Mal auf dem Oktoberfest weilen; am 10. März des folgenden Jahres starb er.

Nach dem Tod Maximilians richteten sich die Blicke der bayerischen Öffentlichkeit auf den Thronfolger, König Ludwig II., den, wie ihn der Stadtchronist charakterisiert, *»schönen, hochgewachsenen Jüngling mit dem seelenvollen Auge, der gedankenreichen Stirn, auf den Königssohn, der so jung an Jahren in verhängnisvoller Zeit den Thron der Wittelsbacher überkam«*. Politisch verhängnisvoll wurden die Zeiten deshalb, weil sich der preußisch-österreichische Gegensatz verschärft hatte und noch weiter eskalieren sollte.

Schießstand und Bettelmusik, Holzschnitte, 1864

Am 19. Juni **1864** regte das Gemeindekollegium beim Magistrat an, das bevorstehende Oktoberfest, bei dem sich der neue König zum ersten Mal präsentieren sollte, *»als eine Huldigungsfeier des ganzen Volkes zu gestalten, oder zumindest dasselbe aus den Schranken der gewöhnlichen Feste heraustreten zu lassen«*. Damit war der Magistrat zwar prinzipiell einverstanden, hielt es aber wegen der Kürze des Oktoberfestes für unmöglich, daraus eine *»größere Landesfeier«* zu machen. Während der Festwoche wurden dann über 100 000 Besucher gezählt, von denen wohl viele gekommen waren, um ihrem jungen König, der sich in Feldmarschallsuniform zeigte, zuzujubeln.

Für das Fest des Jahres **1865** hatte sich der Landwirtschaftliche Verein besonders darum bemüht, zur Viehprämierung Preistiere aus allen Provinzen Bayerns, selbst bis aus der Rheinpfalz und dem nördlichen Franken, herbeizuholen. Dieses Oktoberfest nimmt aber aus einem anderen, wenig feierlichen Anlaß breiten Raum in der Chronik ein: es endete mit einem Straßentumult, der sich aus einer Streiterei auf der Festwiese entwickelt hatte. Als die Polizei ordnend eingreifen wollte, fiel die Menge über sie her. Erst durch den Aufmarsch von Militär konnte die Ruhe wieder hergestellt werden. Die Bilanz waren sechs Verwundete, einhundertvierzehn Verhaftungen und neunzehn Gerichtsurteile. Die Feststimmung hatte plötzlich in Aggression umgeschlagen. Um dies künftig zu verhin-

dern, wollte die Münchner Polizeidirektion den Bierausschank einschränken, ein Ansinnen, das aber vom Magistrat aus politischen Gründen abgelehnt wurde; denn schließlich wollte man die Menge nicht noch weiter reizen. Man einigte sich schließlich darauf, die Kegelbahnen und Tanzplätze, bei denen sich gerne Streit und Handgreiflichkeiten entwikkelten, abzuschaffen.
Wegen des deutschen Bruderkrieges faßten der Magistrat und das Generalkomitee des Landwirtschaftlichen Vereins den Beschluß, das Oktoberfest **1866** nicht abzuhalten. Man blieb auch bei diesem Beschluß, als eine Anzahl Münchner Bürger nach dem Prager Frieden vom 23. August 1866 die Bitte vortrug, das Fest unabhängig von den politischen Ereignissen in kleinerem Rahmen zu begehen.
Das Jahr **1867** brachte München zwar wieder ein Oktoberfest, *»doch waltete über demselben ein böser Unstern«*. Zunächst einmal schien der Fortbestand des Festes überhaupt gefährdet, weil einige Grundbesitzer auf der Theresienwiese den größten Teil des Geländes hatten einfrieden lassen. Am 6. Oktober, dem Hauptfestsonntag, fegte ein heftiger Schneesturm über die Festwiese und vertrieb alle Besucher. König Ludwig II. war nicht anwesend, wenige Tage später löste er seine Verlobung mit Prinzessin Sophie, einer Tochter von Herzog Max in Bayern, *»im gegenseitigen Einverständnis«*. Wegen des andauernden schlechten Wetters mußte das Fest um eine ganze Woche verlängert werden, damit die Schausteller und Budenbesitzer wenigstens teilweise auf ihre Kosten kamen.
Beim Oktoberfest des Jahres **1868** erschien der König wieder *»inmitten seines Volkes«*, und das Fest wurde im hergebrachten Rahmen abgehalten. Dagegen war **1869** bis kurz vor Festbeginn nicht geklärt, ob der König nun teilnehmen werde oder infolge einer *»Erkältung«* nicht imstande sei, dem Feste beizuwohnen. Nachdem beim Festkomitee die Absage des Königs eingegangen war, mußten die bereits ergangenen Einladungen rückgängig gemacht und der zur Eskorte bereitstehenden Landwehrkavallerie der Befehl zum Abrücken erteilt werden. Völlig überraschend kam Ludwig II. dann doch noch zur Festeröffnung und verteilte eigenhändig die Preise für Zuchtpferde. Die sogenannte Landwehr älterer Ordnung, die an der Entstehung des Oktoberfestes entscheidenden Anteil hatte, nahm 1869 zum letzten Mal an den Feierlichkeiten teil; sie wurde noch vor Jahresende aufgelöst.
Nach dem Ausbruch des deutsch-französischen Krieges **1870** beschloß der Magistrat, auf die Abhaltung des Oktoberfestes zu verzichten und alle Festvorbereitungen einzustellen. Die dabei eingesparten 3700 Gulden wollte man, von starker patriotischer Begeisterung ergriffen, für die *»Illumination der Stadt beim Einzug in Paris oder beim Friedensschluß«* verwenden.

Konstruktionsplan einer Wirtsbude zum Ausschank von Spatenbräu-Bier, Planausschnitt, 1867

Gedenkblatt für das 50jährige Oktoberfestjubiläum 1860

Plakat aus den Bewerbungsunterlagen des »Amerikanischen Velocipéde-Circus«

1871–1913
Von den »Gründerjahren« bis zum Ersten Weltkrieg

Wie schon 1867 und 1869 litt auch das Fest **1871**, im Jahr der Gründung des deutschen Reiches, unter der schlechten Witterung. Am Eröffnungssonntag riß der Sturm eine Wand der Arena der »Gymnastikergesellschaft Merkel« ein, erstaunlicherweise wurde aber bei diesem Unglück niemand verletzt. Beim Hauptrennen kamen die Pferde in dem aufgeweichten Boden nur mühsam voran, der Schützenzug und das Trabrennen mußten bei strömendem Regen durchgeführt werden. Schließlich beschloß der Magistrat, das Fest um eine Woche zu verlängern. Gerade diese Erfahrungen mit dem schlechten Wetter waren es, die den Magistrat dazu veranlaßten, den Termin für den Hauptsonntag **1872** auf den 29. September vorzuverlegen. Denkwürdig wurde das Oktoberfest 1872 wegen der Einführung des »Märzenbieres« in München. In einer Gedenkschrift aus dem Jahr 1907 kann der Interessierte dazu folgende anekdotenhafte, in jedem Fall aber amüsante Geschichte nachlesen: *»Der Sommer 1872 war ungewöhnlich heiß gewesen, so daß der Vorrat an Lagerbier der Leistbrauerei zu Ende ging. Für den Wiesenausschank neues* [Winter-] *Bier zu nehmen, wagte Schottenhamel nicht, dazu kannte er die Münchner zu gut; lieber wollte er Sommerbier von einer anderen Brauerei verzapfen; er wurde in dieser Richtung bei seinem Bräuer, dem damaligen Besitzer der Franziskaner-Leistbrauerei, Joseph Sedlmayr, vorstellig, der meinte: ›Ich wüßte Ihnen schon einen Rat; mein Gaberl* [der Sohn des Joseph Sedlmayr, der spätere Kommerzienrat Gabriel Sedlmayr] *hat versuchsweise Bier nach Wiener Art gebraut. Wenn Ihnen das recht ist, dann können Sie's hab'n. Aber unter neun Kreuzer kann ich's Ihnen nicht überlassen; es ist mit 18 Prozent eing'sotten.‹ – ›Ja, wer trinkt Ihnen denn in München so ein teuer's Bier?‹ – ›Da ist mir net Angst; wann d'Münchner was richtig's kriag'n, na schaug'n sie's Geld net o!‹ – Der ebenfalls anwesende Bräumeister meinte: ›Nehmt's halt amal a paar Faßl mit und probiert's es.‹ So wurde es denn auch beschlossen. Aber die Sache hatte auch noch einen anderen Haken, nämlich den, daß die hochlöbliche Polizei einen Bierkrawall befürchtete. Schottenhamel mußte seine ganze Beredsamkeit aufbieten, um diese Bedenken zu zerstreuen und erhielt die Erlaubnis zum Ausschank des 12-Kreuzer-Bieres, aber nur unter dem ausdrücklichen Hinweis, daß man ihn für alle Folgen verantwortlich mache.«*

Der Wies'n-Wirt Michael Schottenhamel (1838–1912)

Im Jahr **1873** wurde München zum dritten Mal im 19. Jahrhundert von der Cholera heimgesucht. Demzufolge beschloß der Magistrat, das Oktoberfest wie auch das Zentrallandwirtschaftsfest nicht stattfinden zu lassen. Zwischen Juni 1873 und April 1874 erkrankten in München rund 2900 Personen, fast 1400 fielen der Seuche zum Opfer. *»Prachtvolles Herbstwetter und die Anwesenheit des Hofes trugen«*, wie die Stadtchronik vermerkt, dagegen **1874** *»das ihrige dazu bei, daß das Oktoberfest wieder in seinem alten, früheren Glanze gefeiert werden konnte.«* Obwohl der offizielle Festbeginn auf den 4. Oktober festgelegt war, wurde schon ab dem 24. September ein Vorfest gefeiert. Es entsprach der Übung, bereits eine Woche vor dem Hauptsonntag mit dem Ausschank zu beginnen. Die Anzahl der Konzessionen für die Wirtsbuden hatte sich mittlerweile auf 20 erhöht, und der städtische Gesamterlös aus der Versteigerung der Budenplätze betrug damals 3380 Gulden. König Ludwig nahm zum letzten Mal in seiner Regierungszeit an der Eröffnung des Oktoberfestes teil; sein Wagen wurde – nachdem die Landwehr 1869 aufgelöst worden war – nun von Kürassieren auf die Theresienwiese geleitet.

Am 10. März **1875** forderte der Gemeindebevollmächtigte Ludwig Haiß in einer programmatischen Rede, das Oktoberfest in ein deutsches Nationalfest umzugestalten: *»Ich kann den Gedanken nicht zurückdrängen, daß das Oktoberfest dauernd nur prosperieren wird, wenn es in Verbindung mit einer Erinnerungsfeier an die früheren und die in den Jahren 1870 und 1871 erkämpften Siege und mit der dadurch redlich errungenen Einheit Deutschlands, dieser großen, lange gehegten und von so vielen Edlen angestrebten Idee gebracht wird.«* Es braucht nicht zu verwundern, daß eine solche Anregung von den Festorganisatoren nicht ernstgenommen wurde. Eine weitere Eingabe kam vom Münchner Tierschutzverein, der, wie er dies schon früher getan hatte, für eine Abkürzung der Renndistanz, ein Verbot des Rennsattels und die Aufstellung bestimmter Rennregeln plädierte.

Beim Fest von **1876** wurde das herkömmliche Adlerschießen nicht mehr durchgeführt, an seine Stelle trat das Schießen auf eine »Reichsadlerscheibe«, die wie folgt beschrieben wird: *»An einem Gebirgsfelsen befindet sich die Scheibe, und sobald ein gutes Ziel getroffen, steigt der Reichsadler in die Höhe, während sich seitwärts ein blauweißer Herold zeigt, welcher einen Freudenschuß losbrennt.«* Auf das besondere Interesse der Münchner stieß die Zurschaustellung des vom Spengler Weinhart bei der Reparatur des Petersturmes benützten Gerüsts, das um eine provisorische Turmspitze herum aufgerichtet worden war. Das Programm wies diesmal nur noch zwei Rennen, ein Flachrennen ohne Hindernisse und ein Trabreiten auf; beim Flachrennen durften nur *»gutgesattelte Pferde«*, beim Trabreiten ausschließlich solche, *»deren Besitzer bayerische Staatsangehörige waren«*, an den Start gehen. Statt des bisherigen Renngerichtes, dessen Mitglieder zu Pferde und mit »Schiffhut« und Schärpe erschienen waren, wurde beim Oktoberfest des Jahres **1877** ein vom Magistrat berufenes Rennkomitee eingeführt. Seine Mitglieder waren nun nicht mehr beritten und trugen zum Zeichen ihrer Amtswürde nur noch in den Stadtfarben gehaltene Kokarden im Knopfloch, ähnlich den Kontrolleuren, die nun ebenfalls unberitten erschienen. Beim Flachrennen am Hauptfestsonntag ereigneten sich einige schwere Unfälle, darunter ein

Volkstrachten vom Münchner Oktoberfest, nach einer Zeichnung von L. Bechstein, 1872:

1. *Umgegend von Aichach*
2. *Unter-Innthal*
3. *Gegend von Memmingen*
4. *Aus dem Ries*
5. *Gegend von Augsburg*
6. *Starnberg*
7. *Dachau*
8. *Tölz*
9. *Jenbach (Tirol)*
10. *Miesbach und Tegernsee*
11. *Partenkirchen*

tödlicher. Diese Unglücksfälle wurden dem neuen, unerfahrenen Renngericht angelastet, das daraufhin zurücktrat. Beim Haupttrennen **1878** kam es wiederum zu einer Reihe von Unfällen, die darauf zurückzuführen waren, daß die Absperrplanken zu früh, also noch vor dem verabredeten Startsignal, geöffnet wurden. Dennoch konnten die Rennen beendet werden, und den Siegern wurden *»zu den ersten Preisen Fahnen gegeben«*, wie es früher üblich war, weil sich die seit 1872 eingeführten Pokale und Becher *»keiner Beliebtheit erfreuten«*. Durch einen im Januar 1879 erschienenen Zeitungsartikel geriet das Fest noch einmal ins Gerede: Der Artikel prangerte »Unsittliche Schaustellungen auf dem Oktoberfest 1878« an, insbesondere das »Anatomische und ethnologische Museum« von Mehlberg, der *»die verschiedenen Krankheiten, auch die der Haut, durch Wachsfiguren bildlich darstellte«*.
Im Jahr **1879** konnte das Oktoberfest wieder mit einigen Attraktionen, die den gewöhlichen Rahmen sprengten, aufwarten. Hauptanziehungspunkt bei den Schaustellungen war diesmal »Hagenbeck's Nubierkarawane«, mit der zum ersten Mal ein afrikanischer Volksstamm dem staunenden Publikum vorgeführt wurde. Karl Hagenbeck eröffnete damit eine lange Reihe von völkerkundlichen Schauen auf der Theresienwiese. Die Vorführung exotischer Lebensformen entsprach voll und ganz dem durch die europäische Expansion nach Afrika und Asien gesteigerten ethnographischen Informationsbedürfnis der Land- und Stadtbevölkerung.
Mit seinen originellen Einfällen, vor allem aber mit seiner unglaublichen Körperkraft beeindruckte der Steyrer Hans, auch er 1879 erstmals und dann ununterbrochen bis zum Jahre 1903 mit seiner Bräubude auf der

»Die Kalmücken-Karawane«, eine völkerkundliche Sensation von Karl Hagenbeck 1884

Der Steyrer Hans vor seiner Bude, um 1890

Theresienwiese vertreten. In einem vielbewunderten Kunststück packte er ein mit 30 bis 40 Litern Bier gefülltes Faß mit zwei Fingern am Rand und hob es vom Boden auf den Schanktisch. Wie schon in den Vorjahren protestierte der Tierschutzverein gegen die Pferderennen. Daraufhin wurde tatsächlich die Rennstrecke verkürzt. Um Unglücksfälle bei den Rennen zu verhindern, durchritt am Hauptfesttag vor dem Start eine Abteilung Schwerer Reiter die Bahn. Vor der Öffnung des Absperrtores wur-

Plakat der Ochsenbraterei 1881

den sicherheitshalber ein Schuß und ein Glockensignal als Startzeichen abgegeben.
Im Jahr **1880** waren bereits über 400 Wirts- und Schaubuden und fliegende Stände auf der Festwiese aufgebaut. In einer der Schaubuden war eine Wachsfigurengruppe der »Leda mit dem Schwan« ausgestellt, deren Vorzeigen sofort verboten wurde. Auch ein sozialdemokratisches Plakat mit der Aufschrift »An das deutsche Volk«, das am Hauptfestsonntag (3. Oktober) an mehreren Stellen in der Stadt angeschlagen worden war, machte ein polizeiliches Eingreifen erforderlich. Kein Wunder, daß bei derartigen Bedrohungen der Sittlichkeit und öffentlichen Ordnung ein in diesem Jahr erstmals auf der Festwiese eingerichtetes Polizeibüro vom Bürgertum als Wohltat empfunden wurde. Trotz des meist schlechten Wetters berichtet der Chronist von einem guten Geschäft der Wirte, namentlich der Herrn Schottenhamel und Hermann. Grund dafür war, daß die ursprünglich primitiven Bretterhütten durch stabilere, zerlegbare Holzbauten ersetzt worden waren, die nun auch der schlechten Witterung standhielten.
Anläßlich des VII. Deutschen Bundesschießens 1881, das im Juli stattgefunden hatte, war vom Metzgermeister Johann Rössler die erste Ochsenbraterei auf der Theresienwiese eingerichtet worden. Diese sensationelle, von dem Kochherdfabrikanten J. Wamsler ausgeführte »Ochsenbratmaschine« setzte Rössler dann beim Oktoberfest **1881** erneut ein, allerdings mit dem Unterschied, daß der Spieß nicht wie beim Bundesschießen von einem Dampflokomobil, sondern von Hand gedreht wurde. Außerdem war der Magistrat nicht geneigt gewesen, ein Bedürfnis zur Errichtung eines damit verbundenen Bierzeltes anzuerkennen, *»weshalb das Bier von einem Bediensteten nach dem Platze der Braterei verbracht werden mußte«*. Eine weitere Erinnerung an das sommerliche Bundesschießen war die von den damaligen Festbauten übernommene Wirtsbude »Zur Schützenliesl«. Daß ein Wies'n-Wirt stets auch unliebsamen Überraschungen seitens der Obrigkeit ausgesetzt sein konnte, beweist der Fall des Wirts Hermann, der während des Abendgeschäfts ausgepfändet wurde. Der Chronist berichtet darüber: *»Einige gute Freunde desselben hatten aber noch zur rechten Zeit Lunte gerochen und durch ein paar rasche, geschickte Griffe die Geldschüssel samt dem Inhalt durch ein Fenster in Sicherheit gebracht. Einige Banzen Bier, die Hütte samt Tische und Stühle und dergleichen fielen dem Exekutionsbeamten, Gerichtsvollzieher Thedy, in die Hände. Die zahlreichen Gäste aber entfernten sich nach und nach und Witze machend, nachdem der weitere Ausschank zur Unmöglichkeit geworden.«*
In die Zeit des Oktoberfestes von **1882** fiel die »Internationale Elektricitätsausstellung«, die den Besuchern im Glaspalast den neuesten Stand

dieser Technik präsentierte. Diese Ausstellung gab den Anstoß für die rasche Elektrifizierung der Stadt München und damit auch der Theresienwiese, die zwei Jahre später zum ersten Mal elektrisch beleuchtet wurde. Noch am Schlußtag dieses Oktoberfestes veranstaltete der Aeronaut Sekurius an der Auenstraße *»eine Auffahrt mit seinem Riesenballon ›Deutsches Reich‹ vor einer nach Tausenden zählenden Zuschauermenge«.*
Höhepunkt beim Oktoberfest **1883** war das erstmals veranstaltete »Veloziped-Wettfahren«, ein Hochradrennen, das über eine Distanz von 2000 und 10 000 Metern ausgetragen wurde.
In regelmäßigen Abständen wurden an die Festorganisatoren Neuerungsvorschläge herangetragen: Der Magistratsrat Hermann von Schmid hatte 1878 angeregt, gleichzeitig mit dem Oktoberfest *»Kunst- und Gewerbeausstellungen, Sängertage, Preiskonkurrenzen für Gelehrte, Dichter und Komponisten und Theateraufführungen im Freien nach Art der Oberammergauer Passionsspiele zu veranstalten«.* Sein Vorschlag wurde abgelehnt, ebenso wie derjenige, den **1884** der Hauptmann und Schriftsteller Maximilian Schmidt, genannt »Waldschmidt«, an den Magistrat richtete, nämlich die Veranstaltung eines Landestrachtenzuges zum 20jährigen Regierungsjubiläum des Königs vorzubereiten. Dieses Projekt konnte vor allem deshalb nicht verwirklicht werden, *»da König Ludwig II. von der Veranstaltung einer Jubelfeier überhaupt Abstand genommen wissen wollte«.* Schon seit Jahren hatte der König bei den Oktoberfesten nicht mehr repräsentiert und sich, außerhalb der königlichen Haupt- und Residenzstadt, in eine eigene, künstliche Welt zurückgezogen. So firmierte Ludwig II. auch nur pro forma als Protektor der gleichzeitig mit dem Oktoberfest 1884 veranstalteten »Deutschen Molkereiausstellung«, die vom Landwirtschaftlichen Verein in Bayern und dem Milchwirtschaftlichen Verein für Deutschland in den Räumen des Glaspalastes veranstaltet wurde. Neben den landwirtschaftlichen Ausstellungen zog das erneut ins Festprogramm aufgenommene Veloziped-, sprich Radwettfahren, mit dem damals ein Rad-Korso verbunden war, die Festbesucher an. Für eine völkerkundliche Sensation sorgte Karl Hagenbeck, der diesmal eine »Kalmücken-Carawane« zur Schau stellte. Die »Münchner Oktoberfest-Zeitung« berichtet in überschwenglichen Tönen von der neuen elektrischen Beleuchtung: *»Der milde und doch so intensive Glanz der elektrischen Bogenlampen* [...] *gewährt im Gegensatz zu den rothflackernden Pechpfannen und matten Petroleumlampen jenen eigenartigen Reiz, den der Silberschein des Mondes erzeugt, wenn er sich in der grünen Isar badet.«*
Für das 75. Jubiläums-Oktoberfest des Jahres **1885** versandte der Magistrat die Festprogramme in Plakatform, gewissermaßen als »Ladezettel«, nicht nur an die acht Kreishauptstädte des Königreiches, sondern auch an die Verwaltungen von 45 bayerischen Städten und 13 Marktgemeinden.

Das Veloziped-Rennen, 1887

Oktoberfest, Aquarell von O. v. Ruppert, 1885

Im Glaspalast war, neben den üblichen Ausstellungen des Landwirtschaftlichen Vereins, eine bayerische Landes-Obst-, -Weintrauben- und -Hopfenausstellung zu sehen. Wie schon in den Vorjahren bildete auch diesmal eine Hauptübung der gesamten Münchner Feuerwehr einen Teil des Festprogrammes. Die Gemeindekasse kostete das Fest 35096 Mark (statt Gulden, nach der 1876 erfolgten Anpassung an die Reichswährung), denen 22846 Mark Einnahmen gegenüberstanden. Es war dies übrigens das letzte Fest, das noch in die Regierungszeit Ludwigs II. fiel. Resümiert man die eineinhalb Jahrzehnte seit der Reichsgründung, so ist festzuhalten: Betont nationale Strömungen drohten im Zug der Zeit auch auf das als bayerisches Volksfest konzipierte Oktoberfest überzugreifen, was jedoch von den Festorganisatoren verhindert werden konnte; wenn schon nicht in der großen Politik, so wollte man wenigstens hier die bayerische Eigenständigkeit zu wahren versuchen. Auch der Einstand des indu-

striellen Zeitalters machte sich gerade bei diesem Fest bemerkbar, bei zahlreichen Modernisierungen und technischen Neuerungen. In den Jahren 1881 und 1885 hatte der Magistrat übrigens wieder umfangreiche Grundstückskäufe auf der Theresienwiese getätigt, somit eine Bebauung des Geländes verhindert und den Bestand des Festplatzes gesichert.
Das vom tragischen Tod Ludwigs II. im Starnberger See überschattete Jahr **1886** führte trotz entsprechenden Überlegungen zu keiner Absage des Oktoberfestes. Geschickt griff nämlich der mit der Reichsverwesung beauftragte Prinzregent Luitpold die alljährlich von dieser Veranstaltung gebotene Möglichkeit auf, seine zunächst durch Verdächtigungen und Beschuldigungen angeschlagene Popularität in direktem Umgang mit der Stadt- und Landbevölkerung zu heben.
Luitpolds betonte Leutseligkeit und Bürgernähe waren nicht allein eine Frage der Persönlichkeit, sie entsprangen auch dem dringenden Bedürfnis der Dynastie, die Vorgänge um die Entmündigung und die mysteriösen Todesumstände Ludwigs II. rasch in den Hintergrund treten zu lassen und als Kontrast zum *»leutscheuen«* und abweisenden König eine kontaktfreudige und allzeit präsente Vaterfigur aufzubauen. Gerade die kontinuierliche Festteilnahme bis ins vorletzte Jahr seiner Regentschaft hinein wurde dem Prinzregenten von den Münchnern hoch angerechnet und unterstrich erneut den monarchisch-patriotischen Grundgedanken des Oktoberfestes. So vermerkt der Chronist auch für den Hauptsonntag 1886: *»Mit Freude war die Kunde aufgenommen worden, daß der Regent des Landes mit seinem Haus persönlich das Fest durch seine Anwesenheit verherrlichen werde, so daß Fürst und Volk gemeinsam das bereits durch sein Alter ehrwürdige bayerische Nationalfest begehen sollten.«* In einem feierlichen Zug wurde der Regent zur Theresienwiese geleitet, wobei 101 Kanonenschüsse seine Abfahrt angekündigt hatten. Dort angekommen, verteilte er persönlich die landwirtschaftlichen Preise sowie diejenigen für das Hauptrennen. Laut einer Bekanntmachung des Magistrats durfte beim Flachrennen mit und ohne Sattel geritten werden, Rennknaben unter 15 Jahren war die Teilnahme nicht gestattet. Als besondere Attraktion waren damals zwölf dressierte Wölfe angekündigt, die dem staunenden Publikum artistische Glanznummern vorführten: »[...] *der große russische Währwolf produciert sich auf rollender Kugel.«*
Zum ersten Mal errichtete der Donisl-Wirt Graf statt einer Bretterbude ein modernes Leinwandzelt, um seine Gäste vor der schlechten Witterung zu schützen. Diese wohl nachhaltigste Neuerung wurde von den Besuchern so stark honoriert, daß in den folgenden Jahren auch die Konkurrenz ihre Bierbuden entsprechend umgestalten mußte. Durch die Anlage des Bavariaringes wurde das Gelände der Theresienwiese damals in seiner endgültigen Form festgelegt. Es tauchten zwar auch später verein-

Feuer in der Weinbude von Julius Frey 1887

Gedenkblatt zum Oktoberfest 1887; im Medaillon das Porträt des Prinzregenten Luitpold

zelt wieder Teilbebauungspläne für das Gelände auf, die aber glücklicherweise nicht ausgeführt wurden.

Das Oktoberfest von **1887** begann mit einem Unglück: In der Weinbude von Julius Frey brach ein Brand aus, der insgesamt 18 Buden in Mitleidenschaft zog. Frey selbst kam bei dem Versuch, seine Kasse aus den Flammen zu retten, ums Leben. Die Erfahrungen dieser Brandkatastrophe veranlaßten den Magistrat, die Erweiterung des Rohrnetzes und die Anlage von Feuerlösch-Hydranten auf dem Festplatz zu beschließen. Auch wurden die auf Dampfenergie angewiesenen Betriebe eines Schiffskarussells und des »Mechanischen Hippodroms« untersagt. Schaustellerische Höhepunkte waren Wilms »Großes historisches Kunstmu-

seum und Gemäldegalerie«, Lautermanns »Zentralmuseum für Kunst und Wissenschaft« sowie Sürings »Mechanisch-plastisches Volks-Museum«. Beim Veloziped-Rennen wurden – damals eine technische Sensation – die Fahrzeiten erstmals bis auf die Zehntelsekunde genau gemessen.
Im Jahr **1888** holte München die wegen des Todes Ludwigs II. im eigentlichen Jubiläumsjahr 1886 abgesagte »Zentenarfeier der Geburt König Ludwigs I.« feierlich nach. In diesem Zusammenhang fand am 30. Juli auf der Theresienwiese das »Bavariafest« statt, wobei *»unter feenhafter Beleuchtung«* in der Ruhmeshalle die Marmorbüste des *»großen Königs«* und eine von Friedrich von Thiersch entworfene Gedenktafel enthüllt wurden.
Das zwei Monate später veranstaltete Oktoberfest 1888 war diesem Ereignis gegenüber ziemlich glanzlos, doch boten die prächtigen Straßen- und Gebäudedekorationen in der Innenstadt anläßlich der Rückkehr des Prinzregenten Luitpold von einer Bayern-Rundreise (28. September) und des ersten München-Besuchs Kaiser Wilhelms II. (1. Oktober) zumindest einen eindrucksvollen äußeren Rahmen für die Festwochen.
Im Juli **1889** fand auf der Theresienwiese wieder ein *»echt deutsches Fest«*, nämlich das VII. Deutsche Turnfest, statt, zu dem die Veranstalter wie beim Oktoberfest Wirtszelte und Schaubuden aufbauten. Dagegen fiel auch diesmal das Oktoberfestprogramm eher bescheiden aus. Neben dem Hauptrennen gab es nur das Veloziped-Wettrennen sowie ein Trabreiten, bei dem nur sechs Pferde starteten. In einer »Ostafrikanischen Karawane« zeigten 27 Somalier Bräuche, vor allem Kriegstänze ihrer Heimat, die großes Interesse erregten. Ebenfalls großen Eindruck auf das Publikum machte die geheimnisvolle »Magneta Neptuna«: *»Nach einer einleitenden Erklärung öffnet sich der Vorhang und es bietet sich nun ein Ausblick auf das Meer, dem plötzlich ein hübsches Mädchen entsteigt. Frei in der Luft schwebend, ohne jede Stütze oder Verbindung bewegt sich dasselbe wie von geheimnisvoller Gewalt gezogen, nach allen Richtungen, dreht sich im Kreise waagrecht und senkrecht, um plötzlich in der Tiefe zu verschwinden.«*
Auch im Jahr **1890** zählte eine völkerkundliche Ausstellung, diesmal die »Aegyptische Ausstellung mit Beduinen-Karawane«, zu den großen Festattraktionen. Über 100 Personen, Männer, Frauen und Kinder, wirkten dabei mit, arabische Vollblutpferde und Dromedare wurden vorgeführt, und in einem arabischen Café traten ägyptische Tänzerinnen auf. Um dem Besucherstrom gewachsen zu sein, hatte die Stadt den Bau einer neuen Zuschauertribüne und einer neuen Straße bei den Schießbuden veranlaßt. Auf der Festwiese zählte man 40 Schau- und Schießbuden und Fahrgeschäfte sowie 407 Wirtschaftsbetriebe. Nachzutragen bleibt, daß

Annonce für die große Pschorrbräu-Bierhalle 1887

Die völkerkundliche Sensation von 1890 war die ägyptische Ausstellung mit Beduinenkarawane

die sieben Teilnehmer des Trabfahrens 1890 erstmals in nach englischem Vorbild gebauten Sulkys saßen.

Zum Oktoberfest **1891** hatte die »Gesellschaft für modernes Leben« – bestehend unter anderen aus Michael Conrad, Oskar Panizza und Otto Julius Bierbaum – vergeblich den Antrag eingebracht, auf der Theresienwiese eine Tagesbühne für die Aufführung *»volkstümlicher Stücke aus der bayerischen und deutschen Geschichte«* zu errichten. Auch der Versuch des Privatgelehrten Wölfert, mit seinem »Torpedoballon Saturn« eine Nachtfahrt mit Feuerwerk und bengalischer Beleuchtung des Ballons zu unternehmen, scheiterte kläglich: *»Als Tag des Aufstiegs von der Theresienwiese aus war der Samstag, der 10. Oktober festgesetzt. Der Aufstieg konnte aber von Wölfert nicht ausgeführt werden, da die Füllung des Ballons mit Wasserstoffgas mißlang. Auch am zweiten Festsonntag gelang es ihm nicht, den Ballon mit Leuchtgas voll zu bringen, und hätte der Aufstieg erst um 7 Uhr abends stattfinden können, wenn nicht ein weiteres Mißgeschick dazu gekommen wäre, indem der Ballon auf einer Seite ein Loch bekam, welches dessen weitere Füllung unmöglich machte.«* Der Landwirtschaftliche Verein konnte zum letzten Mal eine Ausstellung im Glaspalast veranstal-

ten; dieses Gebäude sollte künftig ausschließlich Kunstausstellungen vorbehalten bleiben. Eine schaustellerische wie auch technische Sensation war damals die erste elektrische Berg- und Talbahn, die der Ingenieur Hugo Haase auf die Theresienwiese gebracht hatte.
Wegen der drohenden Cholera-Gefahr mußten für das Oktoberfest des Jahres **1892** besondere gesundheitspolizeiliche Anordnungen getroffen werden. Eine Absage kam *»angesichts der großen wirtschaftlichen Bedeutung«* des Festes nicht mehr in Frage. Ebenfalls wegen Seuchengefahr, nämlich wegen der im Regierungsbezirk Oberbayern ausgebrochenen Maul- und Klauenseuche, war die Viehausstellung und -prämierung unterbrochen worden. Veranlaßt durch zahlreiche Klagen über Geruchsbelästigung hatte der Magistrat die Heringsbratereien von der Festwiese verbannt, was die Budenbesitzer jedoch nicht davon abhalten konnte, auf der Theresienhöhe ihren Geschäften nachzugehen. Erstmals tauchte die Bezeichnung »Wies'n-Bier« auf, als die Münchner Kindlbrauerei *»eine Art Doppelbock«* zum Ausschank brachte. Der Bierumsatz florierte, und dennoch kündigten die Wirte noch während des Festes eine Klage gegen den Magistrat an, weil dieser kurzfristig die Öffnungszeiten der Buden um eine Stunde verkürzt hatte. Um die schöne Farbe ihres Stoffes ins rechte Licht zu setzen, hatten einige Wirte erstmals Glaskrüge, die 1 Liter enthielten, eingeführt. Der schon erwähnte Hugo Haase errichtete in diesem Jahr neben seiner elektrischen Berg- und Talbahn als zusätzlichen Publikumsmagneten ein »Elektrisches Schiffscaroussel«, verbunden mit einer »Ausstellung der Krafterzeugungsmaschinen«. Generatoren, die im Circus Bavaria an der Schwanthalerstraße betrieben wurden, lieferten den Strom für den Antrieb und die Beleuchtung dieser beiden Fahrgeschäfte. In einer Abnormitätenschau wurden den Besuchern unter anderem *»eine Kalbin mit 6 Beinen und drei sehbaren Augen«* sowie ein *»Ochse mit drei nebeneinander sprossenden Hörnern«* vorgeführt. In Geissler's »Berliner Panoptikum« waren historische Szenen mit Wachsfiguren nachgestellt.
In das Festprogramm **1893** wurden ein Fest- und Preiskorso für das Veloziped-Rennen aufgenommen und *»auf allerhöchsten Wunsch«* das Hauptrennen auf einen zweimaligen Umritt reduziert, womit den wiederholten Forderungen des Tierschutzvereins endlich Genüge getan war. In der Tiermenagerie von »Madame Nouma Hawa« brachte die Löwin Cora drei Junge zur Welt, von denen eines zu Ehren der Stadt München auf den Namen Monachia getauft wurde. Für das damalige Oktoberfest vermerkt der Stadtchronist übrigens *»den seltenen Fall«*, daß den 63 816 Mark Ausgaben ein Einnahmeplus von 1405 Mark gegenüberstand.
Am Hauptfestsonntag **1894** veranstaltete der »Gauverband zur Erhaltung der Volkstrachten in Oberbayern« eine Huldigung vor dem Zelt des Re-

Am 29. 9. 1895 fand ein Volkstrachtenzug mit über 1000 Teilnehmern statt

oben:
Trachtengruppe der Stadt Dingolfing (Niederbayern)

◁ *Trachtengruppe der Stadt Ochsenfurt (Unterfranken)*

genten, dem eine Delegation einen Alpenblumenkranz überreichte. Unter den Schaustellungen konnten die Wies'n-Besucher wieder viele Neuheiten entdecken. Hauptanziehungspunkte waren ein Dinka-Negerdorf, eine Truppe von Riesen, Zwergen und Fußkünstlern, eine »Kunstuhren-Automaten-Ausstellung«, ein mechanisches Bergwerk und eine Sammlung lebender Seetiere.

Wie schon im Vorjahr wurde beim Oktoberfest **1895** ein Volkstrachtenzug veranstaltet. Er bezog diesmal alle acht bayerischen Kreise ein und zählte über 1000 Teilnehmer. Die Chronik erwähnt, daß die Gruppen der *»Hummelbauern und anderer wendischer Stämme«*, die Bamberger Gärtner, die Laufener Schiffermiliz, die Isarwinkler, eine Allgäuer Wurzelgraberfamilie und die Perchtentänzer besonderes Interesse erregt hätten. Am Festmontag konnten sich die Münchner und ihre Gäste an einem Festzug der Armbrustschützengilde »Winzerer Fähndl« erfreuen. Das 1887 gegründete »Winzerer Fähndl«, dessen Mitglieder in mittelalterlicher Tracht auf-

Das Weinrestaurant »Bodega« mit der von dem Architekten M. Dülfer ausgeführten Fassade, Postkarte, um 1893

traten, hatte sich auf Bitten des Magistrats zum ersten Mal am Oktoberfest beteiligt und eine eigene »Bierburg« errichtet. Das Festprogramm enthielt ferner ein Trabfahren im Sulky, ein Veloziped-Wettfahren sowie als Nachrennen ein Trabreiten. Zu den damaligen Festattraktionen zählte unter anderem Carl Gabriels »Patentierte Hexenschaukel« und die elektrische »Venetianische Gondelbahn« des Schausteller-Unternehmers Hugo Haase.

Den Festauftakt **1896** bildete der Schützenzug des im Vorjahr gegründeten »Oberbayerischen Zimmerstutzen-Schützenverbandes«, der nun auch sein erstes Festschießen auf der Theresienwiese abhielt. Für die künftige Gestalt der Festwiese war eine Neuerung wegweisend: Der Wies'n-Wirt Schottenhamel errichtete damals die erste sogenannte Bierhalle, womit die *»Ära der Bierhallen großen Stils«* eingeleitet wurde. Die *»Vorboten«*, das schon erwähnte Leinwandzelt des Jahres 1886 und der erstmals architektonisch gestaltete Bau der Weinbude »Bodega« von 1890, hatten sich bei den Gästen bewährt. 1898 entstand das »Riesenzelt« von Georg Lang; im Jahr 1907 erstellten die Münchner Großbrauereien

vier neue Festhallen, nämlich die »Bürgerbräuhalle«, die »Spatenbräufesthalle«, die »Hackerbräuhalle« und die »Löwenbräuhalle«. Die Unionsbrauerei folgte schließlich 1909 mit einer neuen großen Festhalle dem Beispiel der Konkurrenz. Die bekanntesten Münchner Baumeister und Architekten waren sich nicht zu schade, an der *»Entwicklung der Bierstadt«* und an der architektonischen Ausschmückung der Festwiese mitzuarbeiten. Die Namen Heilmann und Littmann, Emanuel und Gabriel von Seidl und Martin Dülfer geben dafür ein Zeugnis ab. Doch zurück zum Jahr 1896: Der zum zweiten Mal durchgeführte Festzug des »Winzerer Fähndls« bot den Besuchern eine ganz besonders *»köstliche Augenweide«*. Er stellte *»mit möglichster Berücksichtigung der historischen Treue«* den *»Einzug Herzog Wilhelm IV. des Standhaften von Bayern und der fürstlichen Braut Maria Jakobäa, Markgräfin von Baden zu München im Jahre 1522«* dar.

Beim Oktoberfest **1897** waren zum Trabfahren im Sulky aus Gründen der *»Hebung der bayerischen Pferdezucht«* wieder einmal nur aus Bayern stammende Pferde zugelassen. Die gute und gediegene Ausstattung der Bierzelte wurde allgemein gerühmt, das als hoch angesehene Preisniveau dagegen beklagt. Eine damalige Pressemeldung fällt aus der überschwenglichen Berichterstattung über den Glanz und die Attraktivität des Festes heraus. Darin heißt es: *»Freilich fehlt es auch nicht an leben-*

◁ *»Programm für das Oktoberfest auf der Theresienwiese in München, 1896«*

Spielmannszug des »Winzerer Fähndl«; im Hintergrund die Winzererburg, 1895

Anzeige des Nürnberger Wirts Georg Lang für seine »Riesenbierhalle«, 1898

Phono-Cinematographen-Theater, um 1910

Vorführung der Preisochsen vor dem Königszelt, 1896

digen Zeugen von Noth und Elend; mit den zahllosen Hausierern, groß und klein, um die Wette meldet sich alle Augenblicke ein [...] *Menschenkind um einen Brosamen von den Tischen der Gesättigten.«* Dennoch ließ sich die große Masse der Wies'n-Besucher zweierlei nicht nehmen: Amüsement und Konsum.

Der **1898** erstmals auf der Festwiese erschienene Krokodilwirt Lang aus Nürnberg, ein Original, der sein Publikum *»durch den Vortrag lustiger Lieder«* offensichtlich erfolgreich zu immer weiterem Bierkonsum animierte, erregte mit seiner auf dem Areal von fünf Einzelbuden errichteten Riesenhalle den Neid der Konkurrenz; sie beschloß, gegen ihn eine Klage beim Magistrat einzureichen, über deren Ausgang aber in der Chronik nichts vermerkt ist. Der im Sommer 1898 gegründete »Verband zur Bekämpfung des schlechten Einschänkens« trat erstmals auf dem Festplatz in Erscheinung, beharrlich und konsequent strebt er seitdem

nach einer dauerhaften Verbesserung der Münchner Schankmoral. Wieder veranstaltete die Armbrustschützengilde »Winzerer Fähndl« nach historischer Vorlage einen Kostümfestzug, vor dem Zelt des Regenten fanden *»turnerische Vorführungen«* statt, und die vielbewunderte schaustellerische Sensation war eine Truppe von Tartaren und Kirgisen, die in ihren nachgebauten Zeltlagern Tänze, Reiterspiele und *»sonstige Gebräuche in naturgetreuer Weise«* vorführten.
1899 wurden zum »Vereinswettlauf« Vereine aus ganz Bayern zugelassen, dagegen aber im Programm des Veloziped-Rennens das Hochradfahren sowie das Bänderfahren für Niederräder gestrichen, weil es in den letzten Jahren in zunehmendem Maße zu Stürzen gekommen war. Zu den besonders sehenswerten Schaubuden zählten wieder zwei Menagerien – welche den Münchnern den nicht existierenden Zoologischen Garten ersetzen mußten – und eine Dahomey-Togo-Truppe. Eine Ausstellung mechanischer Kunstwerke führte die Hochwasserkatastrophe im Isartal und den »Mädchenmord von Polna« vor, eines der Panoramen hatte die aktuelle »Dreyfus-Affaire« zum Gegenstand.
Um den Festplatz zu erweitern und um das Sulkyrennen auch während der Zeit des Festschießens abhalten zu können, beschlossen die Veranstalter beim Oktoberfest des Jahres **1900** eine Verlegung der Schießstände auf die südliche Hälfte der Theresienwiese. Den Zimmerstutzenschüt-

Schaubuden, im Vordergrund ein Unternehmen, das die Bewohner der Admiralitäts-Inseln vorstellt, 1895

Beduinen vor der Bavaria, 1901

zen wurden von der Stadt nun nicht mehr, wie bisher üblich, Ehrengaben überreicht, sondern ihrem Verband ein Barbetrag ausbezahlt. Den Glückshafen, bisher vom Armenpflegschaftsrat geführt, übertrug die Stadt einem eigenen Komitee; sein Reinerlös ging von da an an den »Münchner Hilfsfonds«. Zum ersten Mal hatten die Festausgaben die 100000-Mark-Grenze überschritten. Eine Bilanz nach Abschluß des ersten Oktoberfestes im neuen Jahrhundert ergab folgendes Bild: Neben 27 Bierwirtschaften waren auf der Festwiese vier Weinwirtschaften, 26 Käseständе, 23 Wurstküchen, eine Ochsenbraterei, acht Fischbratereien, 15 Küchelbäckereien sowie sechs Hühnerbratereien installiert. Des weiteren lockten die Besucher fünf Schiffschaukeln, neun Karusselle, 50 Schaubuden, 15 Schießbuden, zwölf Fotografiebuden, 53 Dultstände und 569 sogenannte fliegende Händler. Der Chronist berechnete einen Bierkonsum von 2200000 Litern à 35 Pfennig, was einem Betrag von 770000 Mark entsprach: »[...] *da aber effektiv mindestens ⅓ mehr ausgeschänkt wurde, weil man selten mehr als einen halben Liter bekam, so erhöht sich die Summe auf über eine Million Mark, die auf der Wiese allein für Bier angelegt wurde.*« Quasi als Einstand ins 20. Jahrhundert hatte die Stadt die Elektrifizierung des Trambahnnetzes vollendet und für den Oktoberfestbetrieb die Strecke Rennbahnstraße (heute Martin-Greif-Straße) – Schwanthalerstraße – Kleestraße (heute Hermann-Lingg-Straße) eröffnet.

»Auf geht's beim Schichtl«, 1910

unten: Michael August Schichtl (1851–1911)

Die Lieferung des elektrischen Stromes zur Beleuchtung der Festwiese erfolgte **1901** zum ersten Mal unmittelbar durch die städtischen Elektrizitätswerke. Neu war in der Budenstadt die Wirtsbude der Pschorrbrauerei »Zur Bräurosl«, ein transportabler Prunkbau, dessen Fassade am Abend von unzähligen Glühlämpchen beleuchtet wurde. Die Verteilung der Preise für die Landwirte erfolgte nun nicht mehr während des Festes, sondern schon vorher, so daß beim Hauptfest nur mehr eine Präsentation der Preistiere vor dem Prinzregenten stattfand. In jenem Jahr feierte einer der beliebtesten Schausteller, August Schichtl, zwei Jubiläen. Der Chronist berichtet: *»Kopf an Kopf gedrängt stand die Menschenmenge vor der Jedem wohlbekannten Schaustellung Schichtls, dessen primitives Variété-Theater in frischem Schmuck von Tannenguirlanden und Lorbeerbäumen sich zeigte. Es galt den 50. Geburtstag und das 25jährige Wiesenjubiläum des Michl als August zu feiern. Von den primitivsten Anfängen des Wiesenlebens bis auf die heutige prunkvolle Ausstattung des Festrayons hat Schichtl Jahr für Jahr sich redlich abgemüht, mit seinem Künstlerpersonal dem Publikum gegen billiges Entrée ein reichhaltiges Programm zu bieten. Daß ihm das gelungen, beweist seine Beliebtheit und der Zulauf, den seine Vorstellungen finden. Bei stark besetztem Hause nahm um 6 Uhr die Jubiläumsvorstellung ihren Anfang mit einem Zauberakt ›Das Verschwinden von zwei Personen auf freier Bühne‹, ausgeführt von Schichtl selbst, der bei Betreten der Bühne lebhaft akklamirt und durch Überreichung von zwei*

großen Lorbeerkränzen und mehreren Bouquets geehrt wurde. Ein jugendlicher Drahtseilvoltigeur Mr. Monko produzirte sich in der zweiten Nummer mit staunenswerter Sicherheit und Eleganz. Großen Beifall errang I. Robins mit seinem Original-Dressurakt von Hunden, die als Pferde, Esel und Elephanten auftraten, und reitenden Affen [...] *Von einer ungemein soliden Kinnbacken- und Zahnkonstruktion legte Jimes Paces, der Afrikaner mit dem Löwengebiß, Zeugnis ab, als er zum Schluß seiner Nummer ein Faß mit den Zähnen herumtrug, auf dem drei Buben rittlings saßen. Nach der üblichen Geisterpantomime mit Beleuchtungseffekten, Gespenstererscheinungen und Riesenradau sprach Schichtl der Versammlung seinen Dank aus.«*

Dieses Oktoberfest machte deutlich, daß sich im Laufe der letzten Jahre in der Feststadt eine *»kolossale Wandlung«* vollzogen hatte; die großen Bierhallen dominierten auf der Theresienwiese, und bei einbrechender Dunkelheit belebte die *»glänzende, sinnverwirrende Glühlämpchendekoration«* den Festplatz.

Die Rennpreise wurden **1902** nicht mehr feierlich im Königszelt überreicht, sondern den Siegern nach Abfahrt des königlichen Hofes in formloser Weise im Renngerichtszelt übergeben. Ein reges Publikumsinteresse verzeichnete die »Moderne Kunstausstellung«, die, wie ähnliche Veranstaltungen in den Vorjahren, den Kunstausstellungsbetrieb im Glaspalast imitierte und parodierte, sowie die Kriegsschauspiele von Carl Gabriel; ihm genehmigte die Stadt zudem die Aufstellung seines ersten Hip-

Die »Moderne Kunstausstellung« parodierte die Ausstellungen avantgardistischer Kunst im Glaspalast

oben: Ausstellungsgebäude, 1900

rechts: Innenansicht

podroms. Einen starken Besucherandrang konnte auch die »Walfisch-Ausstellung« vermelden. Den »Nachtrag« zum Oktoberfest 1902 bildete schließlich ein wegen schlechten Wetters verschobenes Kunstfeuerwerk des Pyrotechnikers Heinrich Weiffenbach, das an der Bavaria und Ruhmeshalle veranstaltet wurde.

Festneuerung im Jahr **1903** war es, daß beim Zimmerstutzenschießen die Meisterschaft für Bayern auf der Meisterscheibe ausgetragen und hierfür ein eigenes Meisterschaftszeichen angefertigt wurde. Bei den Schaustellern bildete wieder, wie schon so oft, Carl Gabriel den Hauptanziehungspunkt, diesmal mit einem afrikanischen »Aschanti-Dorf«. Der sogenannte Wies'n-Skandal vor dem Hungerturm leitete **1904** das Oktoberfest ein. Schon in der Vorwoche hatte sich der Hungerkünstler Riccardo Sacco in einem Glaskasten auf der Theresienwiese einmauern lassen und wollte 15 Tage lang vor den Augen des Publikums keine Nahrung mehr zu sich nehmen. Dabei kam es zu *»tumultuösen Auftritten«* skeptischer Zeitgenossen, die glaubten, es handle sich um einen Schwindel. Andere provozierten den Künstler absichtlich, indem sie dicht vor dem Kasten mit größtem Genuß Schmankerln verzehrten. Weil sich am folgenden Tag die tumultartigen Demonstrationen wiederholten, wurde der Hungerkünstler schließlich befreit und ins Café Wittelsbach zum Essen geführt. Als Folge dieses Auftrittes erließ die Polizei »Verschärfte Anordnungen zur Auf-

Lindners Bio-Tableaux-Theater, das »lebende Bilder« vorführte, 1903

»Beim Schichtl«, kolorierte Bleistiftzeichnung von Regnat, 1910

rechterhaltung der öffentlichen Ruhe«. Seitens der Verwaltung des Oktoberfestes erging an die Wies'n-Wirte *»eine Verwarnung bezüglich des schlechten Einschenkens«*. Bei der Festversammlung anläßlich der Fahnenweihe der »Sektion München des Vereins reisender Schausteller« wurde, von vielen schon lange erwartet, das Oktoberfest zum *»ersten Volksfest in ganz Deutschland«* gekürt. Für den Chronisten waren es in diesem Jahr die *»ungewöhnlich reich vertretenen Menschenwunder«*, welche die Aufmerksamkeit der Oktoberfestbesucher auf sich zogen: *»In der von der Paulskirche herüberziehenden Budenhauptstraße sind nahe beieinander ein Riese und zwei ganz außerordentlich zierliche, eine große Seltenheit repräsentierende, Zwerge. Marquis und Marquise Wolge, wie sich die beiden Liliputaner nennen, gehören zu den allerseltendsten unter den beobachteten Zwergen. Die geistige Regsamkeit und Energie, namentlich der kleinen Dame, ist geradezu überraschend. Der 50jährige Marquis, ein Un-*

gar mit blondem Schnurr- und Knebelbart, ist 71 cm hoch und wiegt 19 Pfund; er ist also so klein wie ein normales zweijähriges Kind. Seine Frau, eine geborene Russin, war bei der Geburt und lange nachher so klein und zart, daß man sie lange in Federn und Watte packen mußte. Sie erhielt eine gute Ausbildung und lernte gelegentlich mit 20 Jahren ihren jetzigen Gemahl kennen, dem sie nachträglich über den Kopf wuchs. Der Riese Pisjakoff ist fast 2½ Meter hoch [241 cm] *und 376 Pfund schwer, also um 6 cm größer als der bayerische Riese Hasler aus Gmund am Tegernsee. Pisjakoff war beim Militär als Flügelmann und stand manche Nacht Wache zu Petersburg im Palast des Zaren. In der Verlängerung der Beethovenstraße haben sich Menschenwunder à la Barnum und Bailey eingefunden: die riesige Dame Ilona; ihre Abnormität geht nach der Dicke, sie wiegt 485 Pfund, die Arme haben 67 cm, die Waden 84, die Schenkel 130 und die Hüften 240 cm Umfang. Das auffallendste an der dicken Dame ist ihre Leichtbeweglichkeit und der ruhige kräftige Puls. Neben dieser Abnormität tritt der in ärztlichen Kreisen wohlbekannte Mann mit der Kautschukhaut, eine aparte Sehenswürdigkeit, auf. Gegenüber der Bude, in der diese Sehenswürdigkeit gezeigt wird, sind drei Riesenkinder zu sehen, darunter ein Baby von angeblich 122 Pfund und 2½ Jahren, ein monströses Geschöpf.«*

Die Veranstaltung von Korso und Radrennen wurde **1905** ganz aus dem Programm genommen. »Malferteiner's Menagerie« konnte seinen Gästen, trotz eines anfänglichen Vorführungsverbotes wegen *»Gefährlichkeit«*, doch noch den »Heiligen Stier« präsentieren. Hierbei handelte es sich um einen *»zwerghaften Albino mit roten Augen«*, der vollkommen tätowiert war und von einem Leihbarbier und einer »Hindu-Priesterin« bedient wurde. Mittelpunkt der Schaustellungen war der Toboggan mit gleitendem Teppich und Rutschbahn, so wie er heute noch, zur Freude der Benützer und Zuschauer, auf der Wies'n steht. Ein in der Landwirtschaftlichen Ausstellung ausgebrochener Brand konnte durch das rasche Eingreifen der Wies'n-Feuerwehr in verhältnismäßig kurzer Zeit gelöscht werden.

Das Programm des Oktoberfestes erfuhr **1906** eine wesentliche Änderung: die Veranstalter verlegten, dem Vorschlag des Münchner Rennvereins folgend, das zweite Rennen auf den ersten Wies'n-Sonntag, um so den letzten Festsonntag für das Herbsttreffen des Rennvereins in Verbindung mit der Austragung des Bayernpreises in Riem frei zu lassen. Das Fest sollte also nicht mehr mit Pferderennen, sondern mit *»turnerischen Veranstaltungen«* seinen Abschluß finden. Das elementarste Wies'n-Vergnügen, der Bierausschank, war durch einen Kellnerinnen-Streik bedroht. Sie forderten unter anderem die Einführung eines Tageslohnes von zwei Mark. Das Gewerbegericht vermittelte, indem es die teilweise Erfüllung dieser Forderungen für das nächste Jahr zusagte; noch recht-

Hugo Haases Stufenbahn, 1903

Oktoberfestpanorama, im Vordergrund ist die »amerik. Figur 8 Bahn« zu erkennen, 1910

◁ *Ankündigungsplakat, 1910*

zeitig vor Festbeginn konnte so der Streik beigelegt werden. Für jenes Oktoberfest ist in der Chronik eine ausführliche Schilderung der Zeltstadt nachzulesen. Ihr Zentrum bildete ein *»kreisförmiges Arrangement«* der mittlerweile 18 Bierwirtschaften, um das sich immer mehr und immer wieder neue Fahrgeschäfte und Schaubuden herumgruppierten. Neben dem Altgewohnten gab es die »Tiefsee-Tropenausstellung«, die »Taucherbude«, »Kotter's Salon moderner Wunder«, »Kotter's Abnormitätenausstellung«, Hugo Haases Grottenbahn und Stufenbahn, die »Schwebende Arche Noah«, die »Russische Luftschaukel«, ein »Automobil-Karussell« und die »Velozipedfahrt im Todesring« zu bewundern. Nachdem die Stadt nun Grundbesitzerin der gesamten Theresienwiese geworden war, hatte sie diese für das damalige Fest an die städtische Wasserversorgung und Kanalisation angeschlossen.

Am Hauptfestsonntag **1907** verursachte ein Gewitter einen panikartigen Sturm auf die Trambahn, dem ein Menschenleben zum Opfer fiel. Die

Budenstadt wies, im Vergleich zu den Vorjahren, eine wesentliche Veränderung auf: statt der bisherigen 18 Wirtsbuden, in denen auch die kleineren Brauereien vertreten waren, behaupteten sich auf dem Areal nun nur noch sechs große Bierbrauereien in architektonisch aufwendig ausgestalteten »Bierhallen«. Die *»turnerischen Vorführungen«* wurden wieder aus dem Festprogramm gestrichen und die bisherigen drei Rennen auf vier erweitert. Bei den insgesamt 80 gezählten Schau- und Unterhaltungsbetrieben erweckten Wilhelm Hagenbeck mit seinen 70 Eisbären, der Zirkus Brumbach und das »Museum der Volkskrankheiten« größtes Publikumsinteresse.

Russische Schaukel, 1907

Auf Anregung von Prinz Ludwig, dem späteren König Ludwig III., wurde mit der Ausstellung »München 1908« der Ausstellungspark auf der Theresienhöhe eröffnet, womit die Voraussetzung für die räumliche Nachbarschaft von Oktoberfest und Ausstellungen geschaffen war. Allerdings hätte der allzu nahe neue Ausstellungspark beinahe zur Einstellung des Oktoberfestschießens **1908** geführt; dessen Fortbestand wurde erst durch die Erfüllung einiger sicherheitstechnischer Auflagen endgültig garantiert. Wegen der Maul- und Klauenseuche mußten die Veranstalter die Tierausstellung auf Pferde beschränken. Michael Schottenhamel feierte in jenem Jahr das 40jährige Wies'n-Jubiläum. Bei den Schaustellungen waren es *»zwei hervorragende Naturphänomene«,* die die Besucher faszinierten: »Lionel, der Löwenmensch« und »Tabor, der Beherrscher der Muskeln«, die beide im »Indischen Tempel« auftraten.

1909 wurden Landwirtschaftliche Ausstellung und Tierausstellung nicht mehr auf der Theresienwiese, sondern auf einem Teil des Ausstellungsparks veranstaltet. Damit war noch mehr Platz für Schaubuden und Fahrgeschäfte geschaffen, die jetzt den gesamten Raum innerhalb der Rennbahn bis hin zu den Schießanlagen ausfüllten. Eine bautechnische Sensation, eine Bierhalle ohne störende Säulen und Stützen im Raum, ließ der Wirt Balthasar Trinkl errichten. In diesem Neubau konnten die Musiker auf einer Galerie im Saal wie auch im Freien spielen, ohne den Platz wechseln zu müssen. August Schichtl präsentierte sich nun ebenfalls in einem neuen *»Theaterbau«* für 800 Zuschauer. *»Damit i aa a wengl zuawipaß zu de moderna Paläst«,* sagte er erläuternd dem Chronisten, *»sunst müaßt i mi ja schama mit mein alten Kasten.«*

Elektro-Grottenbahn von H. Haase, 1907

Drei Kanonenschläge und die Königshymne leiteten das 100jährige Bestehen des Münchner Oktoberfestes im Jahr **1910** ein. Um diese Feier würdig zu gestalten, hatte sich schon im Vorjahr ein Festausschuß mit 15 Unterkommissionen konstituiert. Die Schaubuden und Fahrgeschäfte eröffneten, bisher einmalig in der Festgeschichte, erst am Abend vor dem Hauptfestsonntag, nachdem ihr Streik *»wegen der nicht zu ertragenden Lustbarkeitssteuer«* gerade noch rechtzeitig zum Jubiläum hatte beigelegt

Plakat mit dem Veranstaltungsprogramm für das Jubiläums-Oktoberfest 1910

Prinzregent Luitpold besichtigt das »Samoa-Dorf«, 1910

werden können. Am Sonntag, den 18. September, zogen 120 Schützenvereine mit nahezu 2000 Schützen, 80 Fahnen und 13 Musikkorps vom Rathaus auf die Theresienwiese. Durch einen weiteren, historischen Festzug wurden die Besucher in die Zeit der Gründung des Oktoberfestes zurückversetzt. »Turnerische Festspiele« der nationalen Turnvereine Münchens und ein internationales Trabrennen rundeten den Eröffnungstag ab. Während der Jubiläumswoche konnten sich die Gäste in einem »Samoa-Dorf«, im »Spanischen Foltergefängnis«, bei wissenschaftlichen Ausstellungen, Kuriositäten und Abnormitäten jeder Art oder aber in einem der 26 Karussells, einer der neun Schiffschaukeln und sieben sonstigen Fahrgeschäften amüsieren. Eine besondere Jubiläumsattraktion waren der Aufstieg des lenkbaren Luftschiffs »Parseval VI.« und eines Luftballons des Münchner Touringklubs über der Festwiese. Am 22. September öffnete die »Landwirtschaftliche Jubiläumsausstellung« ihre Pforten, und drei Tage später, am Hauptfestsonntag, nahm Prinzregent Luitpold – nach 25jähriger Teilnahme als Regent am Oktoberfest ebenfalls »Jubilar« – die Huldigungen zahlreicher prominenter Ehrengäste sowie der Bevölkerung entgegen. Ihm zu Ehren bewegte sich ein »Historischer Huldigungsfestzug«, der dem Aufzug des Jahres 1810 nachempfunden war und *»in allegorischer Weise«* die Festgründung darstellte, am königlichen Pavillon vorüber. Repräsentanten der acht bayerischen Kreise in ihren typischen Trachten und die Fahnenträger und Schützen beendeten den feierlichen Zug.

Turnfestspiele der nationalen Turnvereine Münchens am Eröffnungstag des Jubiläums-Oktoberfestes 1910 ▷

In den Jahren der Prinzregentenzeit hatte sich das Oktoberfest entscheidend verändert: Der Siegeszug der Technik und der Neubau von großen, prunkvollen Bierhallen wiesen den Weg zum heutigen Festablauf. *»Exo-*

Kinderkarussell, um 1910

Radtreiben der Wagnergesellen, 1910

tische« Schauen entsprachen dem damals erwachenden Publikumsinteresse an fremden Ländern, und die Präsentation tierischer und menschlicher Abnormitäten stillte den Sensationshunger der sich entwickelnden Massengesellschaft.

Im Vergleich zu dem spektakulären Jubiläums-Oktoberfest von 1910 mußte der »Normalbetrieb« von **1911** naturgemäß stark abfallen. Bei den Schaustellern hatten sich zwei gravierende Veränderungen ergeben. Im Februar 1911 war das populärste »Wies'n-Original« August Schichtl gestorben. Seine Witwe konnte den Betrieb nicht weiterführen und versteigerte deshalb Inventarteile des »Zaubertheaters«. »Schichtls Varieté« sollte erst in späteren Jahren wieder zu einem Anziehungspunkt auf der Theresienwiese werden. Ebenfalls seit 1911 war der bekannte Schausteller Malferteiner mit seiner zoologischen Schau nicht mehr vertreten; der im selben Jahr eröffnete Münchner Tierpark Hellabrunn hatte ihm das Publikum entzogen. Auf Malferteiners Areal entstand nun die »Liliput-Stadt«, ein Unternehmen, das über Jahrzehnte eine Dauerattraktion bilden sollte.

Preisfahne des Jubiläums-Pferderennens 1910; entworfen von L. Hohlwein

Wegen des Todes von Herzog Franz Joseph in Bayern und von Prinzessin Maria Theresia von Bayern sagte der Hof die Teilnahme am Oktoberfest des Jahres **1912** ab. Somit fehlte der volkstümliche Luitpold zum ersten Mal seit Beginn seiner Regentschaft auf der Festwiese (am 12. Dezember 1912 starb der Prinzregent im Alter von 91 Jahren). Im Rahmen des Zentrallandwirtschaftsfestes demonstrierten die Veranstalter noch einmal – zum letzten Mal vor dem Sturz der Monarchie – die agrarischen Fortschritte des *»in sich gefestigten und einigen Königreiches Bayern«:* Sämtli-

Prinzregent Ludwig (ab 7.11.1913 König Ludwig III.) vor dem Bräurosl-Zelt, 1913

che acht Kreise beteiligten sich an einer »Obst- und Gemüseausstellung mit Musterobstmarkt«. Nach 40 Friedensjahren faszinierte das sensationshungrige Publikum »Johnstowns Untergang«, die von Hugo Haase inszenierte Zerstörung einer Modellstadt durch Feuer und Wasser. Weniger auf die Sensationsgier, sondern vielmehr auf den Lacherfolg zielte eine andere Wies'n-Neuheit des Jahres 1912, der sogenannte »Luna-Ball«, ab. Dort mußten sich die Gäste auf einen Ballon setzen, der, allmählich zu einer großen Kugel aufgeblasen, die Personen wieder herunterpurzeln ließ. Die besten und am nachhaltigsten im Gedächtnis haftenden Feste werden, so besagt eine Redensart, in Zeiten drohender Gefahren gefeiert. Sie trifft zumindest auf das Oktoberfest von **1913** zu, das letzte vor dem Ersten Weltkrieg, als die Organisatoren mit allen nur möglichen Superlativen aufwarteten. Die sechs Festhallen – Schottenhamel, Bräurosl, Langbude, Wagnerbräu, Winzerer Fähndl und Holznerbude – waren erweitert worden, die Anlage der Bräurosl (Halle und Garten) bedeckte damals schon eine Fläche von 10500 Quadratmetern. Unter den Schaustellungen faszinierten besonders »Die größte Schlange der Welt« aus Hagenbecks zoologischer Sammlung und »Nago, der Wühlmensch«, der sich zwei Meter tief eingraben ließ, um sich dann ohne Hilfsmittel wieder herauszuarbeiten. »Die zusammengewachsenen Zwillinge mit ihrem Kinde« erweichten, so ein Berichterstatter, *»vor allem das Herz der weiblichen Festbesucher«.* In einer Schaubude mußte die Polizei, der Anzeige eines Frauenvereins nachgehend, eine lebensgroße Puppe beschlagnahmen; mit ihr waren Schiebetänze vorgeführt worden, was das *»sittlich-moralische Empfinden weiter Kreise«* tief verletzte. Bringes Affen- und Hundetheater demonstrierte *»den Weltfrieden, der unter den Menschen nie zustande kommt«;* dem nach außen hin propagierten deutschen Patriotismus entsprach aber wohl mehr die »Marine-Schaubude«, in der Xaver Schichtl, ein Neffe des alten Schichtl, mit Hilfe mechanisch bewegter Schiffsmodelle den »Weltkrieg im Kleinen« vorführte. Beim Höhepunkt der Vorstellung, »Deutschlands Flotte im Kampf«, griffen acht Panzerkreuzer, ein Zeppelin, vier Aeroplane und Torpedoboote in das Geschehen ein. Ein makabres Vorspiel des bevorstehenden Ersten Weltkrieges, der nicht zuletzt durch die übertriebene Flottenpolitik des Deutschen Kaisers heraufbeschworen wurde. Prinzregent Ludwig, der nachmalige König Ludwig III., mischte sich an mehreren Tagen unter die Wies'n-Besucher und bekräftigte auf diese Weise seine durchaus moderne Einstellung zur Rolle des Monarchen: Er wollte der erste Bürger unter Bürgern sein. Tatsächlich sollte dies die letzte Teilnahme eines bayerischen Monarchen am Oktoberfest sein; mit dem Jahr 1913 hatte das *»bayerische Nationalfest«* unter monarchischem Protektorat, sozusagen das Oktoberfest der »alten Ordnung«, zu existieren aufgehört.

1914–1932
Krisenzeiten und »Notfeste«

Am 1. August 1914 richtete das Deutsche Reich an Rußland, wenig später auch an Frankreich die Kriegserklärung. Ohne weiteren Kommentar beschloß der Münchner Magistrat, das Oktoberfest **1914** abzusagen. Auch **1915, 1916, 1917** und **1918** fielen angesichts des großen Völkermordens die Oktoberfeste aus. In der Hoffnung, daß der Erste Weltkrieg bis zum Herbst des jeweiligen Jahres beendet sei, richteten einige Wirte und Fieranten (Markthändler) während der Kriegsjahre immer wieder Gesuche um die Festkonzession an den Magistrat. Diese Hoffnung trog. In ganz anderer Weise sollte bei Kriegsende das Oktoberfestareal ins Bewußtsein der Bayern rücken.

Am 7. November 1918 nahm von den Hängen der Theresienwiese – früher Szenarium für stürmische Ovationen an das Wittelsbacher Herrscherhaus – bei einer Massendemonstration gegen den Krieg als erste deutsche Revolution die bayerische, unter Führung Kurt Eisners, ihren Ausgang.

Nach dem verlorenen Krieg, dem Zusammenbruch des Reiches und nach der Niederschlagung der Münchner Räterepublik wurde, den Hungerjahren zum Trotz, **1919** wieder ein kleines Fest abgehalten, bescheiden »Herbstfest« genannt. Viele Schausteller waren Kriegsbeschädigte, die bei der Konzession einen Bonus erhielten. Der Wies'n-Konsum mußte eingeschränkt werden, es gab keine Hendl, keine Schweinswürstl und keine Ochsenbratereien, und die *»Freude am Fest blieb harmlos«*, wie eine Zeitung meldete, *»dafür sorgte schon das Dünnbier, das keine animierte Stimmung aufkommen ließ«*. Für etwas Glanz sorgte wenigstens ein Schützenzug, an dem sich rund 4000 Schützen beteiligten.

Im Jahr **1920** trugen derlei herbstliche Vergnügungen die Namen »Kleines Oktoberfest«, »Ersatzoktoberfest«. Der Besuch vom Land oder gar von

»das Rennats«, Karikatur von E. Oswald aus »Der Drahtverhau«, 1916; die Oktoberfestnummer der Feldzeitung erhielt den Frontsoldaten die Erinnerung an das heimatliche Fest

Einsturz der Achterbahn, 1921 ▽

Gartenausschank, 1921

Ankündigungsplakat einer Abnormitätenschau, 1920

außerhalb Bayerns war gering, die Münchner feierten unter sich. Immerhin berichtet die Chronik von strahlend schönem Wetter, vom neuerlichen Vollbierausschank und von Attraktionen, beispielsweise einer »Wellenbahn« und einer »Kinematographie-Schießhalle«. Mittlerweile hatte sich ein »Verein zur Erhaltung des Münchner Oktoberfestes« zusammengefunden, dessen oberstes Ziel es war, unabhängig vom *»miesen Stadtsackerl auf eigene Kosten wohl schon im nächsten Jahre ein dem Renommée Münchens entsprechendes stattliches Oktoberfest«* zu organisieren.

Und tatsächlich – **1921** strömten die Besucher aus dem ganzen Land wieder nach München, wo es galt, Versäumtes nachzuholen. Trotz beginnender Inflation florierte der Absatz an Bier und Festschmankerln. 300 000 Besucher tranken 15 000 Hektoliter Bier und verzehrten sechs Millionen Brote und Brezen. Zum ersten Mal seit Kriegsende fand, wenn auch kein Landwirtschaftsfest, so doch eine Landwirtschaftsausstellung in Verbindung mit einer Maschinen- und der »1. Bayerischen Flachsausstellung« statt. Die Wies'n-Bezieher beklagten sich über die hohen Platzgebühren, aber dennoch standen für diejenigen, die Vergnügen suchten, zehn Karussells, sieben Berg- und Talbahnen, zwölf Toboggans, Schaukeln, Hexenkessel und Teufelsräder sowie zahlreiche Tierdressuren, Zaubertheater, Schaubuden und Varietés bereit. Für den Trachtenzug hatten sich rund 200 Vereine gemeldet, tatsächlich erschienen aber 250 Vereine, so daß das Programm völlig aus den Fugen geriet.

Gleich zu Beginn des hundertsten durchgeführten Oktoberfestes im Jahr **1922** traten die Budenbesitzer in einen Streik gegen die ihrer Meinung nach *»zu hohe Vergnügungssteuer«*, die der Stadtrat vorab festgesetzt hatte. Ihre Arbeiter taten es ihnen gleich und protestierten nun ihrerseits gegen die zu niedrigen Löhne. Beide Streiks konnten beigelegt werden, was ihre Bedeutung als erste Anzeichen der aufkommenden Wirtschaftskrise nicht mindert. Die Inflation begann zu galoppieren: Die Maß Wies'n-Bier kostete 50 Mark, für das Hendl mußten mehr als 500 Mark bezahlt werden. **1923** hatte die Inflation endlich solche Ausmaße angenommen, daß sich der Magistrat gezwungen sah, das Oktoberfest abzusagen. Als Ersatz dafür veranstalteten die Schausteller im Münchner Raum kleine und dennoch gut besuchte Volksfeste. Dort kostete schließlich die Maß Märzenbier 21 Millionen Mark.
Im darauffolgenden Jahr konnten sich die Münchner Schausteller unter ihrem Vorsitzenden Carl Gabriel mit ihrem Veranstaltungsplädoyer nicht durchsetzen, das Oktoberfest ruhte auch im Jahr **1924.**
»Daß unser Volk in dieser Zeit und in dieser Lage Feste feierte«, das würden die kommenden Generationen wohl nicht verstehen können. Mit diesen Worten prangerte ein Kirchenvorstand den – vermeintlichen – Widerspruch zwischen Festfreude und Notlage an. Der Protest war vergeblich, denn die Stadtverwaltung maß der *»lokalgeschichtlichen Bedeutung«* und vor allem dem *»wirtschaftlichen Wert«* des Oktoberfestes **1925** wieder eine tragende Rolle bei. Diese Aspekte unterstreicht auch der in diesem Jahr erstmals belegte festliche Einzug der Wies'n-Wirte. Nach 12 Jahren wurde 1925 auch wieder ein Zentrallandwirtschaftsfest abgehalten, das aber nicht mehr vom Landwirtschaftlichen Verein, sondern von den Bauernkammern, den öffentlich-rechtlichen Berufsvertretungen der Landwirte in Bayern, organisiert wurde. Die erneut vorgeschlagenen Pferderennen konnten freilich nicht stattfinden, weil einen Teil der Rennbahn noch jene Mietgärten überwucherten, die aus der Not der Kriegs- und Nachkriegsjahre heraus zum Gemüseanbau dort angelegt worden waren. Den baulichen Mittelpunkt dieses Oktoberfestes bildete die Doppelfront der großen Bierhallen von Löwenbräu, Pschorrbräu, Augustiner- und Wagnerbräu, Schottenhamel und Winzerer Fähndl. Verschiedene Wirtsbuden und Bierhallen hatten »Groß-Gasöfen« installiert, auf denen in kurzer Zeit größere Mengen von Speisen zubereitet werden konnten. Als imposanteste Darbietung galt die große »Völkerschau«, von Carl Gabriel und John Hagenbeck in einem Prachtbau präsentiert, dessen Fassade als indischer Tempel gestaltet war. Im Innern der Anlage traten Tänzer, Akrobaten, Schlangenbeschwörer und sogar ein *»echter Joghi«* auf. Die Chronik berichtet übrigens zum ersten Mal von der Vorführung einiger Boxkämpfe auf dem Oktoberfest.

Lachtempel, 1927

Kaffee-Kakao-Eis-Bude, 1925

Kasperl-Theater ▷

Carl Gabriels »Lustiges Rad«, 1926

Im Jahr **1926** fanden die Veranstaltungen des Südbayerischen Leichtathletikverbandes auf den Sportanlagen des Deutschen Turnfestes von 1923 den besonderen Beifall der Wies'n-Besucher. Der Bayerische Schützenverband hielt, zur Erinnerung an den ersten Aufzug der Zimmerstutzenschützen 30 Jahre zuvor, ein großes Jubiläumsschießen ab, und die Hamburger *»Ballonkünstlerin«* Wilson stieg zweimal mit ihrem Luftfahrzeug auf.

Eine ganze Reihe von Festjubiläen konnte **1927** gefeiert werden: Die Familie Schottenhamel führte im sechzigsten Jahr den Ausschank der Franziskaner-Leistbrauerei; Ludwig Zrenner, der Erfinder der lustigen Oktoberfestkarten, bezog zum 50. Mal das Oktoberfest, und auch die »Fischer-Vroni« gehörte zum 25. Mal dazu. Der Schausteller Carl Gabriel, seit Jahrzehnten mit immer neuen Attraktionen auf dem Festplatz vertreten, beging zur Wies'n-Zeit seinen 70. Geburtstag. Wie 1925 hatten auch 1927 die Bauernkammern wieder ein Zentrallandwirtschaftsfest organisiert.

Die bisher wohl größte Abnormitätenschau wurde dem Publikum **1928** vorgeführt, wobei die 18jährige Riesin »Hanna«, 2,38 Meter groß, drei »Liliputaner-Prinzen«, der kleinste 56 cm, der schon früher gezeigte »Lionel, der Löwenmensch« und die »Bartdame«, ausgestattet mit einem natürlichen grauen Vollbart, großes Staunen erregten. Im »Autodrom« konnte man seine ersten Fahrversuche ohne Führerschein absolvieren, und

»Die dicke Elvira«, das Eingangstor zu Carl Gabriels Abnormitätenschau, 1925

auch außerhalb der Theresienwiese war diesmal das Verkehrschaos bemerkenswert: Einige Tage nach Festbeginn sah sich die Münchner Polizeidirektion wegen *»verschiedener schwerer Unfälle, die mit dem Besuch der Landbevölkerung in Zusammenhang stehen«*, dazu veranlaßt, auf einige simple und doch so wichtige Verkehrsregeln aufmerksam zu machen.

Die eigentlichen Anziehungspunkte waren beim Oktoberfest **1929** wiederum die Vergnügungsunternehmen. Carl Gabriel hatte die spektakuläre Schau »Aus den Flüssen Floridas« aufgebaut, bei der 1000 Alligatoren den Besuchern Furcht einflößten. Von ihm stammte auch das »Motor-Seeboot-Fahren«, durchgeführt in einem riesigen Becken aus Zeltleinwand. Der abendliche Anblick der Theresienwiese muß einen überwältigenden Eindruck geboten haben, weil während der Festzeit die Bavaria, die Ruhmeshalle und die St.-Pauls-Kirche erstmals mit Scheinwerfern angestrahlt wurden.

Im Jahr **1930** bauten die Veranstalter das Oktoberfest in einer neuen Anordnung auf: Aus Gründen der Verkehrs- und Feuersicherheit wurden die Wirtsbuden-Hauptstraße auf 35 Meter verbreitert, zwischen den Bierhallen 16 Meter breite Straßen angelegt und damit das Wies'n-Gelände

In einer Völkerschau, um 1930

Carl Gabriels Hippodrom, 1930

unten: Recommandeur vor dem Hippodrom

»in regelmäßige Platzgevierte« aufgeteilt. Im Verlauf der Festwoche veranstaltete der »Landesverband Bayern des ländlichen Reit- und Fahrvereins« zu Füßen der Bavaria ein Reit- und Springturnier sowie am Oberwiesenfeld ein Jagdspringen. Hugo Haase hatte als Festneuheit eine Blitzbahn errichtet, die schaustellerische Sensation aber war Carl Gabriels große Völkerschau mit 400, zumeist aus Afrika stammenden Farbigen. Leider wurde dieses Oktoberfest von einer Reihe schwerer Unfälle überschattet. So stürzten zwei amerikanische »Steilwand-Todesfahrer« ab, ein Mädchen starb nach dem Sturz aus der Achterbahn, und mehrere Personen wurden bei Zusammenstößen im Autokarussell und in der Schleifenbahn teilweise schwer verletzt.

Schon beim Oktoberfest des Vorjahres hatten die schlechten wirtschaftlichen Verhältnisse zu einer negativen Umsatzbilanz geführt. Im Jahr **1931** blieben nun *»wegen der unsicheren politischen und wirtschaftlichen Lage«* Löwenbräu, Thomasbräu, Pschorrbräu und die Franziskaner-Leist-Brauerei dem Oktoberfest fern; nur Schottenhamel, Augustiner- und Wagnerbräu hatten ihre Bierhallen aufgebaut. Noch vor Festbeginn faßten die »Privilegierte Hauptschützengesellschaft« und nach ihr zahlreiche andere Schützenvereine den Beschluß, angesichts der Zeitumstände ihr traditionelles Festschießen und den Schützenzug am Hauptsonntag ausfallen zu lassen. Daher gestaltete sich der Festzug des Bayerischen Schützenverbandes erheblich bescheidener als in den vergangenen Jahren. Ministerpräsident Heinrich Held eröffnete am 19. September in einer eigens errichteten Ausstellungshalle auf der Theresienwiese die »Deutsche Woche und die Werbeschau der bayerischen Land- und Forstwirtschaft«. Beide Ausstellungen sollten dazu beitragen, den Absatz der notleidenden Wirtschaft und Landwirtschaft zu heben und insbesondere bei der städti-

Mehr und mehr bilden technische Sensationen die Hauptattraktion des Oktoberfestes

Motorseeboot-Fahrt von Carl Gabriel, 1927

schen Bevölkerung den Konsum anzukurbeln. Zum ersten Mal traten – eine damals wirklich spektakuläre Darbietung – »Steilwandfahrer mit Auto« auf. Trotz dieser Sensation war das Oktoberfest 1931 im Hinblick auf die verminderte Anzahl von Bierhallen nur ein »halbes« Fest, ähnlich dem von **1932,** als wiederum nur drei Bierhallen aufgestellt wurden und die schlechten Einnahmen die Schausteller zu der – vergeblichen – Bitte an den Stadtrat veranlaßten, das Fest um eine Woche zu verlängern.

Die Wies'n-Stimmung unmittelbar nach dem Ersten Weltkrieg zeichnet sich vor allem durch ihre Zwiespältigkeit aus: Das Publikum suchte oberflächliches Amüsement, um die Not zu verdrängen. Tatsächlich aber mußte der Konsum stark eingeschränkt, ja sogar bis auf ein Minimum reduziert werden – das Oktoberfest als Spiegelbild der wirtschaftlichen und gesellschaftlichen Depression. Nach der Revolution hatte sich München von der königlichen Haupt- und Residenzstadt hin zur bürgerlichen Großstadt gewandelt. Demzufolge wurde nun auch das Oktoberfest, zu monarchischen Zeiten bewußt als ein das ganze Land miteinbeziehendes *»bayerisches Nationalfest«* propagiert, stärker auf die Münchner Verhältnisse zugeschnitten. In zeitgenössischen Publikationen ist wiederholt die Rede von *»diesem auf der Welt einzigartigen Münchner Volksfest«*, welches das *»Renommée Münchens«* ausmache, und natürlich von den *»Münchner Madln«*, ohne die dieses Fest erst gar nicht vorstellbar sei. Die Stadt nahm nunmehr das Oktoberfest als ein den Fremdenverkehr und die Wirtschaft belebendes *»typisches«* Lokalereignis ganz in Beschlag.

Auto-Fahrschule von Ruprecht, 1927

Plakat der Steilwand-Todesfahrt, 1930

1933–1940
Hakenkreuze auf der Theresienwiese

Nach der nationalsozialistischen Machtergreifung wehte auch auf der Theresienwiese ein *»neuer Wind«*. Betteln und unberechtigtes Hausieren innerhalb der Wirtsbuden war streng verboten. Hausierer hatten das *»amtliche Hausiererzeichen«* zu tragen. Die »Hitlerjugend« hatte für ihre Mitglieder strenge Anordnungen erlassen; ihnen war demnach *»der Besuch von Bier- und Weinbuden im Dienstanzug«* strengstens verboten.
Die Bauernkammern konnten **1933**, wie schon 1925 und 1927, ein Zentrallandwirtschaftsfest abhalten, doch nun zum letzten Mal. Wenig später wurden sie »gleichgeschaltet«, das heißt aufgelöst. Damit verschwand das Landwirtschaftsfest, seit 1811 auf das engste mit dem Oktoberfest verbunden, für die Jahre der Naziherrschaft von der Theresienwiese.
Die meisten Schausteller aber wurden von der neuen Atmosphäre nicht abgeschreckt: Als Publikumsattraktionen erwiesen sich der »Kleinste Zirkus der Welt«, eine »Wilde Serpentine« und der Fakir Perie, der sich nach anfänglichem Verbot durch die Polizei lebendig begraben ließ. Hugo Haase präsentierte das Zeppelin-Karussell mit vier jeweils zehn Meter langen Zeppelinen. Die seit Jahrzehnten auf dem Oktoberfest gezeigten Abnormitäten, siamesische Zwillinge, mißgebildete Menschen, besonders dicke Leute usw., waren hingegen nicht mehr vertreten. Sie paßten nicht in das nationalsozialistische Weltbild vom wohlgestalteten arischen Menschen. Nur »Riesen« wurden noch geduldet.
Personen jüdischer Abstammung waren ab sofort *»im Interesse der Aufrechterhaltung der öffentlichen Sicherheit und Ordnung«* zur Verabreichung von Speisen und Getränken und zur *»Veranstaltung von Lustbar-*

Schausteller, um 1935

Kinderkarussell, 1934

Trabrennen auf der Theresienwiese, 1935

Zeppelin-Karussell von Hugo Haase, 1936

Auto-Scooter, um 1935

keiten« nicht mehr zugelassen, auch nicht als Angestellte, Mitarbeiter, Gehilfen oder Mitspieler.

Im Jahr **1934** initiierte der berüchtigte NS-Ratsherr und ehemalige Pferdehändler Christian Weber wieder Pferderennen, die 1913 zum letzten Mal auf der Theresienwiese veranstaltet worden waren. Weber hatte vor der Bavaria eine neue Rennbahn erbauen lassen, und so fanden an vier Tagen je ein Trab- und ein Galopprennen statt. Die mächtig gewordene SS *»zeigte Farbe«* und bot dem Publikum, vor allem aber den Parteifunktionären *»reiterliche Vorführungen«*. Die Münchner Großbrauereien waren nun wieder vollzählig auf der Wies'n vertreten.

Im selben Jahr wurden der Trachten- und der Schützenzug zusammengelegt. Um die *»enge Verbundenheit der Bauernschaft mit der Schützensache«* zu dokumentieren, vereinigte sich der Erntedankfestzug, bestehend aus Trachten und Festwagen, im Rosental mit dem Festzug der Schützen.

Das Münchner Oktoberfest konnte **1935** auf seine 125jährige Geschichte zurückblicken. Die nationalsozialistische Stadtverwaltung ließ sich die Gelegenheit nicht nehmen, dieses Jubiläum ganz in ihrem Sinne zu gestalten. Der Festzug stand unter dem Motto »Verbrüderung von Bauer und Städter«. Zwischen den Schützen- und Trachtengruppen marschierten Kapellen von SA und »Hitlerjugend« sowie Gruppen des »Reichsnährstandes« und des »Arbeitsdienstes«. Sportliche Vorführungen des »Reichsbundes für Leibesübungen« rundeten dieses Wiesenjubiläum ab, zu dem schätzungsweise 300000 Fremde nach München gekommen waren.

Im Jahr **1936** trat das ein, was viele schon lange erwartet hatten: Die Stadtverwaltung ordnete die einheitliche Beflaggung der Festwiese mit

*Offizielle Festpostkarte
»125 Jahre
Münchener Oktoberfest
1810–1935«*

Wirtsbudenstraße mit »Klo-Engel«, 1936

Hakenkreuzfahnen an. Weiß-blaue Landesfarben und schwarz-gelbe Stadtfarben als Fahnen wurden untersagt. Der festliche Einzug der Wies'n-Wirte wurde nun den Brauereien zur Pflichtaufgabe gemacht. Im Rahmen sportlicher Wettkämpfe wurde erstmals ein »Städtemannschaftskampf mit Säbel« veranstaltet. Neu im Festprogramm war ein Windhundrennen.

Dank ihres mächtigen Protektors Christian Weber wurden die reitsportlichen Veranstaltungen immer mehr ausgeweitet. So gab es beim Oktoberfest **1937** neben dem Eröffnungsflachrennen unter anderem ein »Xaver-Krenkl-Rennen«, »August-Schichtl-Trabfahren« und ein »Winzerer-Fähndl-Hürdenrennen« auf der Festwiese. In Hugo Haases »See-Scooter« fuhr man in Motorbooten zu den *»gefährlichsten Karambolagen, während hilfsbereite Matrosen in hohen Wasserstiefeln mit langen Stangen für die nötige Ordnung«* sorgten.

Im Jahr **1938** wurde die Südhälfte der Festwiese ganz als Rennplatz ausgebaut und somit die Budenstadt auf die nördliche Hälfte beschränkt. Die Stadtverwaltung hatte mittlerweile sämtliche Straßen der Budenstadt asphaltieren lassen. Die Sudetenkrise überschattete den Beginn dieses letzten vor dem Zweiten Weltkrieg abgehaltenen Oktoberfestes. Erst nachdem das »Münchner Abkommen« unterzeichnet worden war, setzte am Hauptfestsonntag ein Massenansturm auf die Theresienwiese ein. Zwei Tage später beschloß der Stadtrat auf Antrag von Christian Weber, das Oktoberfest um eine Woche zu verlängern. Somit fiel der letzte Tag dieses Festes, der 16. Oktober, mit dem »Großdeutschen Volksfest« zu-

Festzug 1936

Eingang zur Wirtsbudenstraße, Postkarte, 1938

sammen, das die Nationalsozialisten anläßlich der Eröffnung des Deutschen Jagdmuseums in München veranstalteten. Die eben sanktionierte Annexion des Sudetenlandes wurde natürlich propagandistisch in dieses Fest eingebaut: An einem unter dem Motto »1000 Jahre Jagd und 1000 Jahre Tracht« stehenden großen Festzug nahmen auch Trachtengruppen aus dem Sudetenland teil, die von den Zuschauern jubelnd begrüßt wurden. Am Abend erstrahlte dann über der Theresienwiese ein Feuerwerk, das ganz *»im Zeichen Großdeutschlands«* stand.
Am 1. September 1939 begann Hitlers Angriff auf Polen und damit der Zweite Weltkrieg. Das Oktoberfest wurde abgesagt.
Vor einer langen kriegsbedingten »Festpause« fanden sich 1940 noch einige Schausteller zusammen, die vom 17. August bis zum 1. September ein kleineres Volksfest, einen sogenannten Wies'n-Ersatz, organisierten. Auf der Zirkuswiese an der Martin-Greif-Straße sorgten unter anderem zwei Imbißhallen, zwei Zuckerbuden, ein Riesenrad, Auto- und Kinderkarussell sowie ein Kasperltheater für ein bescheidenes Festvergnügen. Nach den ersten, allerdings noch harmloseren Fliegerangriffen am 4. und 5. Juni dieses Jahres wurde von der Münchner Stadtverwaltung eine Anordnung erlassen, wonach Festbesucher und Festbezieher *»bei Fliegeralarm sofort den Festplatz zu verlassen und sich in die zunächst gelegenen Luftschutzräume zu begeben«* hätten.
Die Kriegsjahre **1939, 1940, 1941, 1942, 1943, 1944** und **1945** brachten die bisher längste Unterbrechung der Münchner Oktoberfest-Tradition.

Der »Wies'n-Ersatz« an der Martin-Greif-Straße, 1940

Mitglieder des »Winzerer Fähndl's« vor dem Wies'n-Haupteingang, um 1935

1946–1948
Karge »Herbstfeste« nach dem totalen Zusammenbruch

Erst im Jahr **1946** konnte als kärglicher Ersatz für das Oktoberfest, wie nach dem Ersten Weltkrieg, ein sogenanntes Herbstfest abgehalten werden, das der damalige Oberbürgermeister Karl Scharnagl und Oberst Eugene Keller, der Vertreter der amerikanischen Besatzungsmacht, am 14. September eröffneten. Die Budenstadt war auf ein Drittel ihrer ehemaligen Fläche zusammengeschrumpft. Dünnbier aller Münchner Brauereien schenkten zwei Festwirte in wechselseitigem Turnus aus. Gegen Fleischmarken gab es gebratene Würste, gegen Vorlage von Brotmarken Fischsemmeln, während die Fahrten in der Gebirgsbahn, den Riesen- und Teufelsrädern, Kettenfliegern, Schiffschaukeln und Geisterbahnen markenfrei geboten wurden. Die Schießbuden hatten die amerikanischen Besatzer verboten, dafür wurden 25 Ball-Wurfbuden aufgestellt.

Während des Herbstfestes **1947** kam das Dünnbier nur in einem einzigen Zelt zum Ausschank, aber immerhin wurden davon in 14 Tagen 1½ Millionen Maß konsumiert; das Geld, für das man sich sonst nichts kaufen konnte, saß locker und wurde dementsprechend großzügig ausgegeben. Probeweise erlaubten die Amerikaner das Aufstellen von Schießbuden, die mit Armbrustgeräten ausgestattet waren. Die meisten Unternehmungen mußten damals wegen Strommangels schon um 19 Uhr geschlossen werden.

Budenstraße auf dem Herbstfest 1946

links: Oberbürgermeister Karl Scharnagl und Oberst Eugene Keller eröffnen das »Herbstfest« am 14. 9. 1946

Der »Vogeljakob« Lorenz Tresenreiter, 1949 ▷

Das Herbstfest **1948** begann, ohne offizielle Eröffnung, mit dem Einzug eines einzigen Wies'n-Gespannes. Für die wenigen Schausteller war dies ein schlechtes Geschäftsjahr, denn nach der im Juni 1948 erfolgten Währungsreform litt der größte Teil der Bevölkerung unter *»chronischem Geldmangel«*. Eine Zeitung überschrieb einen Bericht über das Herbstfest mit den Worten *»Hauptsache: Magen«* und brachte damit sehr zutreffend zum Ausdruck, daß die Münchner in erster Linie wieder reichlich essen und trinken wollten. Wieder einmal galt es, Versäumtes nachzuholen. So ließen sich die Festbesucher das eigentlich vom Zwei-Mächte-Kontrollrat verbotene vollwertige Bier und, trotz der verhältnismäßig hohen Preise, die langentbehrten Hendl schmecken. Am Hauptsonntag fand ein bescheidener Trachtenfestzug statt, und vor der Ausstellungshalle I des Messegeländes führten die Trachtler auf einem kleinen Podium Volkstänze vor. Im Mittelpunkt der damaligen Attraktionen stand der einheimische »Krone-Zoo«, vor dem Direktor Carl Sembach mit einem Elefanten die Festbesucher zum Eintritt animierte.

1949–1960
Das Oktoberfest erholt sich

Nachdem die schlimmste Not überwunden war, wurde **1949** das erste »echte« Nachkriegsoktoberfest gefeiert. Am Beginn stand ein Trachtenfestzug mit immerhin 123 Gruppen aus München und Oberbayern; die Teilnahme von Schützen war noch von der Militärregierung verboten. Zum ersten Mal seit 1933 veranstaltete der Bayerische Bauernverband wieder das Zentrallandwirtschaftsfest, Anziehungspunkt für Tausende von Besuchern aus ganz Süddeutschland; allein bei der Landwirtschaftsausstellung wurden 420000 Gäste registriert. Augustiner- und Hackerbräu hatten ebenso wie Schottenhamel, der seit 1867 auf jeder Wies'n vertreten war, Festhallen aufgestellt, während die anderen Festwirte auf eine Teilnahme verzichteten; ihnen schien das Risiko noch zu groß. Dafür war das Weinschiff »Bucentaurus« aufgebaut worden, das einem gleichnamigen kurfürstlichen Prunkschiff aus dem 17. Jahrhundert nachempfunden war. Bei den Fahrgeschäften konnte man unter anderem zwischen der Krinoline, dem Teufelsrad, und, als einer neuen, vielbestaunten Attraktion, dem Rotor wählen. Verboten blieb jegliche Form des Oktoberfestschießens.

Zum Fest des Jahres **1950** erschien erstmals seit 1938 wieder eine große Zahl auswärtiger Gäste. Im Schottenhamelzelt stach Oberbürgermeister Thomas Wimmer unter dem Beifall der Umstehenden den ersten Banzen an und begründete damit eine Festtradition, der sich keiner seiner Nachfolger mehr entziehen konnte. Zum ersten Mal seit zwölf Jahren war auch wieder die Ochsenbraterei Bestandteil der Zeltstadt. Eine »Wildwestschau« und eine »Apachenschau« erregten das besondere Interesse des Publikums. Die *»lebenden Gespenster«* einer Geisterbahn beschwerten

Das Weinschiff »Bucentaurus«, 1949

sich bei ihrem Arbeitgeber, sie seien *»täglich schweren Belästigungen angetrunkener Fahrgäste ausgesetzt«*. In den Bierzelten begeisterte man sich an der »Samba«; einige Kapellen, die den »Badenweiler Marsch« intonierten, wurden ausgepfiffen.

Parallel zum Oktoberfest veranstaltete der Bauernverband **1951** das Zentrallandwirtschaftsfest, das in den folgenden Jahren meist im zwei- und ab 1975 im dreijährigen Rhythmus stattfinden sollte. In diesem Jahr kam auch die Bräurosl mit einem neuen Bau wieder auf die Festwiese, und fast alle Bierhallen zeigten sich den Besuchern verschönert: Löwenbräu hatte eine Art Globus auf seinen hohen Turm gesetzt, und am Turm des Winzerer Fähndl schwenkte auf einem Gemälde ein riesiger Landsknecht eine mittelalterliche Adlerfahne. Reklame und kostenlose Unterhaltung bot die vielbestaunte »Zuban-Schau«, die mehrere Jahre »Magnet« für die finanzschwachen Festbesucher blieb. Bei den Fahrgeschäften bot ein Autoskooter seinen Gästen Musikbegleitung aus »Deutschlands größter Schaustellerorgel«, ausgestattet mit sechs Registern, 124 Tonstufen und Wechsellicht. Im neuen »Hurricane« wurde man *»mittels Preßluft«* mehrere Meter hochgehoben. Ebenfalls neu waren die »Bobschleife« und eine »Motorradbahn«. Das Münchner Oktoberfest wurde in zunehmendem Maß zum Wirtschaftsfaktor ersten Ranges.

Außen- und Innenansicht der Zuban-Schau, 1953

Der »schweigende« Löwe am Eingang zum Löwenbräu-Zelt, 1952

Zur weiteren Steigerung der Besucherzahlen rührte die Stadt seit dem Frühjahr **1952** die Werbetrommel und verschickte 50000 Prospekte an Reisebüros im In- und Ausland. Zum ersten Mal trat bei diesem Fest auch das Hofbräuhaus mit einer eigenen Bierhalle in Erscheinung. Der Löwe vor dem Löwenbräuzelt durfte allerdings nicht brüllen, er saß, mit einem großen Schloß vor dem Maul, hinter einer Glaswand, nachdem der Oktoberfestausschuß des Stadtrates sich mit den nun sieben großen Festbrauereien daraufhin verständigt hatte, keine *»akustische Brauerei-Reklame«* zuzulassen. Damals drohte einer der traditionsreichsten Buden, nämlich dem inzwischen von Eichelsdörfer betriebenen »Schichtl«, das endgültige Aus auf der Wies'n. Durch eine Aktion des »Münchner Blocks« konnte dieses Unternehmen, das Steuerschulden hatte und nicht mehr den baupolizeilichen Vorschriften entsprach, doch noch gerettet werden. Festbesucher, die sich nicht scheuten, fuhren einige Runden in der Wasserrutschbahn, die zum ersten Mal seit 20 Jahren wieder auf dem Fest

vertreten war, oder mit der größten Achterbahn Europas, die zum letzten Mal 1938 hier in München aufgestellt worden war. Das Schießen, in den Nachkriegsjahren streng verboten, wurde wieder gesellschaftsfähig: insgesamt 38 Schießbuden lockten diejenigen an, die diesem alten Festvergnügen frönen wollten. Der Sieger des damals veranstalteten Landesschießens durfte sich »Landesschützenkönig Oktober 1952« nennen.
Noch vor Beginn des Oktoberfestes **1953** hatte die Stadt einige wesentliche bauliche Erneuerungen auf der Festwiese vornehmen lassen. So wurden für 350000 DM eine dritte unterirdische Trafostation zur Stromversorgung eingerichtet, das Kanalisations- und Wassernetz vervollständigt und neue, größere Parkplätze angelegt. Beim Festzug, an dem sich diesmal auch zahlreiche Gruppen aus dem benachbarten Ausland und der Bayernverein aus Newark, USA, beteiligten, zogen über 6000 Personen mit 55 Musikkapellen und 30 Festwagen durch die geschmückten Straßen der Stadt auf die Festwiese. Zum ersten Mal fuhr der Oberbürgermeister in einer eigenen Festkutsche in diesem Zug mit; dies war eine Nachkriegsneuerung, die sich bis heute erhalten hat, ähnlich der des Faßanstichs durch das Stadtoberhaupt. Am festlichen Einzug der Wirte beteiligte sich der Oberbürgermeister übrigens schon seit 1952. Er benützte hierfür die Kutsche der ältesten Festwirtsfamilie Schottenhamel. Auch dieser Brauch hat sich bis zur Gegenwart erhalten. Der Löwe über

Man läßt sich wieder wiegen, um 1950

Feststimmung im Hacker-Pschorr-Zelt in den fünfziger Jahren

Mit Wies'n-Emblemen und Zigarettenreklame geschmücktes Eingangsportal in den fünfziger Jahren

Begrüßung am Eingang des Oktoberfestes 1955

dem Portal des Löwenbräuzeltes durfte 1953 wieder brüllen, weil man die *»akustische Brauerei-Reklame«* nun doch zugelassen hatte. Kritische Stimmen erhoben sich bei der »Looping-Bahn«, die zwar nach eingehenden Prüfungen durch den Technischen Überwachungsverein für das Fest freigegeben worden war, dennoch aber wiederholt zu Verletzungen bei den Fahrgästen führte.

Das Jahr **1954** war auch das Premierenjahr des »Kometen«, dessen Gondeln sich in einer Höhe von elf Metern in *»rasender Rundfahrt«* drehten. Wohl um die Bodenständigkeit des Oktoberfestes zu unterstreichen, hatten die Veranstalter auf dem neugestalteten Hauptportal der Festwiese die Aufschriften »Herzlich Willkommen« und »Auf Wiedersehn« ersetzt: »Grüaß di« und »Pfüati God« sollten von nun an das Publikum einstimmen und gleichzeitig zum kommenden Fest einladen. Die Zelte von Bräurosl, Winzerer Fähndl, Schottenhamel, Augustiner und Löwenbräu waren gut vorbereitet auf den großen Zustrom an Gästen: ihre Wirte hatten Galerien eingebaut. Ein Münchner Stadtrat, nämlich Hans Keller, plädierte drei Tage nach der Eröffnung des Festes für ein *»dauerndes Oktoberfest«;* daß dieser Vorschlag auf wenig Gegenliebe stieß, ist verständlich, würde man doch damit den *»Lebenskreislauf«* von Vorfreude, Festfreude und Nachfreude durcheinanderbringen.

»Pfüati God«, diese auf dem Hauptportal angebrachte Aufschrift, ließ einige *»Verfechter der bayerischen Sprachbelange«*, stets bemüht um die korrekte schriftliche Wiedergabe des Bayerischen, nicht ruhen. So verabschiedete ein richtiges »Pfiad di God« die Besucher des Oktoberfestes

Rotor, Anfang der fünfziger Jahre

1955. Die bis dato in Schichtls Bude präsentierte »Hinrichtung einer lebenden Person« mußte – symptomatisch für die Entwicklung, die das Oktoberfest in den folgenden Jahren einschlug – einem »Casino de Paris« mit Pariser Schönheitstänzerinnen weichen. Eine Broschüre pries die damals neue Festattraktion »Verhexte Kaffeemühle« mit folgenden Worten an: *»Man wird in einen riesigen Glastrichter geschleust und landet auf einer Art Sprungtuch. Da es hier ob der fliegenden Röckchen sicher schöne Mädchenbeine zu sehen geben wird, kann die Kaffeemühle leicht zu einem besonderen Anziehungspunkt für das starke Geschlecht werden.«* Ebenfalls neu war der neben dem Schottenhamel-Zelt eingerichtete »Suchstand«, an dem man auf einer Karte für zehn Pfennig persönliche Nachrichten hinterlassen konnte. Die Zahl der Festbesucher wurde diesmal auf über fünf Millionen geschätzt.

Ein »Bierstreit« überschattete **1956** die Festvorbereitungen: Die von den Festwirten geforderte Erhöhung des Bierpreises um zehn Pfennig auf 1,80 DM beschäftigte sogar den bayerischen Ministerrat, der damit drohte, das Bier aus der Preisbindung herauszunehmen und somit den Konkurrenzkampf der Brauereien untereinander zu verschärfen. Am 11. September, zehn Tage vor Festbeginn, verkündete Oberbürgermeister Wimmer vor dem Stadtrat, daß der Bierstreit beigelegt sei und es beim alten

Wasserrutschbahn, um 1955

In den fünfziger Jahren gab es auf der Theresienwiese auch während des Oktoberfestes noch Parkplätze

Oberbürgermeister Thomas Wimmer im Festwagen der Familie Schottenhamel beim Einzug der Wies'n-Wirte 1956

Preis bleibe. Kritische Worte waren auch bei der für die Presse arrangierten Vorbesichtigung des Festgeländes zu hören. Stadtrat Karl Eckhart, der zuständige Referatsleiter, betonte, das Oktoberfest dürfe nicht zum Nepp ausarten, die zuständigen Behörden würden *»ein aufmerksames Auge auf die Preise der Schausteller haben«*, und schließlich werde die Polizei künftig hart gegen Störenfriede und Radaumacher vorgehen. Auf dem Fest selbst wurden 39 Fahrgeschäfte gezählt, darunter der neue »Cortina-Bob«, *»furchtbar schnell und dabei sehr leise«*, und der »Helikopter«, dessen an langen Stahlarmen befestigte Gondeln die Fahrgäste in eigener Regie heben und senken konnten. Wenn auch diesmal bei Schichtl wieder die »Hinrichtung einer lebenden Person auf offener Bühne« die Besucher anlockte – die Pariser Schönheitstänzerinnen des Vorjahres waren wohl doch nicht der geeignete Ersatz –, so zeigte sich dennoch der Trend zu einer immer stärkeren und rasanteren Technisierung der Wies'n.
Jede Stimme zählt – diese sich in jedem Wahlkampf bestätigende Erkenntnis aller politischen Parteien führte **1957** dazu, daß die Bundestagswahlen wegen des gleichzeitigen Oktoberfestbeginns um eine Woche vorverlegt wurden: Das Oktoberfest sozusagen in Konkurrenz zur Wahlurne. Die neuen Fahrgeschäfte auf der Wies'n trugen die bezeichnenden Namen »Taifun« und »Slalombahn«. Die Ordnungskräfte mußten unter anderem eingreifen, als amerikanische Besucher in einem Bierzelt das

Podium der Kapelle stürmten, weil ihnen die dargebotene bayerische Volksmusik nicht gefiel und sie selbst den Ton angeben wollten.

Im Jahr **1958** beging die Stadt München die 800-Jahr-Feier ihrer ersten urkundlichen Erwähnung, was die Stadtverwaltung dazu veranlaßte, in aller Welt besonders eifrig für den Besuch des Oktoberfestes zu werben. Ganz offensichtlich hatte diese Aktion Erfolg, denn die Zahl der Gäste und der Wies'n-Konsum waren gegenüber dem Vorjahr deutlich angestiegen. Im »Sputnik«-Karussell konnte man um einen riesigen Erdball kreisen. Nach langjähriger Pause konnten die Besucher auch wieder eine »Afrika-Schau« besichtigen, wobei sich allerdings das Ende dieser und ähnlicher Traditionsgeschäfte bereits abzeichnete.

1958 war der »Sputnik« die aktuelle Wies'n-Sensation

Beim Oktoberfest **1959** gastierte als eine der letzten derartigen Unterhaltungen Feldls große Völkerschau »Hawaiidorf«, die mit Palmen, strohgedeckten Hütten, Papageien und 150 Mitwirkenden exotischen Zauber verbreitete. Zum letzten Mal stach Thomas Wimmer, der »Erfinder« des oberbürgermeisterlichen Anzapfens, in seiner Funktion als Stadtoberhaupt einen Banzen an, und die Zuschauer stellten Spekulationen an, ob sich sein Nachfolger im kommenden Jahr als »ebenbürtig« erweisen werde. Die Maß Wies'n-Bier kostete nun 1,90 DM, nachdem die Wirte den Stadtrat in der Frage der Preisgestaltung in einer Blitzaktion überrumpelt hatten. Die Ordnungskräfte mußten gleich am ersten Festsonntag gegen eine Gruppe von Jugendlichen vorgehen, die Stände plünderten und zahlreiche Besucher schwer mißhandelten.

Das Jubiläum »150 Jahre Oktoberfest« sollte **1960** besonders glanzvoll gefeiert werden. Zur Einstimmung öffnete eine in den Räumen des Kunstvereins in der Galeriestraße aufgebaute »Oktoberfest-Ausstellung« 14 Tage vor Festbeginn ihre Pforten. Für Kaufhäuser und Geschäfte wurde ein Schaufensterwettbewerb ausgeschrieben, mit dem Ziel, Wies'n-Stimmung in die Stadt zu bringen. Wegen des auf der Theresienwiese stattfindenden Eucharistischen Weltkongresses konnte das Fest erst am 24. September, also eine Woche später als gewohnt, beginnen. Den Auftakt bildete der Einzug der Wies'n-Wirte: Die Brauereien und Wirte hatten für die Prachtgespanne und Kutschen 90 Pferde aufgeboten. Zum ersten Mal wurden beim Einzug der Festwirte und beim Trachtenfestzug Lastwagen und Schleppfahrzeuge nicht mehr zugelassen: eine Rückbesinnung auf die Anfänge der Festtradition. Dem Trachten- und Schützenzug ging eine Gruppe voraus, die in ihren historischen Gewändern an die Gründung des Oktoberfestes im Jahr 1810 erinnern sollte; die Schauspieler Gertrud Kückelmann und Hans Reiser stellten das Prinzenpaar Therese und Ludwig dar. Am Trachten- und Schützenzug nahmen auch Vereine aus Griechenland teil, um die durch König Otto geschaffene Verbindung zwischen Bayern und Griechenland ins Gedächtnis zu rufen. Und noch eine Pre-

*Wies'n-Eröffnung 1960:
Alt-OB Thomas Wimmer
zapft den ersten Banzen an,
im Hintergrund
OB Hans-Jochen Vogel*

*Beim Jubiläumsfestzug 1960
erinnerte der Festwagen
mit dem Brautpaar
Therese und Ludwig
(Gertrud Kückelmann und Hans Reiser)
an den Anlaß
für das erste Oktoberfest 1810*

miere fand statt: zum ersten Mal nach dem Zweiten Weltkrieg wurden auf der Theresienwiese wieder Pferderennen, die ja die Festtradition begründet und den Hauptinhalt der frühen Oktoberfeste gebildet hatten, abgehalten. Der Bayerische Schützenbund und die Armbrustschützengilde trugen, ebenfalls in Anlehnung an die historische Entwicklung des Festes, ihre Wettbewerbe aus. Neben den frisch herausgeputzten traditionellen Attraktionen waren Neuheiten wie der »Blitz« und ein nahezu 30 Meter hohes Riesenrad aufgebaut. Ein Prachtfeuerwerk bildete den Abschluß dieses Jubiläums-Oktoberfestes, bei dem nochmals Thomas Wimmer, mittlerweile Alt-Oberbürgermeister, entgegen den früheren Ankündigungen das Anzapfen übernommen hatte. Seine souveräne Handhabung des Bierschlegels sicherte Wimmer sogar für drei weitere Oktoberfeste den Vollzug der Eröffnungszeremonie.

Festgespann der Löwenbrauerei, 1958

1961–1984
Immer mehr Konsum, immer höher, immer schneller

Wer **1961** wieder auf den Nervenkitzel noch schnellerer, atemberaubender Fahrgeschäfte gehofft hatte, der sah sich enttäuscht. *»Auf der Wies'n nichts Neues«* und *»Die technischen Möglichkeiten sind langsam erschöpft«*, so lauteten die Pressestimmen über jenes Oktoberfest, das wegen der Bundestagswahlen erst mit einer Woche Verspätung beginnen konnte, sich diesmal also – anders als vor vier Jahren – der Politik hatte beugen müssen. Um so mehr wurde getrunken und gegessen, nämlich 3,5 Millionen Maß Bier und eine viertel Million Hendl. Rindsbratwurst durfte diesmal nicht mehr verkauft werden, da ihr Wies'n-Bürgermeister Albert Bayerle die Bodenständigkeit absprach.

Daß das Urteil über den angeblichen technischen Stillstand auf der Wies'n allzu voreilig war, das zeigte sich schon beim Oktoberfest des Jahres **1962**, als die neuartigen Fahrgeschäfte »Caravelle« und »Sprungschanze« sowie die Belustigungsunternehmen »Das lustige Kurhotel« und »Das weiße Rößl« zu den absoluten Besucher-Attraktionen gehörten. Drei amerikanische Familien stellten damals einen neuen Rekord im Maßkrug-Stehlen auf: Die Polizei entdeckte in ihrem Auto 43 Maßkrüge aller Münchner Brauereien; der Wies'n-Maßkrug hatte hohen internationalen Kurswert erlangt.

Im Jahr **1963** zapfte Alt-Oberbürgermeister Wimmer zum 14. und damit zum letzten Mal den ersten Banzen an, wenige Monate später, im Januar 1964, starb der populärste Münchner Nachkriegsbürgermeister. Als Neu-

Richard Süßmeier als Ritter beim Einzug der Festwirte 1961

»Das Spukschloß im Spessart«, Geisterbahn, um 1965

heiten waren der »Münchner Sessellift«, die »Schwankende Glocke« und das Fahrgeschäft »Allround« aufgebaut. Als weiteren Schritt hin zur Automatisierung hatten sämtliche Autoskooterbetriebe ihre Fahrzeuge mit Chips-Speichergeräten ausgestattet; die zum Betrieb nötigen Chips mußten an der Kasse gekauft werden. Im Rahmen des gleichzeitig stattfindenden Zentrallandwirtschaftsfestes konnten sich die Besucher wieder bei zahlreichen Lehrschauen über agrartechnische Fortschritte informieren, so beispielsweise in den Ausstellungen »Elektrowärme in Haus und Hof«, »Das schöne Dorf«, »Qualitätsweizen erzeugen – den Absatz mehren« und in einer großen Landmaschinenschau. Das Programm wurde mit einem Kälberaufzuchtwettbewerb, einem Ochsenrennen und einem Reit- und Fahrturnier abgerundet.

Beim Oktoberfest **1964** stach am Eröffnungstag der seit 1960 amtierende Oberbürgermeister Hans-Jochen Vogel *»mit großem Geschick«* den ersten Banzen an und setzte damit die durch seinen Amtsvorgänger begründete Tradition fort. Die Wirtsbuden- und die Schaustellerstraße waren in diesem Jahr über die Matthias-Pschorr-Straße hinaus in südlicher Richtung verlängert worden, so daß rund 60 Schausteller und Unternehmer mehr als bisher untergebracht werden konnten. Ein Drittel des Trachtenfestzuges 1964 bestand aus ausländischen Gruppen, darunter »La Soyotte« aus

Reit- und Fahrturnier sowie Ochsenrennen auf dem Zentrallandwirtschaftsfest 1963

Blick in die Wirtsbudenstraße, 1964 ▷

Kinderkarussell, 1962

Augustiner-Bräu
Festhalle
GARTEN
König's
Wurst-Braterei
LSTOFF
FEINKOST
Libella

Frankreich, »Arlecchino« aus Italien und die Gruppe »Coros y Danzas y Tuna de Madrid« aus Spanien. In diesem Jahr ersetzte das »Goldene Weinfaßl« das bekannte Weinschiff »Bucentaurus«, das schon im Vorjahr nicht mehr aufgestellt werden konnte, weil sich kein Zimmerer gefunden hatte, der fähig gewesen wäre, das Schiff zusammenzusetzen.
1965 mußte der Trachtenzug auf den zweiten Festsonntag verschoben werden; Grund dafür war wieder einmal die Bundestagswahl. Dieser Beschluß wirkte sich allerdings negativ auf die Besucherzahlen aus, das Fest lief in der ersten Woche nur zögernd an. Außerdem war die Feststadt wegen der gleichzeitig stattfindenden »Internationalen Verkehrsausstellung«, die einen Teil der Theresienwiese beansprucht hatte, räumlich beschränkt worden. Der Wirt des Armbrustschützenzeltes, Richard Süßmeier, begründete eine neue Tradition: Er lud alles, was Rang und Namen hatte, zum »Prominentenschießen« in sein Festzelt.
1966 schlug der Trachten- und Schützenzug alle bisherigen Rekorde. Fast 6000 Trachtler in 171 Gruppen aus sieben Ländern beteiligten sich an diesem mittlerweile weltberühmten »Folklore«-Umzug. Mit 6,5 Kilometern Länge war der Zug fast so lang wie der Weg, den er zurücklegen sollte. Wieder einmal stellten die Biertrinker einen neuen Wies'n-Rekord auf: fast vier Millionen Liter Oktoberfestbier flossen durch ihre Kehlen.
Die älteste Wirtsfamilie der Wies'n feierte anläßlich des Oktoberfestes **1967** ihr 100jähriges Jubiläum. Die kleine Bierbude von »Michael I.« aus der Dynastie der Schottenhamel-Wirte hatte einstmals 60 Besucher aufnehmen können, 100 Jahre später bot das riesige Festzelt Platz für 7000 Gäste. Die Armbrustschützengilde »Winzerer Fähndl« ließ zu ihrem 60. Geburtstag den alten Brauch des »Zunftschießens« wieder aufleben. Im Armbrustschützenzelt durfte in diesem Jahr nur noch auf die Scheibe gezielt werden, da sich beim Schießen auf den in 30 Meter Höhe angebrachten hölzernen Adler die Pfeile oft verirrten. Unter den Publikumsattraktionen ragten besonders die neue »Himalajabahn«, das ebenfalls neu errichtete »Crazy House«, bei dem die Besucher mit leichter Schlagseite Bekanntschaft mit schrägen Wänden machen konnten, und »Miss Jean« mit ihren beiden dressierten Delphinen heraus. Für eine weitere Festsensation investierte **1968** ein wagemutiger Münchner Unternehmer eine halbe Million Mark. Er brachte die französischen Matadorspiele »Course landaise«, »Torero-Spiele« mit wilden Kühen, bei denen nur die Matadore blaue Flecken abbekommen konnten, auf die Wies'n. Dennoch war vorab die Falschmeldung verbreitet worden, auf dem Oktoberfest würden Stierkämpfe stattfinden. Jedenfalls erhielt Wies'n-Bürgermeister Albert Bayerle »Berge von Protestschreiben aus aller Welt«. Zu Ehren der Städtepartnerschaft zwischen München und Bordeaux wurde die Fassade

Ministerpräsident Alfons Goppel beim Prominentenschießen im Armbrustschützen-Zelt, 1973

Das Hofbräu-Zelt an der Wirtsbudenstraße, 1972

eines Wies'n-Zeltes dem Rathaus der französischen Partnerstadt nachgebildet.
Zum zweiten Mal kam **1969** die Delphinschau, diesmal mit dem »Fernsehstar« Flipper, auf die Theresienwiese. Schirmherr der Schau war der Bürgermeister von Miami, Stephen P. Clark, der eigens für vier Tage nach München gekommen war. Das an Attraktionen nicht besonders reiche Oktoberfest dieses Jahres brachte eine wahre Umsatzexplosion; die Umsätze der Schaugeschäfte stiegen im Vergleich zum Vorjahr um 143,37 Prozent an, und die Bierrekord-Marke wurde auf 412000 Liter hochgeschraubt. Bei der Vorbesichtigung der Festwiese durch die Presse war es übrigens zu einem Eklat gekommen: In einem Kinderkarussell wurde, *»als besondere Attraktion«* angepriesen, ein Panzerwagen entdeckt. Bürgermeister Bayerle ließ das Kriegsspielzeug sofort durch ein »Zivilfahrzeug« ersetzen.

»Die verhexte Kaffeemühle«, Anfang der sechziger Jahre

Zwei Vorankündigungen hatten die passionierten Wies'n-Besucher **1970** aufgeschreckt: Zum einen wurde, nach zähen Verhandlungen zwischen den Festwirten und der Stadt, der Bierpreis des Vorjahres von 2,40 DM auf 2,65 DM heraufgesetzt. Zum anderen ließ Franziska Eichelsdörfer, deren Mann seinerzeit die Schichtl-Bude übernommen hatte, mitteilen, daß sie im kommenden Jahr nur noch mit einer Schießbude auf die Festwiese kommen werde. Traurig meldete die Presse: *»Der blutrote Samtvorhang im ›Schichtl‹ öffnet sich heuer zum letzten Mal* [...] *Wenn am 4. Oktober das Fallbeil fällt, ist die letzte Münchner Schaubudenkomik gestorben.«* Wieder einmal war das Presseurteil voreilig, denn wir dürfen bis heute bei der »Hinrichtung einer lebenden Person« zuschauen. Das Zentrallandwirtschaftsfest erhielt durch die gleichzeitige Feier des 25jährigen Bestehens des Bayerischen Bauernverbandes einen besonderen Akzent. Im Rahmen des Jubiläums gab es außer einer Jagd- und Fischereiausstellung eine große Tierschau. Die Preisverteilung und Siegerehrung nahm der Schirmherr dieses Festes, Ministerpräsident Alfons Goppel,

Willenborgs Riesenrad, 1979

vor. Beim Trachten- und Schützenzug waren die Bergknappen aus Peißenberg zum letzten Mal mit dabei; ihr Bergwerk stellte wenig später den Betrieb ein. Die Schützen aus Südtirol kamen wegen der politischen Spannungen in ihrer Heimat unbewaffnet nach München. Trotz strenger Kontrolle der Fahrgeschäfte durch den Technischen Überwachungsverein kam es zu zwei tödlichen Unfällen. Drei Verletzte wurden registriert, als sinnigerweise eine Kabine des »Sturzbombers« abstürzte.

Eine Tendenz, die sich schon in den Vorjahren gezeigt hatte, bestätigte sich beim Oktoberfest **1971**: der Ausschank des traditionellen dunklen Wies'n-Märzenbieres ging zugunsten des hellen Festbieres zurück. Das alljährliche Feilschen um den Bierpreis war nun selbst schon zur »Tradition« geworden. Über den diesmal ausgehandelten Preis zeigten sich vor allem die Kellnerinnen erbost; schließlich ließen 2,95 DM pro Maß keine üppigen Trinkgelder erwarten. Die Festsensation war eine Wal- und Delphinschau in einem 4500 Besucher fassenden Riesenzelt, für die ein Killerwal mit einem Spezialflugzeug aus den USA eingeflogen worden war. Das sechs Meter lange und 2500 Kilogramm schwere Tier bestritt neun Nummern, wobei es unter anderem Twist tanzte, meterhoch aus dem Wasser sprang und Mädchen auf sich reiten ließ. Was spektakulär begon-

Toboggan, um 1970

nen hatte, endete tragisch: Der Killerwal ging einen Tag nach Abschluß der Wies'n ein, vermutlich wegen *»veränderter Umweltbedingungen«;* der Tierschutzverein sah sich dazu veranlaßt, das Verbot aller Tierschauen auf dem Oktoberfest zu fordern. Als aktuelle Publikumsattraktion erwies sich »Apollo 14«, eine Kabinenbahn auf einem *»mit 2100 Kratern gespickten Mond«.*

Im Jahr **1972** brachten der S-Bahn-Anschluß Hackerbrücke und der U-Bahnhof Goetheplatz einen weiteren Besucher-Andrang auf der Festwiese, zugleich aber eine Verkehrsentlastung für deren Umgebung. Der Beginn des Oktoberfestes mußte wegen der Olympischen Spiele und der damit zusammenhängenden Umbauarbeiten auf dem Messegelände um eine Woche verschoben werden. Der Trachten- und Schützenzug zeigte sich im Olympia-Jahr besonders farbenprächtig. So beteiligten sich aus Japan, dem Land der olympischen Winterspiele, Awaodori-Tänzer mit Saiten- und Blasinstrumenten; Stelzengänger kamen aus Münchens Schwesterstadt Bordeaux. Das Hofbräuhaus wartete mit einer neuen Bierhalle in *»modern-rustikalem Stil«* auf, die von den Journalisten allerdings als *»eine Art rustikaler Pop-Biertempel«* abgetan wurde. Neu war Käfers »Bauernschänke«, die wohl nicht so sehr für das Landvolk, sondern eher für die *»Snobokratie«* eingerichtet wurde, wie einige Kritiker meinten, die den Sinn des Oktoberfestes als eines Volksfestes dadurch gefährdet sahen.

»Apollo 14« – die Attraktion von 1971

Künstlicher Weinberg mit Burgruine auf dem Zentrallandwirtschaftsfest 1973

1973 verlangte die Stadt von den Festwirten erstmals eine eigene Abgabe für die in den Bierzelten eingerichteten Balkone, die die Wirte prompt als *»Luftraumbesteuerung«* beklagten, weil die Balkone angeblich ein schlechtes Geschäft seien (angeblich!). An Stelle des seit Jahren etablierten »Goldenen Weinfaßls« wurde die »Wies'n-Weinburg« mit einer Kapazität von 800 Plätzen errichtet. Die »Weinburg« konnte sich über Besuchermangel nicht beklagen, vielmehr stieg der Weinausschank gegenüber dem Vorjahr um 205 Prozent auf 23 305 Liter an. An jeweils einem Tag konnten die Gäste Weine aus den Anbaugebieten der beiden Münchner Schwesterstädte Bordeaux und Verona verkosten. Die Ausstellung »Gebirgslandschaft mit Almabtrieb«, von deren Pappfelsen ein Wasserfall niederrauschte, war ein Hauptanziehungspunkt des Zentrallandwirtschaftsfestes.
Bei anhaltend schlechtem Wetter blieben **1974** die Umsätze der Wirte und Schausteller weit hinter den Erwartungen zurück, und nicht einmal

mehr die Sonderregelung, wonach die Kapellen in den Festzelten schon ab 12 Uhr statt wie bisher ab 15 Uhr spielen durften, konnte hier noch einen Aufschwung herbeiführen. Eine Schlangenbändigerin, die mit 14 Riesenschlangen auf die Wies'n gekommen war, mußte ihr Terrarium Tag und Nacht beheizen, damit die empfindlichen Tiere nicht eingingen. In ihrem tempelartigen Palast froren auch die exotischen Gäste der »Thai-Schau«, die den Besuchern ihre Tänze, Schwert- und Lanzenkämpfe, Krokodil- und Schlangenbeschwörungen vorführten. Die als sensationell angekündigte Super-Achterbahn scheiterte an der Hürde des Technischen Überwachungsvereins. Doch dafür gab es eine andere Sensation: erstmals in der Geschichte des Oktoberfestes wurde eine Frau, eine 30jährige Augsburgerin, zur Bayerischen Landesschützenkönigin erkoren und mit der sieben Kilogramm schweren Schützenkette dekoriert.
Bei den Vorbereitungen zum Oktoberfest des Jahres **1975** kam das Gerücht auf, daß das Festbier künftig aus Containern ausgeschenkt werde. Die Wies'n-Wirte dementierten dieses Gerücht aber als *»böse Vision«*. Die als besondere Attraktion gedachten *»mechanischen Wies'n-Bären«*, made in USA, erweckten bei der Vorbesichtigung den Unwillen der Stadtväter. Kein Wunder, denn diese Bären trugen Lederhosen, saßen biertrinkend im Garten, fensterlten und sprachen natürlich bayerisch. Die *»modernste Achterbahn der Welt«*, der »Alpenflug«, feierte seine Premiere auf der Theresienwiese. Über die Schienen dieses 60 Meter langen, 41 Meter breiten und 23 Meter hohen Fahrgeschäftes konnten die Besucher neuen Geschwindigkeitsrekorden entgegenrasen. Im Mittelpunkt des nun *»wegen Rationalisierungszwängen und zu hoher Personalkosten«* auf elf Tage verkürzten Zentrallandwirtschaftsfestes stand eine künstliche Burgruine auf einem ebenso künstlichen Weinberg, der mit Plastiktrauben geziert war. In diesem Burgberg schenkten vier Großkellereien Weine verschiedener Anbaugebiete aus. Schließlich wurde eine Sonderschau zum Thema »Bayern braucht seine Bauern« veranstaltet.
1976 kamen bei der Fischer-Vroni und im Armbrustschützenzelt zum ersten Mal »Krügelwaschautomaten« zum Einsatz – die moderne Technik machte auch vor den Bierzelten nicht Halt. Eine ebensolche technische Perfektion bot ein Schießstand, auf dem nicht mehr mit Kugeln, sondern mit Laserstrahlen geschossen wurde. Ein neues Riesenrad stellte mit 46 Metern Höhe *»alles bisher Dagewesene«* in den Schatten. Die »Käferschenke« mußte übrigens, nach Protesten von Tierschützern, den »Steinbockrücken« von der Speisekarte nehmen. Der Bierpreis war inzwischen schon auf 3,95 DM geklettert.
Nach 20 Jahren brachte ein junger Schausteller **1977** wieder die »Hex'n-Wippe« ins Angebot, und besonders bei älteren Besuchern weckte die »Kirta-Hutsch'n« nostalgische Erinnerungen. Der Vorschlag, nach 100

Jahren auch das Tanzen auf dem Oktoberfest wieder einzuführen, wurde jedoch von der Stadt und von den Festwirten rigoros abgelehnt. Man befürchtete neue Ausgaben bei der Schaffung von Tanzflächen und vor allem einen geringeren Verzehr seitens der Gäste. Doch diesmal machten wegen des schlechten Wetters ohnehin nur die Verkäufer sogenannter scharfer Getränke ihr großes Geschäft – sie konnten fast 20000 Liter Schnaps absetzen. Dazu kamen 15000 Becher Glühwein. In Anwesenheit seiner potentiellen Nachfolger Erich Kiesl und Max von Heckel zapfte der seit 1972 im Rathaus und im Schottenhamel-Zelt amtierende Oberbürgermeister Georg Kronawitter den ersten Banzen an. Ein kurioses Delikt gab die Polizei in ihrem Schlußbericht bekannt: dem Pächter eines Festzeltes war ein *»ganzer Hammel samt Spieß«* gestohlen worden.

Bei den Schau- und Fahrgeschäften waren **1978** wieder mehrere Neuheiten zu registrieren, unter anderem die »Seesturmbahn«, die ihre Besucher über Wellenberge reiten ließ, der »Pirat«, eine überdimensionale,

Immer höher – immer schneller:

farbige Abbildungen
links:
»Fliegender Teppich«
rechts:
»Dreifach-Looping«, 1984

Schwarzweißabbildungen:
»Katapult« (links)
und »Looping Star« (rechts) –
die Neuheiten von 1981

elektrisch angetriebene Schiffschaukel für 45 Personen und »Cinema 180«, das den Besucher in einer halbkugelförmigen Halle in das aufregende Geschehen auf der Leinwand miteinbezog. – Nach diesem Oktoberfest sollten erste konkrete Forderungen nach einer Begrenzung der Technik erhoben werden. Die Entwicklung der elektronischen Verstärkeranlagen hatte nämlich die Musik in den einzelnen Fahrgeschäften zu einer *»echten Lärmbelästigung«* werden lassen. – Der neue Oberbürgermeister Erich Kiesl vergaß nach dem Anzapfen, das übliche *»O'zapft is«* in die Runde zu rufen, was von einigen peniblen Festbeobachtern negativ vermerkt wurde. Beim Trachten- und Schützenzug fuhr mit Alfons Goppel zum ersten Mal auch der bayerische Ministerpräsident mit.

Blickpunkt der Festwiese **1979** war ein neues, 50 Meter hohes Riesenrad für 400 Fahrgäste. In den Gondeln der »Riesenkrabbe« wurde die Resistenz der Mägen von Vergnügungssüchtigen durch rasches Heben und Senken auf eine harte Probe gestellt. Auch Nostalgisches präsentierte sich den Gästen als Neuheit, so etwa ein Glasirrgarten namens »Chinatown« und ein »Königlich-Bayerischer Hoffotograph«, bei dem man sich stilecht kostümiert ablichten lassen konnte.

Das Oktoberfest **1980** ging unter besonders traurigen Begleiterscheinungen in die Stadtgeschichte ein. Am Abend des 26. September ließ der 21jährige Rechtsextremist Gundolf Köhler am Haupteingang zur Festwiese eine Bombe explodieren, die neben dem Attentäter zwölf Menschen tötete und 213 zum Teil schwer verletzte.

Der Platz rings um den Explosionsort glich einem Schlachtfeld, verstümmelte Leichen, schreiende und blutende Verwundete und unter tiefem Schock stehende, herumirrende Festbesucher boten den in kürzester Zeit herbeigeeilten Katastrophendiensten, der Feuerwehr, den Notärzten und Sanitätskolonnen des Roten Kreuzes, aber auch vielen Neugierigen ein Bild des Grauens. Nach intensiven Beratungen mit Politikern, dem Polizeipräsidenten und den Veranstaltern entschied Oberbürgermeister Erich Kiesl noch mitten in der Nacht, das Oktoberfest nicht abzubrechen, sondern nur einen Trauertag zu veranstalten. Man wolle und dürfe sich dem Terror, gleich von welcher Seite, nicht beugen. Bei dieser nicht unumstrittenen Entscheidung hatte man auch das Beispiel der XX. Olympischen Spiele in München vor Augen, die trotz eines Terroranschlages zu Ende geführt worden waren.

Dienstag, der 30. September, wurde zum offiziellen Trauertag erklärt.

Der Eingang des Oktoberfestes nach dem Attentat am 26. 9. 1980

Die Festwiese am 30. 9. 1980

Blick über das Oktoberfest 1982

Das Oktoberfest blieb an diesem Tag geschlossen, im Festsaal des Alten Rathauses versammelten sich die Repräsentanten des öffentlichen Lebens zu einer Trauerfeier. Dabei sagte Oberbürgermeister Erich Kiesl: *»Zum zweiten Mal ist München durch eine unfaßbare Gewalttat aus Frieden und festlicher Stimmung gerissen worden.«*

Am 1. Oktober wurde im Dom ein ökumenischer Gedenkgottesdienst für die Opfer abgehalten, am 2. Oktober zelebrierte Kardinal Ratzinger ein Pontifikalrequiem. Eine großangelegte Spendenaktion für die Opfer des Anschlags, die teilweise monatelang in Krankenhäusern liegen mußten, brachte nahezu zwei Millionen DM ein; sie beeinflußte die negativen Schlagzeilen nur unwesentlich, in die die Stadt München unverschuldet geraten war.

Einen Tag vor Eröffnung des Oktoberfestes **1981**, am 18. September, wurde am Haupteingang zur Festwiese das Mahnmal für die Opfer des Bombenanschlags enthüllt. Oberbürgermeister Erich Kiesl rief dazu auf, Lehren aus dem feigen Anschlag zu ziehen und Gewalt in jeder Form zu ächten. Das Mahnmal – geschaffen von Friedrich Koller – besteht aus einer 2,70 Meter hohen Bronzestele und trägt die Inschrift: »Zum Gedenken an die Opfer des Bombenanschlags vom 26. September 1980.« Am

Bierzeltstimmung, um 1975

Jahrestag des Attentats, am 26. September, wurde in der St.-Pauls-Kirche ein ökumenischer Gottesdienst abgehalten.
Die bereits 1975 angeschnittene Frage nach dem sogenannten »Containerbier« erregte die Gemüter. Oberbürgermeister Erich Kiesl und Ministerpräsident Franz Josef Strauß ergriffen in offenen Briefen an die Brauereien Partei für das traditionelle Holzfaß, die Brauereien ihrerseits erklärten, die Beschaffung von Holzfässern sei *»in Zukunft fast nicht mehr zu lösen«*. Für dieses Jahr wenigstens konnte der Einzug des Containerbieres auf dem Oktoberfest noch einmal gestoppt werden. Im Juli hatte der Wirtschaftsausschuß des Stadtrates beschlossen, daß sich die Stadt künftig nicht mehr in die Gestaltung des Bierpreises einmischen, dagegen aber weiterhin an der »Ermittlung der Grenzen zwischen einer angemessenen und einer mißbräuchlichen Bierpreisgestaltung« festhalten solle. Nach Festbeginn gelang es den Schankkellnern, auch den neu ein-

geführten »Eurokrug«, dessen Eichstrich 40 mm unter dem Glasrand liegt, so einzufüllen, daß von einem vollen Liter keine Rede sein konnte. Diese »Kunst« vollbrachten sie überwiegend mit hellem Wies'n-Bier; das Märzenbier gab es nur noch in zwei Festzelten. In den neuen Fahrgeschäften, im »Looping Star« und auf dem »Fliegenden Teppich«, konnte man seine Reaktion auf die Aufhebung der Schwerkraft und auf das Einwirken der Zentrifugalkraft testen.

Beim Zentrallandwirtschaftsfest kamen diesmal nicht nur Bauern, die sich über die elektronische Datenverarbeitung informieren wollten, auf ihre Kosten, sondern auch die Städter. Ihnen wurde der »Urlaub auf dem Bauernhof« schmackhaft gemacht, zudem führte man Schauen über Gartenbaukunst und bäuerliche Produkte durch. Für die jungen Besucher gab es als besondere Attraktion den »Blumen-Kinder-Garten«.

Der Kreisjugendring stellte die Forderung, daß in den Festzelten – im Zuge des Kampfes gegen den Alkoholismus – auch der Ausschank von Limonade zugelassen werden solle. Vier Tage vor Festbeginn **1982** lehnte dies der Wirtschaftsausschuß des Stadtrates unter dem Hinweis ab, es würden in 105 Oktoberfestbetrieben alkoholfreie Getränke verkauft werden. Der Trachten- und Schützenzug stand unter dem Brauchtumsthema »Hochzeit«; kostbare Hochzeitstrachten aus verschiedenen Ländern wurden dabei vorgezeigt. Auch ein *»rollender japanischer Garten«* aus Münchens Schwesterstadt Sapporo lenkte die Bewunderung vieler Zuschauer auf sich. Auf der Theresienwiese zielten neue Fahrbetriebe vor allem auf die Nervenkraft ihrer Fahrgäste ab; dies galt besonders beim »Magischen Tempel«, wo Hologramme und grell zuckende Lichter auf eindrucksvolle Weise demonstrierten, wie leicht das menschliche Wahrnehmungsvermögen irritiert werden kann.

Weit weniger Attraktionen wurden den Besuchern des Oktoberfestes **1983** geboten. Für eine willkommene Abkühlung sorgte an heißen Tagen lediglich eine Achterbahn mit Wasserrinne, die »Wildwasserbahn«. Zum Wies'n-Beginn wurde bekanntgegeben, daß in den Festzelten *»das Mitbringen nichtalkoholischer Getränke erlaubt ist«;* ausgeschenkt wurde allerdings weiterhin nur Bier. Heftige Debatten gab es über den Preis nichtalkoholischer Getränke, der meist erheblich über dem von Bier lag. Erstmals seit 1949 gab es keinen einheitlichen Bierpreis mehr, so daß die Maß zwischen 5,80 und 5,90 DM kostete und damit *»gefährlich«* die 6-DM-Grenze streifte.

Gleich bei Festbeginn **1984** verunsicherte folgende Frage die Besucher: Jubiläumsfest oder nicht? Es war, um dies noch einmal klarzustellen, das 150. Oktoberfest, das tatsächlich gefeiert wurde, nach Abzug der nicht stattgefundenen Feste, zum Beispiel während der großen Cholera-Epidemien und während und nach dem Ersten und Zweiten Weltkrieg. Die

Stadt beharrte aber auf der historisch und chronologisch korrekten 175-Jahre-Jubiläumsfeier für 1985.
Tradition und Technik stritten auch diesmal um die Gunst der Festbesucher: Flohzirkus, Toboggan, Schichtl und Krinoline kamen wie schon in den vergangenen Jahren auch bei der Jugend wieder zu Ehren. Hauptattraktion aber war diesmal das modernste technische Fahrgeschäft, der »Dreier-Looping«, bei dem der Besucheransturm alle bisherigen Rekorde schlug.
Drei der sechs Wies'n-Brauereien schenkten das umstrittene »Containerbier« aus, und die zugelassenen Festwirte konstatierten schon vorab einen nie dagewesenen »Run an Reservierungen« für die insgesamt 94342 Plätze in den Bierzelten und Wirtsbuden. Dem Besucheransturm kam die Stadt mit der Einrichtung des neuen U-Bahnhofes Theresienwiese entgegen. Wegen des günstigen Umrechnungskurses von Dollar in Mark hatte sich die Zahl vor allem der amerikanischen Festbesucher wieder augenfällig erhöht. Doch auch dieses Oktoberfest geriet wieder in die Schlagzeilen, als dem Wirt des Armbrustschützenzeltes wegen der illegalen Beschäftigung von über 20 ausländischen Mitarbeitern die Wies'n-Konzession entzogen wurde; ein in der langen Geschichte des Festes außergewöhnlicher Vorfall. Auch die strengen Kontrollen der »Schankmoral« durch das Kreisverwaltungsreferat sorgten für nicht geringes Aufsehen, wurden aber von der öffentlichen Meinung durchgehend gutgeheißen. Ein Themenschwerpunkt des Zentrallandwirtschaftsfestes, das auch an die vor 175 Jahren erfolgte Gründung des Landwirtschaftlichen Vereins mit einer kleinen Ausstellung erinnerte, war das Waldsterben. So wurden unter anderem ein Drei-Wege-Katalysator gezeigt und eine Videoschau über angegriffene Baumbestände in Bayern vorgeführt.
Schließlich ging das Oktoberfest 1984 als das bis dahin erfolgreichste in die Geschichte ein. Über sieben Millionen Besucher wurden in den 16 Tagen gezählt, die Erfolgsindikatoren des Festes, der Verbrauch an Wies'n-Bier und Brathendl'n, stellten mit fast 50000 Hektolitern Bier und über 660000 Hendl'n alles bis dahin Dagewesene in den Schatten.
Am 26. September gedachten Oberbürgermeister Georg Kronawitter und mit ihm über 300 Münchner mit einer Kranzniederlegung am Oktoberfest-Mahnmal des 4. Jahrestages des Oktoberfest-Attentats.

Die Schaustellerstraße, 1984

Weinfurtner's
HIPPODROM
GLASIERTE FRÜCHTE
BayWa

Orgelfabrik–
Gebr. Wellershaus
Mülheim R.-Saarn

Das Oktoberfest im Spiegel der Literatur

»Wenn ich zurückdenke an das Oktoberfest von 1908, wo ich mit meinem um zwei Jahre älteren Bruder Lenz hinein hab dürfen, da geht mir direkt heute noch das Gesicht aus dem Leim«, so beginnt Oskar Maria Graf seine Oktoberfest-Geschichte, mit dem Titel »Die wunderbare Isis«. Ein ganz typischer Anfang einer Wies'n-Erzählung! Wenn ich zurückdenke... – Sieht man sich die vielen Geschichten und Gedichte vom und über das Oktoberfest an, geschrieben von »grossen« und »nicht so großen« Dichtern, fällt eines sogleich auf: Die Wies'n gewinnt ihren erzählerischen, den dichterischen Reiz erst in der ferneren Vergangenheit, im »Damals«. Obwohl sich, trotz der dazugekommenen Technisierung, beim Oktoberfest, *dem* Traditionsfest schlechthin, im *wesentlichen* nichts geändert hat – vom Bierpreis soll hier nicht die Rede sein –, wächst Wies'n-Poesie erst in den fernen, längst vorübergegangenen Gefilden der Erinnerung zu ihrer eigentlichen Blüte. Meist sind es die Tage der Kindheit, die Erlebnisse an der Hand des Vaters, die den Dichtern das Oktoberfest zum Objekt des Be-Dichtens machen. Da verhält es sich so ähnlich wie mit Weihnachtsliteratur: Früher war halt alles am schönsten!

Die *Sinne* sind es, welche bei Wies'n-Geschichten zu ihrem angestammten Recht kommen. Man sieht die Lichter, hört die Musik, tastet (das Madl?), schmeckt (was denn schon?) – und riecht: Türkischen Honig, Hendl, Bratwürstl... leider auch anderes mehr.

»[...] *And from within Monk heard the shattering blare of a huge brass band and the roar of five thousand beer-drunk voices, rocking together in the rhythmus of ›Trink, trink, Brüderlein trink!‹«,* schildert uns Thomas Wolfe seinen Wies'n-Schock. Erst Wies'n-Geschichten haben dem in aller Weltliteratur stiefmütterlichst behandelten Geruchssinn einen Ehrenplatz eingeräumt. Mundart kommt zu ihrem Recht. Lautmalerei dominiert: *»Tschinbum und Gong, Trara und Tatü, Didldum und Schnatterätäng«,* beginnt Julius Kreis seinen »Oktoberfest-Bilderbogen«. Bilderbogen – der Bogen der Autoren, die sich zum Thema »Wies'n« die Hand reichen, ist weit. Namen sind darunter wie Karl Valentin, Joachim Ringelnatz, Ludwig Thoma, Georg Britting, Siegfried Sommer, Josef Maria Lutz, Ernst Hoferichter, Herbert Schneider, Hans Hellmut Kirst, Franz Freisleder, Eugen Roth... Der herrliche Essay von Thomas Wolfe sei besonders anempfohlen. Wegen der Wucht der Sprache, den verachtungsvoll-fasziniert wiedergegebenen Klangbildern ist er im Original, also im Englischen, abgedruckt. Die Distanz des Angelsachsen, der *»the vast crowd of beerfumed feeders«* vor Augen führt, läßt das Oktoberfest ohne die sich so schnell aufdrängenden Kindheits- und Gemütlichkeits-Assoziationen mit-er-»leiden«. Mit Herbert Achternbusch ist die Avantgarde vertreten. Interessant seine Eindrucks-Collage, vermischt mit der übersachlichen Nennung von Zahlen.

Die Texte stammen aus dem Literaturschatz der Monacensia-Sammlung. Die »175er«-Festschrift wird sich in eine lange Reihe von Jubiläums- und Festschriften einfügen. Für den vorliegenden Textteil galt es, aus einer schier unübersehbaren Menge von Geschichtchen und Versln *das* herauszufinden, was Bestand hat und Orginalität. Dafür stehen die Namen gerade. Aber: Steckerlfische, Luftballons, Teddybären, Karussells, Kellnerinnen kehren immer und immer wieder. Der gute alte Stimmungsaufsatz, den der Lehrer zur Wies'n-Zeit schreiben läßt, schimmert gar oft durch. Nur Hans Hellmut Kirst benutzt eine sachliche Auflistung von Stimmungen als Gegenpol zu einem Verbrechen. Bei vielen Texten aber, trotz der strengen Auslese, taucht er auf, der Kitsch.

Der gehört zur Wies'n, schon immer.

Fritz Fenzl
Monacensia-Sammlung

Max Luber, Postkarten, um 1905

Herbert Achternbusch

Zigarettenverkäufer

Jetzt ist wieder die Zeit, daß 6000000 zum Oktoberfest nach München kommen. Majakowskij: Und dann tauchen sie hinein in die Wolke aus Dunst, schnurrpfeifen durch die Wogen ländlicher Musik, fröhlich lachend, beim Jauchzen der Kinder und beim weinerlichen Klagelied der Drehorgel vergißt das Volk des Tages Mühe und Plage. Schon höre ich Musik. Noch ist meine Melancholie groß genug, daß sie mich auf mein nahendes Ende zugehen läßt. Noch mache ich Notizen, ohne ihren Sinn und ihr Ende absehen zu wollen, könnte ich es? Schon bin ich darüber hinweg, mir verschiedene Fälle meines Endes vorzustellen. Noch trage ich Schuhsohlen und aus meinem Mund steigt der Rauch von Zigaretten, Rothhändle. Ich habe die Hände in den Hosentaschen und gehe mit dem Schmerz, daß mir die Finger gebrochen sind. Mein Protest ist nur die Ataxie meines Ganges. Mag einer hinter mir aus dem lautlosen Fallen meines Ganges Hoffnung schöpfen. Und heute geht es mir besser als sonst, von Donnerstag abend bis zum Sonntag ist es besser, dann habe ich DIE ZEIT ausgelesen. Ich gehe durch 1000 Musik der Wirtsbudenstraße zum Pschorrzelt, als einer von 7 Bauchladenträgern Zigaretten zu verkaufen.

Als ich die weißen Häuser von Mykonos verließ und ins Hochland der Insel heraufging, verschmähte ich die oranschen Kaktusfrüchte, die über einer der letzten Mauern eines Gartens hingen, doch die Feigen vom Baum dieses einzelnen Hauses, wird mich schon niemand sehen, reiße ich ab, soviel ich erspringen kann. Sie sind blau klein, das Fleisch ist warm im Mund. Es ist die Zeit. Immer wenn die Zeit des Oktoberfestes kommt, ist die Zeit dazwischen wie ein kurzer Urlaub, und ich hebe den Bauchladen, lüfte den Schulterriemen. Setz dich nicht auf den Balken, geh weiter, geh in den Gang, auch wenn der andere gerade durchgegangen ist, die Angetrunkenen reagieren willkürlich. Zigarrn Zigarettn. Mann: Daher Spezi! Stuyvesant. Was machts? Hast keine kleine, 2 Mark du spinnst ja. Mädchen: Wieviel machts? Mann: An dummen Eindruck macht er. Da hast 2 Mark, sollst auch nicht leben wie ein Hund. Mädchen: Stoß mich sanft. Mann: Stopf mich sanft, mußt sagn. Zigarrn Zigarettn. Anderer: Handgranaten Zwieblröhrl Atombomben Zwieblröhrl, geh i mag gar nimmer reden. Verkäufer: Heithe Sweinswürstl bittether. Heuer verkaufen wir alle die Doppelpackung zu 1,75, zehn Prozent Aufschlag, 1,95, aber ich spinn nicht, 2 Mark basta, das riskier ich, daß ein Kontrollör mich erwischt und ich wiesengesperrt werde und 5 Jahre lang nicht mehr auf dem Oktoberfest verkaufen darf. Ich durchquere den Schatten des Feigenbaums. Christus: Tui steig schnell herab, denn ich muß heute in deinem Haus sein. Nein hierhin setze ich mich nicht, ich sehe die unterbrochenen aber bewegten Rückenumrisse der kleinen Kühe. Aber hierhin, auf die um ein kleines abgeerntetes Getreidefeld geschichtete

Steinmauer. Alles ist braun und grau und leer. Eine kleine weiße Stute mit einem Tuch vor den Augen dreht ein Wasserrad. Dann das Meer, sehr fern Naxos, aber dahin sehe ich nicht. Eine Windmühle ist nicht in Betrieb. Schon schreibe ich widerwillig auf, was mir nach vielen Gedanken wieder einfällt. Schon muß ich mir ein Leben vergegenwärtigen, das von Notiz zu Notiz sprang. Warum nicht nur in den Staub sehen? Er ist weich unter meinen Zehen und im Schatten der Steine trägt ihn der Wind nicht fort.

Der Kontrollör wird nur eine Packung mit Zünder kaufen, die darf 2 Mark kosten, ich verlang 2,10. Der Kontrollör ist kein Junger, keine Arbeitshände hat er, er will keine bestimmte Marke und fragt nach dem Preis. Mensch, der sitzt doch an keinem Tisch und wenn er steht, hat er keinen Maßkrug in der Hand, und wenn er geht, zieht er kein Mädchen mit, und wenn er sitzt, dann singt er nicht und ist nicht besoffen, ha? Gestern bin ich in Zivil im Augustiner und Hackerbräu gewesen und hab die Zigarettenverkäufer gefragt, was sie für die große Packung verlangen, 1,95. Einer 2 Mark, ich hab ihn angeschaut, er: 1,95 ohne Feuer. Scheißer! Nummer 2: Noch nichts los, die blöde Musik spielt so laut, daß dich keiner versteht, da kannst wie ein Aff brüllen, kein Mensch schaut her. Zigarrn Zigaretten. Verkäuferin: Wer kriegt a Brezn. Mann: Da hockt er ja, der Kruzifix, der blutige. Zigarrn Zigarettn. Anderer: Stumpen für die Lumpen. Mann: Was verkaufst denn du? Ich: Fischbrot. Mann: Bring mir noch a Maß, daß a Ruh is! Zigarrn Zigarettn. Jetzt wenn ich nichts verkauf, setz ich mich in den Garten. A. E. Ludwig: Meine Damen und Herrn, wem gehört dieser Junge, er ist vorm Zelteingang gefunden worden. Mann: Ham Sie keine Zigaretten zu 1 Mark? Ich: Nein. Ich spinn nicht und sag ihm, daß es sie einige Meter weiter am Stand gibt. Mann: Gib mir die große Packung, heut is heut. Zigarrn Zigarettn. Mann: Hast keine Sandalen? Mann: Geh setz dich her. Kellnerin: Setz mich schon wieder her. Mann: Weiß schon nimmer wie du heißt. Kellnerin: Sagst Nummer 49, da auf meiner Brust, die siehst immer. Im Garten ist auch nichts los. Aber die Sonne scheint, ah bin ich müd. Jetzt singt die Bräurosl, die Gartenleut schaun auf die Lautsprecher: Wo i geh wo i steh tut mir mein Herz so weh. Jetzt fressen sie alle, dann saufen sie, dann rauchen sie wie irr, ab 8 rauchen sie weniger, da sind sie schon zu besoffen. Verkäufer: Radi Radisal, wie gehts? Ich: Da drüben will einer an Radi. Gestern hat mir einer 5 Mark für eine Packung gegeben. Du hast so ein Spitzbubengesicht, hat er gesagt, daß ich dir lieber das Geld gib, bevor dus mir stiehlst. Zigarrn Zigarettn. Mann: Blöder Hund bist schon wieder da. Anderer: HB, was 2 Mark, 2,20, daßt auch nicht recht hast. Preuß: Danke Nichtraucher. Anderer: Magst a Fahrkartn einfach? Da steht schon wieder so ein blöder Ordnungsmann in seiner grauen Uniform und läßt nur Leute auf die Galerie überm Eingang, die auf seiner Liste stehen. Jetzt trinkt er, dabei nimmt er die Mütze ab, damit er nicht im Amt ist. Das Geld, das ich in den 16 Tagen verdien, verfreß ich, nein ich gebs armen Leuten, nein ich halt die Arbeit nicht durch, ich kauf mir einen Anzug, pah, so ein Mädchen wär nicht schlecht. Der ist jeden Tag im Garten und besoffen, Kellnerin: Schau daßt weiterkommst, stehst den andern bloß im Weg. Wennst das Maul net haltst, fliegst naus. Der: Weiße Haar ham, ans Sterben sollst denken, meinst i geh hin, wohin du mich schaffst. Ich geh ins Zelt, jeden Tisch fixieren, stehen bleiben, die Leut anschaun, anreden, schleichen und schrein. 80 Mark bauschen sich in der Hemdtasche, 8 Mark bis jetzt verdient, muß am Stand wieder fassen. Muß pinkeln, Gekritzel: Ich war oft dar. Mann: Bei jedem lauft so ein Wasser raus, wies das gibt? Anderer: Jeder kanns mit seinem Schwans. Eine versucht an die rastenden Kaffee trinkenden Kellnerinnen Strümpfe zu verkaufen. Kellnerin: Die ham 65 Pfennig kost, bin scho 8 Tag auf der Wiesn und sie sind noch nicht zerrissen, ich bekomm 50 Prozent, so billig hams Sie net. Drinnen wütet die Musik, die Leute zum Saufen zu bringen. Ich muß wieder hinein, jetzt fangen sie zu rauchen an. Im Garten springen die elektrischen Sterne an, halb 6 wirds sein, der Himmel fliegt wie Rauch weg. Jetzt löst der Nummer 5 ihr Mädchen ihn ab, die weiße Villigerjacke ist ihr zu groß. Nummer 7: Was meinst, was die Mannsbilder bei der kaufen, die kaufen auch, wenn sie gar keine Zigarettn brauchen, wenn sie nur ein wenig oben reinschauen können. Nummer 6: Sein Madl ist wieder da, sooft sie eine Schachtel verkauft und wechseln muß, muß sie eine Brille aufsetzen. Ich: Die Glückliche. Nummer 6: Der Glückliche, an jungem Madl kaufen sie schon was ab, das ist klar, die beiden werden halt teilen, ein wenig was, wird er ihr schon geben, soweit geht die Liebe auch nicht. Mann: da geh her, sauf amal gscheit, kruzifix Büchsn alte! Im Takt geh ich an den Tischen vorbei. Ich habe ein mir fremdes Gefühl: ich wünsche, daß die 30 Trompeter noch lauter sind und die 10000 Leute im Zelt lauter brüllen, 6000 werden es sein. Ich genieße ihre Ausdünstung, ich sehe in jedes Gesicht, ich kose die Busen, die schwitzenden Glaskrüge, ich lese die Wünsche von den Augen ab, ich reiche die Schachtel und sage bittesehr, ich kassiere. Die Kapelle auf dem Podium in der Mitte des Zelts hat sich erhoben, der Kapellmeister singt ins Mikrofon, die Silbertaler überm Latz seiner Lederhose hüpfen wie die Medaillen eines Zuchtstiers. Alle: Gehma a weng nüber zum Schmid, der Schmid der hat 2 Töchterlein Kapellmeister: Die wollen sogerne verhuraxtaxt sein. Mann: Daher! HB hübsche Beine. Er wendet sich an seinen Nachbarn, während er die Schachtel aufreißt: Kare bi keusch. Kare hat von unten eine Brust seines Mädchens in der Hand. Kare: Mir gibst an BH! Was 2 Mark, wo kriegst an billigeren Büstenhalter! Alle: Du bist mir im Herzen du bist mir im Sinn.

Da sitzt der Kutzer, den ich vor 7 Jahren zuletzt in der Schule gesehen habe. Er kennt mich nicht, ich gebe mich nicht zu erkennen. Er hat noch die gleichen falschen Augen. Einen Gang weiter geht das Mädchen von Nummer 5. Mit einer sanften Bewegung wischt sie ihr langes blondes Haar von der Schläfe. Als sie mich zufällig erblickt, unsere Köpfe sind immer in Bewegung, lächelt sie. Was soll ich für ein Gesicht machen? Mann: Was schaust immer, Zigarettn möcht i. Alle: Es war im Böhmerwald. Wenn das Mädchen im Rauch verschwindet, sage ich: Du spinnst und verkaufst Zigarettn, was für ein Geschäft, Deckel auf Deckel zu, die Stange brechen, die Stange ist leer und die, 4 Stangen in einer halben Stunde, das sind 10 Mark. Kapellmeister: Waldeslust alle: Oh wie einsam ist die Brust. Lachende Frau: So schlecht siehst du gar nicht aus, hast Durst? Ich: Danke schöne Frau. Alle: Machens wir den Schwalben nach und bauen uns ein Nest. Ich, dem oft vor den liegenden Gegenständen in seinem Zimmer bange wird, schau ruhig über die besoffene Menschenmenge. An früheren Oktoberfesten wollte ich mich an einen Tisch setzen und mitsaufen, an der Seite eines Mädchens die Lust haben und ihr im Augenblick nichts anhaben können und in Eifersucht bersten, weil der Nachbar nach ihr tapst, aber sie nachher nach einem heftigen Streit irgendwo fast zerquetschen. Aber wie ein Kranich gehe ich durch die Reihen und tanze den Zigarettentanz, viel Geld zu verdienen. Über den Köpfen ist viel Rauch. Unter meinem Bauchladen sitzt Ministerpräsident Goppel, er kauft mir nichts ab. Sporer spielt mit seinen Hanseln den Bayerischen Defiliermarsch. Langsam komme ich die Treppe herunter, das ist wie von Delfi aufs Meer schaun. Alle: O mein Papa wie ist er herrlich anzuschaun. Alle an einem Tisch schunkeln, ein Mädchen hat den Kopf auf die Tischplatte gelegt. Die Mutter unterbricht ihren Gesang, sie schubst das Kind in den Rücken. 2 Buben laufen zwischen den Gehenden. Beladene Kellnerin: Herrgott Kinder! Mutter: Da gehts her! Sie reißt sie an den Ohren, die vor Übermüdung knallrot sind. Frau: Das Wiesenvergnügen wollen sich die jungen Leute nicht versagen und zum Aufpassen haben sie niemand, die armen Kinder müssen das aushalten. Vater: Zigarettenmo! Speim muß i. Mutter: Alfons ist dir schlecht? gehma heim, den Kindern wirds eh schon zlang, nehma a Taxi. Vater: A a Fischsemmi! Zigarrn Zigarettn. Mann: Hast keine Antibabypille? Zigarrn Zigarettn. Anderer: Heiße Wiener kalte Straps. Alle: Schützenliesl dreimal hats gekracht du hast mir das Glück gebracht. Mann: Halo junger Mann Zigaretten! Das Mädchen der Nummer 5 lächelt, ich lächle. Es macht mir nichts aus, ihr ein Geschäft wegzuschnappen. Ich: Schon fertig? Sie: Ja müde. Ich: Vom vielen Geld. Sie: Haben Sie nicht die Rosenfrau gesehen? sie wollte mich noch sprechen. Ich: Ja vor 2 Stunden am Wurststand, dort wird sie nimmer sein. Wir: Hahaha. Ich: Müssen Sie Ihr Geld abliefern?

Sie: Ich bitte Sie! Ich: Ich dachte, ihr macht es wie die Indianer. Sie: Viel Glück! Sie schlägt mir auf die Schulter, leicht. Ihr Freund trägt wieder den Laden. Wo ist sie? Er geht in die Box 1. Sie steht vor Box 9 und spricht mit einem. Die Rosenfrau geht an ihr vorüber, vielleicht ist es eine andere. Frau: Frische Rosen. Wo ist sie? Rosenmädchen: Verkaufen Sie viel? Ich: Sie? Sie: Wenn ich den Strauß verkauft hab, sind es 100 Sträuße. Ich: Ist das viel? Wo ist das Mädchen von Nummer 5? Gestern um halb 6 hätte ich beinah ihren Namen erfahren, Nummer 5: Da ist schon meine Ablösung. Wie heißt sie, fragte ich mich, achso Ablösung. Die Musiker haben das Podium verlassen, sie stehen an der Küche an, es wird 8 sein. Mein Schef: Daß Sie fei in den Garten hinausschaun, der ganze Garten is voller Leut und kein Verkäufer is draußen. Schon wieder muß ich die Scheißbüchse der Villigerkiel aufmachen, womit ich nur 5 Pfennig verdiene. Frauen lassen sich nicht abhalten, Zigaretten zu kaufen, auch wenn ihr Begleiter noch eine volle Packung hat. Ordnungsmänner nehmen einem Ausländer ein feststehendes Messer ab. Ordnungsmann: Der spielt sich immer damit. Anderer Ordnungsmann: Morgen abholen. Ausländer: Warum, damit essen. Ordnungsmann: Nimms ihm! Anderer Ordnungsmann: Gibs ihm, ist ein Reporter von Italien. Im Garten schläft einer in seinen Krücken stehend. Alle: Bayern. Alle: 60. Zigarrn Zigarettn. Mann: Wir können net bloß raucha, wir müssen a wos sauffa. Ich: Hast kein Geld mehr. Mann: Was, soll ich dir mit den Tausendern die Ohrwaschel vom Kopf haun! Anderer: Halo was willst, aso ich will was, Ernte 23. Andere: HB ohne, gibts net, schneis ab. Anderer: Schrei mi net so an, ich bin net beim Barras! Besoffener: Wer Rothhändle raucht, scheut nicht den Tod. Anderer: Die Zigarrn war gut. Ich: Davon hab i nix. Nach dem blöden Husten bekomm ich den Schnackler, der den Bauch mit Luft füllt. Männliche Schreie gegen den Schnackler. Wenn das Geschäft geht, komm ich auch mit dem Schnackler aus. Gleichmäßig schnaufen, den Schnackler vergessen. Der Wille erzeugt Antischnacklerfermente, die etwas später als der Wille wirken. Wenn einer winkt, nicht an den übrigen vorüberhasten. Welche Erleichterung ohne Schnackler zu schreien. Dreimal geschnupft, durch die Hand gerotzt. Jetzt spielt die scheppernde Dachauer Bubenkapelle. Frau: 2 Stunden wart ich schon auf dich. Mann: Ich wart 6 Stunden. Zigarrn Zigarettn. Mann: Schlawiner Ansichtskarten. Hab Luft im Bauch und kann nicht rülpsen. Gegen Wertmarken der Firmen gebe ich nur Ware, wenn ich einige Marken draufbekomme, die Kellnerin tauscht sie mir in Geld um. Rülpse ich, ist der Schnackler wieder da. Kellnerin: Der Stuhl gehört an mein Tisch. Jeder Tisch hat 10 Stühl. Wenn Sie ihn nicht hertun, hol ich den Ordnungsmann! Jetzt rülps ich die Luft, die ich eingeschnackelt hab. Jetzt singt die Bräurosl nochmal, in der Box schaut man mir freundlich entgegen. Geh aus dem Weg, schreit ein jeder.

Mit meinem Kasten an einem Wollpullover hängen geblieben. Ein Besoffener umhalst mich. Lippen springen, das Geschäft ist wie abgeschnitten. Alle: Solang der Alte Peter kornblumenblau. Das Mädchen der Nummer 5 sitzt immer noch am gleichen Tisch, ein mustaschbärtiger küßt sie, Nachbar: Frißs net kruzifix! In der Box dem Chef von Oberpollinger eine von einem Abteilungsleiter gestiftete Virginia hinters Ohr gesteckt. Das Rosenmädchen läuft jetzt mit einem Körbchen Veilchen. Einmal gehe ich noch alle Boxen durch und den Garten. Alle: Ein Heller und ein Batzen vor der Kaserne vor dem großen Tor Westerwald. Einer erhebt sich grinst mich an und setzt sich wieder nieder. Mann: Das Zehnerl schenk ich dir als Reiseproviant. Kapellmeister: Es geht alles vorüber. Alle: Es geht alles vorbei. Mann: Halo Schef an Rauch! Alle: Schiefe Absätz und in jedem Strumpf a Loch Zigarrn Zigarettn. Mann: Ja bitte. Das ist der Kontrollör, verlangt Astor, 2 Zigarrn, macht mit gutem Gewissen 3,10, er gibt 4 Mark und läßt es stimmen. Im Garten kotzt einer. Zapfenstreich, halb elf. Ich gebe den Laden ab, bevor das Licht abgeschaltet wird und den noch verweilenden Gästen die Stühle auf den Tisch geklappt werden. In Zivil verstehe ich nicht, daß mir keiner was will. Wie ein Dieb schleiche ich zwischen den Schwankenden. Ich habe 70 Mark verdient. Lautsprecher der Tarantella: That was the day I fall in love. Umsteigen, kann an der Haltestelle nicht stehen, die Füße das Kreuz die Schulter der Kopf, gehe hin und her, da kommt sie ja, die Linie 21. Kontrolöse: Daß du noch lebst! Fahrer: A bißl.

Peter Auzinger

Zum hundertsten Jahrestag

Hundert Jahr – 's Oktoberfest! –
Wia oft bin i da aa draus g'west! –
Bei Sunnaschein und aa bei Reg'n;
A paarmal, ja, da is's aa g'scheg'n,
Daß wir – wo i oft dran denk –
Mit da Hand von Tisch' und Bänk'
Den Schnee hab'n g'müatli obig'wischt,
Bevor wir uns mit Bier erfrischt. –
Aba – schön war's doch, das is koa' Frag –,
Draus g'we'n san ma' – alle Tag,
Und was die Fremden gar so g'freut:
Das is »die Münchner G'müatlichkeit«. –
Ja, g'müatli' san mir, das is wahr,
Und so soll's bleib'n viel hundert Jahr,
Dann geht auch der Humor net aus
Und Liab und Treu zum Königshaus;
Und 's bleibt der Ruf auch allzeit wach:
Hoch München! – Hoch Haus Wittelsbach!

Georg Britting

Verschneites Oktoberfest

Vom Oktober trägt das altberühmte Münchner Volksfest den Namen, das aber in seiner größeren Dauer schon im September gefeiert wird. Man hat es so eilig mit ihm, um dem Schnee zu entkommen, der in Oberbayern oft schon sehr früh sich zeigt, und manchmal ist der Schnee auch schneller als das Fest, das vor ihm auf der Flucht ist, und fällt in die noch voll belaubten Bäume und überfällt weiß strudelnd die bunten Zeltbauten.

So konnte man vor Jahren – wer es erlebt hat, vergißt es nicht – während der Kalender unbestechlich den grünen Herbst anzeigte, mitten im weißen Winter auf die Freudenwiese gehen. Der Schnee, großflockig zwar und wäßrig grau, zerging, sobald er den Boden erreichte, aber auf den Zeltplanen, die schräg zum Regenschild herabgerollt die Buden schützten, blieb er doch liegen und zerschmolz auch da nicht gleich, wo Schokoladenherzen, in brandrotes Papier gehüllt, mit Liebesschwüren bemalt, an feuerfarbenen Bändern baumelten. Kaum ein Mensch war zu sehen in den breiten Straßen, die sich zwischen den prunkenden Bierhallen hinziehen, wo die Fahnenstangen ihre mächtigen, weißblau gestreiften Tücher schwenken, in den oft auch lustig weiß und blau gestreiften bayerischen Schönwetterhimmel hinein, strahlend wie nur er sein kann an gnädigen Tagen – in der Trübe jetzt hingen sie naß und zerknüllt herab.

Ein großes Zelt beherbergte Männer aus dem indischen Archipel, die sich, Speere werfend und Pfeile schnellend und auch sonst kriegerische Künste treibend, dem Zuschauer zu zeigen wünschten. In den frühen Nachmittagsstunden dieses Septembertages aber, der Schneewirbel war gerade ein wenig sanfter geworden, fuhren sie, die sich sonst nur gegen Entgelt sehen ließen, auf der anderen Seite der Budenstraße auf großäugig-starrblickenden Pferden und langhalsigen, weißen Schwänen eines Karussells unentwegt im Kreise herum.

Sie trugen unter den bunten Burnussen dicke, graue und grüne Wollstrümpfe und Knickerbocker aus verwegen gewürfelten Stoffen. Einer, groß, pockennarbig, langhalsig, mit einem mächtigen, schmutzigweißen Turban um den Kopf, hatte eine weißblonde, rundliche Frau, die Besitzerin des Karussells, vor sich auf den spiegelig glänzenden Rappen mit der schön verschnörkelten Mähne genommen. Der Inder ritt jauchzend das kleine dickbauchige Tier, das, mit den schlagenden Vorderläufen in der Luft, in immer gleichem Abstand hinter den Gefährten einherjagte, in seiner gedrechselten Starrheit zauberisch lebendig. Der Leierkasten des Karussells schnarrte und grölte und zitterte leicht unter der Wucht des eigenen Atems, und war der einzige weitum, der tönte. Die farbigen Männer lächelten im Vorüberreiten zu ihrer Bude hinüber und nickten spöttisch ihrem Ausrufer zu.

Dem Ausrufer fiel der kalte Flaum in den großen Mund, den er aber tapfer immer wieder öffnete, um die kleine Zuhörerschar, die sich vor ihm zusammengefunden hatte, zum Eintreten zu verführen. Es waren einige halbwüchsige Burschen und Mädchen, auch zwei oder drei im Winde fröstelnde Erwachsene darunter, und eine bäuerisch gekleidete junge Frau mit einem vielleicht sechsjährigen Knaben an der Hand, die es merken mußte, daß der Mann da droben vor allem zu ihr sprach, gerade ihr mit weithin schallender Stimme (und dabei stand sie ihm doch ziemlich nah, am weitesten vorn im Trupp), gerade ihr die wilden Künste der Archipelmänner anpries!

Die Frau errötete und fand es unbehaglich, so unerwartet sich ausgezeichnet zu sehen, und blickte sich verlegen nach einer Lücke im Zuhörerkreis um, durch sie zu entwischen. Da verdrossen der Frau ängstliches Gesicht und die schadenfrohen Mienen der reitenden Inder den schreienden Mann, und er brach mit einer schmerzlichen, verzichtenden Handbewegung seine Rede ab, und mit übellaunigem Gesicht verschwand er schnell in der Bude.

Der kleine Trupp der Wiesenbesucher setzte sich wieder in Bewegung. Er fiel nicht auseinander, es ging nicht jeder der Leute seines Weges, die doch gar nicht zusammengehörten, als trügen sie Furcht, allein das Abenteuer des verschneiten Festes zu wagen, und auch die bäuerliche Frau im Kopftuch blieb strengen Gesichtes bei den Genossen der Stunde, an der Hand das folgsame Kind.

An der Rückwand seines kleinen Verkaufsstandes lehnte ein schwarzlokkiger Mann, der Kokosnußschnitten feilhielt, neben einem zarten, jungen Wesen in roter Bluse, das er für die vierzehn Wiesentage als Verkäuferin verplichtet hatte, weil er der Meinung wohl war, so ein hübsches Ding brauche kein »Nein!« zu fürchten, wenn es zum Kauf einlud. Er hatte feurige, gutmütigdumme Kugelaugen, die zu seinem gelockten Schwarzhaar paßten, und er schien nicht ärgerlich zu sein, gar nicht, daß die Männer in der Stadt geblieben waren, an denen das Mädchen seine Künste hätte erproben sollen.

Er stand ganz dicht bei der Rotblusigen, es war wärmer so, und die Wärme tat gut bei diesem Wetter, und die Bretterwand erlaubte es dem Schneewind nicht, kalt in des Mädchens Nacken zu blasen. Wenn er sich drehte, der Wind, und das Tuch des Regendaches knatterte, und die an Schnüren hängenden Kokosnüsse stießen mit dumpfem Ton aneinander, stellte sich der Kugeläugige ritterlich vor das Mädchen, es zu schützen. Braun glänzten, aber seidenfein, des Mädchens Haare, von der Farbe der struppigen Haarzotteln auf den Schalen der Früchte, und milchig und weiß wie das Fleisch der Nüsse schimmerte die atmende Mädchenhaut.

Etwas später am Nachmittag hörte es für kurze Zeit ganz auf zu schneien.

Es war die Wolkendecke geborsten, schnell und unerwartet, wie sie es sonst nur im April tut, und die Straßen der Budenstadt waren blau getüpfelt, weil die Bläue des Himmels sich spiegelte im Wasser eines jeden Fußstapfentümpels. Der schweifende Trupp, der immer noch zusammenhielt, bekam jetzt Verstärkung. Er schwoll an und schob sich langsam und mit Bedacht und in einer strengen Ordnung, die keine Sehenswürdigkeit ungesehen lassen wollte, über den Festplatz. Das schwarzseidene Kopftuch der Bäuerin flimmerte in der Sonne, und an ihrer Hand das Kind, dem sie eine kleine Trompete gekauft hatte, blies immer die paar gleichen grellen Krächztöne darauf und sah dann ernsthaft der Trompete in den runden Mund, als wunderte es sich, daß daher der Klang kam.

Vorn an die Rampe der Liliputaner-Bude getreten war ein kleiner Mann im Frack, einen Zylinder auf dem Kopf, mit einem gelben Gesicht, wie es Leberkranke haben, aufgedunsen und faltig, greisenhaft und jugendlich geheimnisvoll zugleich. Nun hob der Zwerg mit der gelben Kinderhand den hohen Hut und winkte, näherzutreten, und tat das, indem er hochmütig über die einzeln vorbeistreifenden Zuschauer hinwegsah.

Mit einem plötzlichen, entschlossenen Ruck dann setzte der Kindmann den Hut wieder fest auf den Kopf und begann, die Hände auf dem Rücken, die ganze Länge der Rampe feierlich und verdrießlich im Hin und Her abzuschreiten. Eine Frau, eine gewöhnliche Menschenfrau, keine Zwergin, die dick vermummt an der Kasse saß, lud mit kurzen Rufen ein, sich die berühmten Liliputaner zu besehen, aber es klang wenig zuversichtlich, als glaube sie selber nicht, daß jemand ihrer Lockung werde Folge leisten.

Es war nun gerade der Trupp der Beharrlichen vor der Zwergenbude angekommen. Der Däumling im Frack hielt inne im ruhelosen Wandern und sah scheelen Blicks zum Himmel auf, der sich schon wieder verdüstert hatte. Da schrie die Frau an der Kasse wild: »Hereinspaziert! Hereinspaziert!« und klatschte in die Hände und schrie: »Prinzessin Esmeralda!«, und aus dem Vorhang trat eine winzige Frau in einem tief ausgeschnittenen Ballkleid aus rotem Samt, die platinweiß gefärbten Haare gewellt und emporgetürmt, und auf der Haarwoge wackelnd eine goldene Krone. Der Zwerg verbeugte sich tief vor der Prinzessin, zog in gewaltigem und putzigem Bogen den Zylinder vor ihr und küßte ihr die Hand, die sie ihm mit einem gefrorenen Lächeln reichte.

»Herein! Herein!« keuchte die Frau an der Kasse, während schon wieder die ersten Flocken fielen, dann dicht und dichter kamen, wirbelnd mit einem Male, und der Wind trieb die Flocken gegen das kleine Paar, daß sich die Prinzessin das Gesicht wischen mußte.

Niemand folgte dem stürmischen »Herein«, und als der Schnee jetzt zu

Regen wurde und ein Wolkenbruch niederzuprasseln begann, schob sich der Zuschauertrupp flüchtend in eine Wurstbraterei, die der Zwergbude gegenüberlag. Nur die sparsame Bäuerin ging in den Regen hinein weiter mit dem Kind, das die Trompete fest in der Faust hielt.
Leer war es vor dem Liliputanerzelt, der Regen strömte dicht und heftig herab, die Prinzessin war wieder hinter dem Vorhang verschwunden, auch die Menschenfrau hatte den Platz hinter der Kasse verlassen, nur der gelbhäutige, winzige Mann im Frack stand noch auf den regengepeitschten Brettern, und plötzlich stampfte er mit dem Fuß auf, hob seine kleine Faust gegen den Himmel, sie schüttelnd, zornig und traurig und lächerlich.

Franz Freisleder

Apropos Wiesn

De Wiesn, Leit, des is ganz klar,
is nimmer des, was' früher war.
Des Gschroa, der Trubl, ois' so teier
– naa, mi siecht d'Wiesn gwiß net heier!
Grad no da Einzug macht ma Spaß,
den schaug i o und trink a Maß.
Und mit meim Schwager, dem aus Cham,
treff ma beim Trachtnzug drauß zamm.
Und mim Betrieb muaß i hoid naus
(sonst hoaßt's, de Oid laßt mi net aus).
Desgleichn mit de Keglbrüada,
sonst meckern de glei: »Deifi, müada!«
Zwoa-, dreimoi – doch des zählt ja net –
mim Enkerl, da Elisabeth.
De Kloa, sie werd de Tag grad vier,
trinkt aa beim Opa scho vom Bier.
Doch sonst: der Trubl, ois' so teier
– wia gsagt: Nix mit da Wiesn heier!

Oskar Maria Graf

Die wunderbare Isis

Wenn ich zurückdenke an das Oktoberfest von 1908, wo ich mit meinem um zwei Jahre älteren Bruder Lenz hinein hab dürfen, da geht mir direkt heute noch das Gesicht aus dem Leim.
Damals hat jeder von uns sechs Mark von daheim mitgekriegt, und los sind wir gefahren, hinein nach München. Eigentlich sollten wir zu unseren Verwandten drinnen gegangen sein, damit uns nichts passiert, aber, haben wir uns gesagt, nein, das machen wir nicht, nicht um Venedig. Die lassen uns ja doch nicht das machen, was wir mögen, ja, mitlaufen können wir und müssen immer bloß folgen, wenn es uns nicht paßt.
Am Starnberger Bahnhof sind wir ausgestiegen, haben herumgefragt, und schließlich sind wir auch ganz richtig auf die Festwiese gekommen. Zu allererst haben wir Bratwürstl gegessen. Mein Bruder Lenz aber war schon da recht ekelhaft. Er hat das Geld gehabt und hat sechs Paar gegessen, mir aber hat er bloß zwei Paar essen lassen. Gesagt hat er: »Du bischt aa no a Rotzlöffi und übahaaps, i muaß di ja aa füahrn wie a kloans Kind. Alloa tat i mi vui bessa untahoitn…«
»Brauchst ja it geh mit mir, wenn's dir it gfoit«, habe ich vorlaut gesagt. »Gib mir nu mei Geld, nacha geh i alloa… I verlaaf mi it!«
Mein Bruder hat mich recht minder angeschaut und hat gespöttelt: »Ha, du!… Wenn i di laafa lossert, kriagert i dahoam an Krach… Dös is doch oiwai scho a so gwen: A dö Aelteren geht ois naus…«
So ging die Reiberei an.
»I mog nimma! I hob grad sovui Geld mitkriagt wia du! Wennst ma's it glei gibst, mog i ganz einfach nimma!« habe ich wiederum zu benzen angefangen, aber der Lenz ist auf einmal grob geworden und gesagt hat er, das geht mich gar nichts an, er muß auf mich aufpassen, und wenn ich ihm nicht folg, läßt er mich einfach ohne Geld stehen, dann kann ich allein in die Hosen scheißen. Er ist viel größer gewesen wie ich, und da hab ich so halbwegs zu winseln angefangen. Das war ihm, scheint's, auch nicht recht. Er hat gesagt, ich soll nicht so ungemütlich sein und hat mir einen Steckerlfisch gekauft, das heißt, er hat mir bloß ein bißl was davon gegeben und das meiste hat er gegessen, mir hat er alsdann die zwei Brezen gegeben. Ich habe da richtig gesehen, wie man einen schwachen Menschen schikaniert, und eine solche Wut auf den Lenz insgeheim gehabt, daß ich ihn mit lachendem Gesicht abmurksen hätte können.
Jetzt aber, wo ich gerade so gedacht habe, hat es vor uns gewaltig geläutet, und wie wir aufgeschaut haben, ist es eine Bude gewesen, wo auf dem Podium ein Mann mit einem Smoking gestanden ist. Der hat die Glocke in einem fort geläutet. Neben ihm ist ein riesiger Neger gestanden und eine weiß verhüllte Dame, auf die wo der Smokingmensch immer gedeutet hat. Er hat endlich zu läuten aufgehört und hat geschrien: »Hereinspaziert, meine Herrschaften! Beste und billigste Gelegenheit! Sehen Sie sich

die Wunder der Welt an! Hier Bimbo, der stärkste Mann der Welt, läßt zwanzig Zentner auf seine nackte Brust legen und stemmt sie elegant in die Höhe! Sie sehen das nur bei uns und nur einmal in Ihrem Leben! Die Gelegenheit kehrt nie wieder! Der Urwaldriese! Das Phänomenalste an Kraft, jongliert mit Vierzentnergewichten und tanzt einen echten Urwaldtanz. Und hier, Miß Wahago, das Rätsel aus Arabien! Sieht in die geheimsten Winkel der Menschenseele... Hört nur auf den Namen Isis in Europa!... In Null Komma fünf ist Isis in hypnotischen Starrkrampf versetzt und verschlingt Nadeln wie Butterbrot, läßt sich mit scharf geschliffenen Schwertern durchbohren, mit glühenden Zangen zwicken und ist vollkommen unempfindlich! Anerkannte Spezialitäten, Kapazitäten unter der Aerzteschaft – hier, bitte, hier das Gutachten des Professor Brown aus New York – bescheinigen das unerklärliche Wunder. Isis zeigt Ihnen ihren blütenweißen Leib vor und nach der Hypnose. Aber das ist nicht alles, das ist nur eine Winzigkeit, Herrschaften! Miß Wahago alias Isis ist das Phänomenalste an Hellseherei und Gedankenlesen! Wollen Sie Ihr Schicksal im voraus wissen, Herrschaften? Haben Sie ein Geschäft, unbekannte Feinde und Konkurrenten? Haben Sie Pech gehabt in einer Sache? Sind Sie verliebt und zweifeln an der Treue Ihres Schätzchens? Droht Ihnen von irgendwoher Gefahr? Wollen Sie gewarnt sein, wollen Sie dieser Gefahr rechtzeitig ausweichen? Kommen Sie, Herrschaften! Isis, die Unbestechliche, die Wunderbare, weiß alles! Sie denkt für Sie, sie sieht in Ihre fernste Zukunft, beschützt Sie und bringt Ihnen Glück!... Und was kostet Ihnen das alles? Ein Vermögen? Nein! Nicht einen Wochenlohn kostet das, nicht zehn Mark, nicht fünf, nicht drei, ja nicht einmal eine Mark kostet Ihnen diese überaus nützliche Sache, nein! Kopf für Kopf zahlt zehn Pfennige mal fünf – das sind fünfzig Pfennig! Für fünfzig Pfennig verscheucht Ihnen Isis alle Sorgen, Herrschaften! Hereinspaziert! Kommen Sie, junge Herren, junge Damen! Die Vorstellung beginnt sofort, es sind nur noch wenige Plätze frei, hereinspaziert!« Ein dicker Trubel hat sich auf das Podium gedrängt und hat gedrückt und geschoben wie bei einem Brand. »Wart a weni, i kimm glei wieda!« habe ich den Lenz gehört und – sst – ist er weg gewesen, alsdann habe ich ihn noch einmal kurz auf dem Podium auftauchen sehen und er ist hinter der Zeltwand der Bude verschwunden. Der Herr in seinem Smoking hat wiederum zu läuten angefangen und noch eine gute Viertelstunde seine Sprüche gemacht. In mir hat eine fürchterliche Wut gekocht wegen dem Lenz, stehen bin ich geblieben und hab mich bloß in einem fort gegrämt, weil ich kein Geld gehabt habe und warten habe müssen. Und wie ich also so in meiner Grimmigkeit nachsinniere, da ist mir auf einmal ein Licht aufgegangen. »Droht Ihnen Gefahr und wollen Sie derselben ausweichen!« ist mir eingefallen. Aha, drum! sag ich mir. Der Lenz hat sich nämlich heim-

lich einen Flobertstutzen gekauft gehabt und hat schon eine ziemliche Zeit gewildert, ist halbwegs aufgekommen, der Gendarm von Starnberg ist neulich dagewesen, drum – aha, die Isis, die soll es jetzt machen, daß er keine Prügel kriegt und so weiter. Soso!
Wenn ich aber jetzt der damischen Isis einen Strich durch die Rechnung machen täte, habe ich rachgierig überlegt, wenn ich einfach alles daheim sagen täte, was nachher? Alsdann wäre auf die siebengescheite Wahrsagerin samt ihrer Kunst geschissen!
Und wenn er mich noch lang ärgert, sag ich es, ist mir durch den Kopf gefahren: Pfeilgrad verrat ich ihn, den Schuft.
Da bin ich gestanden, der Duft von den Bratwürsten und Steckerlfischen ist mir in die Nase gestiegen, und ich habe mein trockenes Trumm Brezen zerbeißen können. Da soll einer noch gemütlich bleiben. Und neben mir war ein so schöner Stand mit Kapselrevolvern und Luftpistolen, mit kleinen Kanonen und Fröschen, Himmelherrgott, wart' nur, Lenz!
Davonlaufen hab ich nicht können – nicht bloß wegen keinem Geld, nein, es ist schon oft erzählt worden, auf dem Oktoberfest haben sich Kinder verlaufen, sind unter den Zigeunern verschwunden und sogar schon verwurstelt worden. Eigentlich, wenn ich es recht sage, ich hab mir gar nichts aus dem ganzen Gewurl ringsherum gemacht, ich hab ein paarmal zum Himmel hinaufgeschaut, und da ist mir auf einmal unser Dorf und alles daheim viel schöner vorgekommen. Da hab ich mich doch wenigstens ausgekannt und hinlaufen können, wo es mir gepaßt hat.
Jetzt sind die Leute ganz dicht aus der Bude gekommen und der Lenz auch. Er ist ganz ernst gewesen und hat bloß gesagt: »Geh weita!« Aber jetzt ist mir wieder der Zorn gekommen, und ganz tollkühn habe ich angefangen: »I woaß scho, warum oisd du mi net host lossn, egglhafta Kerl, eklhafta!... Gell, wega 'n Schandarm und wega dein'n Flobert!... Deswegn bist d' zu dera damischn Isis eini. Host d' gmoant, i spann's it... Aba jetz wennst mi no moi steh loßt und a so ärgerst, nacha sog i ois dahoam wega dein' Gwehr!... Do huift d' dir dei gschissne Isis gor nix... I sogs ganz einfach!... Moanst i loss mir ois gfoin!« Der Lenz ist diesmal gar nicht aufsässig geworden, im Gegenteil, ganz dasig hat er zu mir gesagt: »No ja, dös hättst ja du doch it verstandn... Und a Schwindl is's aa gwen... Geh weita, Oskar... Jetz loss i scho dir aa wos zuakemma... Aba sogn derfst nix, gell! Ganz gwiß it! Geh weita!« Das hat mich auch wieder versöhnlicher gestimmt, »No«, sage ich, »glaabst i bin vielleicht a Ratschkathl! I verrot di net.« Auf das hin sind wir in die »Fischer-Vroni« Bräuhalle hineingegangen und haben eine Maß Bier bestellt. Wie uns die Kellnerin aber die Maß hergestellt hat und wie wir zum erstenmal getrunken gehabt haben und so herumschauen – ist auf einmal unser Maßkrug weggewesen. Sagt der Lenz zu mir ganz baff: »Dös is aba komisch, do san ja

Diab herinna!« Und ich hab bloß »hm« gemacht und herumgelugt, ganz mißtrauisch. Und da ist drüberm Tisch ein Mensch gehockt mit ganz glasigen Augen, der geschaut hat wie ein Stier. Der ist mir verdächtig vorgekommen, ich habe mich infolgedessen an den Lenz herangedrückt und habe gewispert: »Der do drentn, glaab i, hot ünsern Maßkruag gstoin! Ganz gwiß!« Der Lenz hat immer eine freche Schneid gehabt und sich vor nichts geforchten. Er hat den Kopf gehebt und zu dem Mannsbild da drenten einfach gradwegs gesagt: »Teanas ünsern Kruag her! Mir wissen 's scho, daß 'n Sie vo üns hobn!« Aber da hat er sich verrechnet gehabt.
»Wos?!« hat der Mensch geschrien: »Wos, du Lausa, du windiga! Wos sogst?!«
»Uensa Bier hobn S' üns gstoin, Sie Diab!« hat der Lenz ganz kritisch geschrien, und alle Leute haben schon geschaut.
»Wos? Du Rotzlöffi, du ganz koanziga! Wos, du Hundbua!« schreit da der Mann und – patsch – hat er herübergelangt und dem Lenz eine hineingehaut: »Dir wer i glei frech sei, du Lausbua, du rotziga!… Jetz werd's guat! Solcherne Dreckbuam a scho aufmanndln und Bier saufa! Geh mir aus'n Gsicht, sog i, sünst passiert wos, du Sargnogl, du windiga! Machts daß'z weitakemmts, ös Saubuam!« Und rebellisch ist er worden und – ich habe gar nie nicht geglaubt, daß die Leute einen Dieb mögen – alle sind gleich gegen uns gewesen und haben zu schimpfen und zu drohen angefangen. Der Lenz ist blaß geworden, und ich bin vor lauter Angst unter den Tisch geschloffen, durch die Füße der Leute und auf und davon. Der Lenz ist nachher rausgekommen und hat nasse Augen gehabt, aber er hat seine Wut verbissen. Gesagt hat er, den merken wir uns, den Hundling, den verstohlenen. Seine Nase hat geblutet, und er hat sie in einem fort abgeputzt.
Da hat er mich wieder erbarmt auch, der Lenz, und gefreut habe ich mich über ihn insgeheim, weil er so ein mannhafter Mensch gewesen ist.
Ganz windelweich habe ich zu ihm gesagt: »Do fahrn ma liaba wieda hoam, Lenz, wenn do lauta solcherne Bazin herinna san.« Aber der Lenz ist gar nicht dafür gewesen.
»Mit Fleiß net! Geh weita, sauft ma a Limanad! Do konn üns koana wos macha«, hat er keck gesagt, und wie wir das getan haben, ist das Nasenbluten auch schon halbwegs rum gewesen. Der Lenz ist munterer geworden, und ganz freundlich hat er mir einen runden Lebzelten gekauft. »Haut scho!« sag ich, und in dem Augenblick wäre ich mit ihm durch dick und dünn gegangen. Wie wir von der Limonadenbude weg sind, ist uns ein freundlicher Herr direkt entgegengekommen, gelacht hat er und seine Arme hat er ausgespreizt als wie wenn er uns kennen würde und auf uns gewartet hätte.
»Die jungen Herren wollen sich gewiß photographieren lassen?« hat er

herzlichst und einnehmend gefragt, gelobt hat er uns und gemeint hat er, wir sind ein sehr schönes Paar.
»Jaja, mir sind ja auch Brüda«, hat da der Lenz halbwegs auf Hochdeutsch gesagt. »Soso, Brüder... Hm, das ist ja ganz was Schönes... Junge Herren, ich will Ihnen eins sagen... So eine Photographie ist ein ewiges Andenken!« sagt darauf der Herr und hat den Lenz schon am Arm gefaßt. Eins, zwei, drei, waren wir mit ihm in einem viereckigen Zeltverhang, und da ist ein wunderschönes, aus Holz geschnittenes Automobil gewesen und dahinter ist eine Kulisse mit einer sonnigen, breiten Gebirgsstraße gestanden.
»Meine Herren! So flott vor dem Automobil – ich sag Ihnen, das wird ein unvergeßliches Andenken... Da haben Sie ewig Ihre Freud' dran!« hat der Herr uns belehrt: »Also wie meinen Sie jetzt... Das Bild kostet eine Mark... Sie könnens sofort mitnehmen... Wieviel darf ich machen, wenn ich bitten darf...? Ich habe gar nichts gesagt, aber der Lenz hat schneidig gesagt: »Jaja, mir möchten jeda oans, aba zwoa verschiedene.«
»Sososo... Japa, danke... Also stellen sich die jungen, flotten Herrn hin, bitte...
Gleich vor das Auto, bitte, so, ja, den rechten Arm aufs Auto gestützt, ganz leger bitte... So, bloß einen Moment...« Der Lenz hat seinen einen Arm auf das Auto gelegt, die andere Hand hat er in die meine gelegt, wir haben einander ganz feierlich angeschaut, und das hat der Photograph, der wo indessen einmal hinter seinen Apparat gelaufen ist, wieder sehr belobigt.
»So! So, sehr schön! Ausgezeichnet... Bitte jetzt einen Moment so bleiben!« hat er kommandiert: »Ganz ruhig.« Wir haben uns gar nicht mehr zu schnaufen getraut, dann hat der Herr seinen Knipser gedrückt, ist wieder hinter seinem überhängten Apparat vorgekommen: »Nummero eins ist fertig.«
In dem Augenblick ist eine dickliche Frauensperson hinter dem Vorhang hervorgekommen und hat uns freundlich gegrüßt: »Guten Tag, die flotten Herren!«
»So... hm, eine zweite Aufnahme noch!« hat der gewichtige Photograph zu der Dame gesagt. Die hat sich an uns gewendet, hat dann das Automobil weggeschoben und hat gesagt: »Die jungen Herren machen gewiß öfters Gebirgspartien, was?«
»Na, dös net... Mir san ja vo Berg, von Becka Graf«, hat der Lenz gemeint.
»Soso, also sowieso vom Gebirg?... Na, da machen wir ein besonders hübsches Bild!« hat der Photograph gesagt, und alle zwei, er und die Dame, haben uns mehr an die bemalte Kulisse geführt. Da waren hohe Berge, und wir selber sind direkt vor dem gemalten Weg gestanden, da war ein Wegweiser: »Zur Zugspitze!«

»So, hier haben die Herren vielleicht ein paar Gebirgshüte... Bitte!« sagt die Dame und setzt sie uns auf, diese Hüte mit großen Federn.
»Und da, die Bergstöcke! So! So, macht sich sehr schön. Und jetzt schwingen die jungen Herren vielleicht ihre Hüte ein wenig... Ganz zwanglos, bitte... So... Vielleicht der kleine Herr etwas an die Seite... So, sehn Sie... Ah, das wird ein sehr hübsches Bild!« haben alle zwei durcheinander geredet. Mich hat der Herr ein bissl angelernt, am Lenz hat er ein wenig herumgedrückt. Wir haben an der Wand entlang geschaut und unsere Hüte steif geschwungen.
»Ruhig jetzt, den Arm nicht rühren... Biiiiitte... Halt, ein wenig den Mund auf, grad wie wenn Sie jodeln... So, und lustig dreinschauen... So, jetzt biiittteee!« haben die zwei weitergeredet, und uns sind schon die Arme ein wenig lahm und zittrig geworden, aber es war halt doch schon sehr was Schönes.
»Bitte!... So, ruhig jetzt... Danke! Dankeschön!« sagt der Herr hinter dem verhängten Kasten, sein Arm greift vor und knipst an einem Draht. Fertig ist die Photographiererei gewesen, aber wir haben uns erst zu rühren getraut, wie die Dame kulant gesagt hat: »Die Herren können sich jetzt schon wieder bewegen«, und uns die Bergstöcke und Hüte abgenommen hat. Mit den Kassetten in der Hand hat sich alsdann der Herr an uns gewendet und gefragt: »Also vier Bilder im ganzen, ja?«
»Nana, bloß zwoa!... Zwoa verschiedene!« meint drauf der Lenz. Die Dame ist inzwischen mit den Kassetten hinter einen Vorhang. Der Herr hingegen ist jetzt schon ein wenig anders geworden, und dringend hat er uns belehrt, daß wir doch pro Aufnahme zwei Stück, also bei zwei Aufnahmen vier Stück nehmen müssen.
»Ja, aba mir hobn nimma sovui Geld! Mir hobn bloß no drei Mark und hoamfahrn müass' ma aa no«, hat der Lenz kleinlauter gesagt. Das hinwiederum hat den vorher noch so freundlich gewesenen Herrn auf einmal wie verwandelt. Er ist fast grob geworden und hat geschimpft: »Neinnein! Also das gibts nicht, meine Herren! Bestellung ist Bestellung!« Fuchsteufelswild hat er uns gemustert. Wir sind dagestanden wie mit der vollen Hose. Barsch hat er gesagt: »Ich will's euch ausnahmsweise um zwei Mark lassen, fertig!«
Es hat gestockt zwischen uns.
»Ja, dös geht it... Mir kinna ja sunst nimma hoamfahrn!« hat endlich der Lenz bedeutend dasiger gesagt und dazugesetzt: »A Mark und vierzig Pfennig kost's ja für uns zwoa auf Starnberg alloa scho!«
»Ja, was bestellen Sie dann! Das ist doch unerhört! Eine Frechheit sowas!« hat die Dame plötzlich hinter dem Vorhang gezetert. Mir ist ganz angst und bang geworden. Wieder schaut uns der Photograph so minder an. »Sie haben doch gewußt, was es kostet! Frechheit!« hat sich die Dame

wiederum vernehmen lassen. »Hm, unverschämte Bengel!« knurrt der Photograph, alsdann hat er ganz resolut gesagt: »Also vier Bilder!... Eine Mark sechzig, basta!« und ist auch hinter dem Vorhang verschwunden. Da haben er und die Dame in einem fort gebrummt und geschimpft auf uns. Der Lenz und ich sind eine Zeitlang benommen stehen geblieben. Keiner hat gewußt, was er tun soll. »Dös san Schwindla«, habe ich endlich dem Lenz zugewispert, und grad in dem Augenblick saust der Photograph hinter dem Vorhang heraus und sagt: »Das Geld, bitte!« Der Lenz hat gar nicht wollen und sich hin und her besonnen. »Bitte, das Geld!« meint der Herr ganz bös. Der Lenz hat endlich sehr ängstlich einen Drei-Mark-Taler hergegeben und furchtbar traurig dreingeschaut. Wahrscheinlich ist ihm dasselbe wie mir durch den Kopf gegangen: Da kriegen wir nichts mehr heraus, womöglich gibt uns der Bazi auch gar keine Photographie, haut uns genau wie der Bierdieb in der »Fischer-Vroni« drüben ein paar Watschen herunter, und wir haben einen Dreck von allem. Aber Geschäftsleute müssen doch bessere Leute sein wie andere Menschen – denn der Herr hat dem Lenz wirklich eine Mark und vierzig Pfennig rausgegeben, gleich darauf ist die Dame mit einem weißen Kuvert dahergekommen und hat es uns gegeben mit den Worten: »Da, Lausbuben, machts, daß'z weiterkommt's!« Jeder von uns hat gezuckt als wie wenn jetzt die Watschen kommen, und ganz dasig sind wir schnell aus dem Zeltverhang auf die laute Hauptstraße. Richtig aufgeschnauft haben wir, daß alles so gut abgelaufen war. Der Lenz hat sofort die Bilder aus dem Kuvert genommen, und wir haben sie angeschaut. Sie waren auf kleinen Blechplatten und sind so dunkel gewesen, daß wir uns nur mit größter Mühe drauf erkannt haben. Trotzdem aber hat der Lenz lustig gesagt: »Ah, dö san zünfti! Haut scho!« Es war ja auch alles ganz schön: vor dem Automobil, nicht zum Wegkennen von einem echten, und als lustige Gebirgswanderer vor der Tafel »Zur Zugspitze« wir zwei. –

»Do werd d' Muatta schaugn... Mei Liaba, solcherne Photographien hat nu koana an ganzn Dorf!« habe ich gesagt, und der Lenz hat schlitzohrig gemeint: »Und billi hobn mir's aa no derwischt... Wenn i net ghandlt hätt, kunnt ma jetz nimma hoamfahren...«

»Wos?... Mir hobn doch zwölf Mark ghabt!« habe ich wissen wollen. »Hobn ma denn scho gor nichts mehr?... Gor nix?«

»Na, ois's is scho bein Teifi«, hat der Lenz gesagt, aber das habe ich arg angezweifelt.

»Ja, gell, weilst ois's für di verbraacht host! I hob gornix derwischt!« habe ich alsdann zu benzen angefangen und mich wieder geärgert. Der Lenz ist auch gleich wieder kritisch geworden und hat gemeint, ich soll fein nicht frech werden, ich hätte viel genug bekommen. Wir haben das Streiten angefangen und sind ganz traurig am Starnberger Bahnhof angekom-

men. Eine ganze Stunde haben wir noch auf den Zug warten müssen. Ich habe nicht mehr reden mögen vor lauter Wut und der Lenz auch nicht. Wie wir endlich gefahren sind, hat mein Bruder die Photographien herausgezogen, aber – o heilige Dreifaltigkeit! – die sind schon ganz und gar schwarz gewesen und man hat gar nichts mehr drauf gesehen. Das hat uns ganz verdrossen gemacht. »Gell«, sag ich, »gell, i hobs gsogt, daß er a Schwindla ist, der Hundsphotograph… Aba du mußt ja überoi neilaafa!«
»Ah, jetz schaug eahm it o!… I bin einiglaafa?… *Du* bist ja mit den damischn Kerl glei mitglaafa, du Depp!« hat mich der Lenz zurechtgewiesen.
»I…? It wohr is!… I hob ja gor koa Geld ghabt! *Du* bischt es gwen, it i!« habe ich ihm widerstritten, und da ist er ganz fuchsig geworden und hat bloß noch gesagt: »Hoit's Mäu, Lausbua, damischa… I fahr meiner Lebtog nimma mit dir furt, daß d' ös woaßt, Depp, dappiga!«
»Du bischt aa oana!« habe ich vorlaut gesagt und gemeint habe ich, mit ihm fahre ich auch gar nie nimmer wohin, weil er mir mein Geld genommen hat.
»Du sei fei stad, gell! Saubua, nixiga! A Diab bin i fei no lang it, gell!« hat der Lenz ganz gefährlich gedroht, und da habe ich gesagt: »I mog gor nix mehr sogn.«
Stockstumm sind wir während der ganzen Fahrt nebeneinander gesessen, aber wie wir in der Nacht von Starnerg heimgegangen sind, ist doch das Streiten wieder angegangen. Wenns nach mir gegangen wäre, habe ich einmal gemeint, ich hätte der Mutter gern was mitgebracht, aber wenn man einem einfach kein Geld laßt?
»Wos! Hundsbua, rotziga! Wos, fangst scho wieda o und sogst, i bin a Diab!« hat der Lenz auf einmal geschrien und hat mich recht durchgehaut. Ich bin ihm endlich ausgekommen und davongelaufen.
»Wart nu, i sog's scho wega dein' Flobertstutzn und wega 'n Wuidern! Wart nu!« habe ich zurückgeschrien in der Finsternis und wollte es auch wirklich wahrmachen.
Daheim sind alle schon im Bett gewesen, und wie endlich der Lenz dahergekommen ist, hat er wieder eingelenkt. Gefragt hat er, was er mir geben muß, wenn ich ihn nicht aufbring.
»I brauch nix!… I sogs!… Glaabst, daß i mir mei Geld nehma loss und nacha schlogst mi no recht aa!« habe ich gebockt. Trübselig hat der Lenz dreingeschaut.
»Do«, sagt er endlich nach einer Weile dasig: »Zwanzg Pfenning hob i no… Dö kriagst, wennst mi it aufbringst. Aba ganz gwiß derfst nix sogn! Ganz gwiß!«
Ich hab das Geld angeschaut und mich eine Zeitlang besonnen und gesagt: »Ja, gib mir's, i sog nix.«

»Aba ganz gwiß it! Ganz gwiß!«
»Wenn i's amoi sog... Moanst i bin aa a so wia du!« habe ich überlegen gesagt und schnell dazugesetzt: »Aba schiaßn muaß i aa amoi derfa... Gib ma's, mei Zwanzgerl, gib ma's...«
Der Lenz hat mir versprochen, daß ich oft schießen darf mit seinem Stutzen, und das Zwanzgerl habe ich auch bekommen. Ich habe mein Wort gehalten und er auch. Wie wir einmal gewildert haben, hat der Lenz mir erzählt, daß ihm die Isis wahrgesagt habe, ihm droht eine Gefahr, aber wenn er sich den Feind zum Freund macht, kommt gar nichts auf.
Und das hat mich sehr gewundert, weil sie es so erraten gehabt hat, und geehrt habe ich mich auch gefühlt, weil ich jetzt wirklich dem Lenz sein Freund gewesen bin. –

Hugo Hartung

Wir Wunderkinder

Diese Zeit, in der die Tichesse so optimistisch gewesen sind, wurde für Wera und mich die schlimmste. Wir waren Ende September vorzeitig aus den Ferien zurückgekommen, weil wir von einem Freund gehört hatten, daß in München ein Großfilm »Odysseus« gedreht werden sollte, zu dem noch Studenten als Statisten gesucht würden. Wir sahen darin eine Chance, Geld zu verdienen, und hegten außerdem romantische Vorstellungen vom Filmbetrieb, auf deren Hintergrund bei mir uneingestanden die Hoffnung keimte, als Schauspieler entdeckt zu werden.
Als wir beide uns bei der studentischen Arbeitsvermittlung meldeten, erfuhren wir, daß der Drehbeginn des Films wegen Finanzierungsschwierigkeiten auf unbestimmte Zeit verschoben werden müßte. Uns schwammen alle Felle weg. Die Aussichten auf einen anderen lohnenden Verdienst waren gering, denn während der Ferien wurden nicht allzu viele Studenten angefordert. Doch hing am Schwarzen Brett eine Ausschreibung, daß noch einige männliche und weibliche Studenten als Rekommandeure für das Oktoberfest gebraucht würden.
»Was ist denn das?« fragte Wera.
»Ich weiß auch nicht«, antwortete ich, meinte aber, das Wort klänge recht seriös verwaltungsmäßig.
Als wir uns bei der Festleitung auf der Theresienwiese meldeten, wurde uns erklärt, daß »Rekommandeure« Anreißer vor den Schaubuden seien und daß man dafür Erfahrung besitzen und zu reden verstehen müsse.
Uns verschlug's die Rede. Aber weil wir kein Geld hatten, gingen wir zu einem Unternehmen, bei dem noch irgendwelche Statistenstellen frei sein sollten.
Wir fanden eine langgestreckte Bude, auf deren Wände neben kakaobraune Muskelmänner verführerisch entkleidete Mädchen in Seifenfar-

ben gemalt waren –, ein Jahrzehnt später wurde so etwas zur offiziellen Staatskunst. Quer über die Schaubude lief ein von roten elektrischen Glühbirnen eingefaßtes Schild »Kraft und Schönheit«, und auf einem angelehnten Plakat stand das Programm zu lesen: »Original Tarzan, der Urwaldmensch«, »Sulamith, das blaue Weib (Jugendverbot)«, »Breithaupt, der Eisenkönig«, »Bimbo und Bombo, die lustigen Vagabunden«, »Orientalische Haremsnächte??? (Pikant, spannend, erregend! Nur abends!)«
»Da gehen wir nicht rein«, entschied ich.
»Ich geh' doch rein«, sagte Wera.
Sie ging um die Bude herum, und ich folgte ihr in einem kleinen Abstand. In einem sauber gehaltenen Wagen sahen wir einen mürrischen Mann an einem Klapptisch sitzen und eine Kalbshaxe benagen.
»Was wollt ihr denn?« fragte er, der sich offensichtlich in seinem Genuß gestört fühlte.
Mir lief das Wasser im Munde zusammen.
»Die Festwiesenleitung hat uns zu Ihnen geschickt, Herr Direktor – –«, sagte meine Baronesse traditionsbewußt leutselig.
»Untermüller«, knurrte der Haxenmann, wobei er Wera von oben bis unten mit seinen Blicken abschätzte. »Dich könnt ich vielleicht noch jebrauchen! Zieh dir später mal den Fummel an!«
»Was müßte ich denn bei Ihnen machen?«
»Jarnischt! Dich rausstellen und 'n bißken mit'm Popo wackeln.«
Jetzt kam mir für Wera der Adelsstolz hoch, den sie so schmählich vermissen ließ.
»Fräulein Wera entstammt einem berühmten Adelsgeschlecht«, trumpfte ich auf, während sie mir tödliche Blicke zuschleuderte.
»Na und?« fragte Untermüller ungerührt. »Deswegen hat se doch alles an dieselbe Stelle wie andere Mächens auch. Und was die Beriehmtheit anjeht – als Bimbo bin ick selber beriehmt jenug!«
Das also war einer von den »lustigen Vagabunden«. Ich hatte genug von seinem Humor. Am liebsten wäre ich fortgerannt. Ich war des Oktoberfests, dieser ganzen abscheulichen Zeit und vielleicht sogar meines Lebens überdrüssig. Und Hunger hatte ich auch.
Aber Wera flehte mit ihren Melusinen- und Baronessenaugen so bewegend für meine Mitverwendung, daß ich zu feige war, eine feige Flucht zu wagen. Während sie sich im Nachbarwagen bei Frau Untermüller umzog, mußte ich mich, auf Herrn Untermüllers Befehl, meines Jacketts und Hemds entledigen und versuchte, aus meiner Brust und den Oberarmen herauszudrücken, was nur irgend ging. Untermüller aber faßte mit seinen fettigen Kalbshaxenfingern sachkundig nach meinen Armmuskeln und schüttelte den Kopf.
»Bedeck dir mal wieder, eh das Frollein kommt!« sagte er, »als Kraft-

mensch kann ick dir beim besten Willen nich loofen lassen. Student, na ja...«

Seine Stimme klang ehrlich mitleidig, als er das sagte. Doch als er mir ein Päckchen Milliardenscheine in die Hand drückte und mich aufforderte: »Jeh wenigstens mal ordentlich frühstücken«, wallten gekränkter Stolz und akademisches Ehrgefühl in mir hoch.

In diesem Augenblick trat Wera wieder ein.

Sie hatte etwas Unmögliches an. Das Kostüm sah zwar peinlich sauber aus, aber das dünne Flitterzeug war vielfach geflickt und verschossen und mochte in einer Ausstattungsrevue seine Dienste erfüllt haben, ehe es über den Trödler in die Schaubude gekommen war. Seine Pikanterie erstreckte sich im wesentlichen auf die Beine. Obenherum war alles anständig geschlossen. Auf dem Haupte trug meine Baronesse ein wackelndes Gebilde aus geknickten Straußenfedern.

»Scheen!« sagte Herr Untermüller verklärt und machte ein Gesicht, wie er es sonst gegen Bezahlung als lustiger Vagabund machen mochte. »Da kannste sogar die Haremsnächte mitmachen.«

»Nein!« rief ich entsetzt.

»Is ja so harmlos, Junge«, sagte Untermüller beruhigend. »Guck dir's am Abend mal an.«

Ich weiß nicht, warum mir der Schaubudendirektor jetzt weniger unsympathisch vorkam. Vielleicht lag es mit an seiner redlichen, stockheiseren Stimme. Jedenfalls behielt ich das Geld, das er mir in die Hand gedrückt hatte, und da auch Wera ihr sogenanntes Handgeld empfing, machten wir uns auf, unsere hungrigen Mägen zu füllen. Vom unerhofft empfangenen Lohn tollkühn geworden, kauften wir ein Brathuhn und nahmen es in ein Bräuzelt mit, wo wir uns eine Maß des starken Wiesenbiers bestellten.

Um die Mittagsstunde war es in den Zelten noch fast leer, und wir saßen allein an einem langen Tisch. Das schwere Bier stimmte uns träge und friedlich. Ich hängte Wera ein Lebkuchenherz mit der Zuckergußaufschrift »Aus Liebe« um den Hals, und sie küßte mich dafür, von der dicken Bräukellnerin mit ermunternder Zustimmung bedacht.

Da am Nachmittag die Sonne durchkam, ein föhnig leuchtendes Blau am Himmel erschien, die Wiese sich mit Kindern belebte und die ersten Karusselle zu dudeln begannen, ließen wir uns genüßlich durch die bunte Vergnügungsstadt treiben. Die tatkräftige Wera zog mich nochmal zur Festwiesenleitung, um eine andere Anstellungsmöglichkeit für mich zu erkunden.

»Mög'n S' an' Türken machen?« fragte mich der joviale Mann im Verwaltungszelt. »Sie ham Glück. Eahnern Vorgänger hat da Schlag troffen.«

Ich gestand, daß ich weder türkisch sprechen, noch Muskeln zur Schau

stellen könne. Meine mittäglichen Erfahrungen hatten mir den Mut genommen. Aber als sich herausstellte, daß ich in einer Bude türkischen Honig verkaufen müsse, meinte ich, dieser Aufgabe gewachsen zu sein.
Wir begannen beide unsere Tätigkeit um vier Uhr nachmittags. Während meine Baronesse im Wagen von Frau Untermüller als ausgeblichenes Revuegirl aufgezäumt wurde, band man mir eine weiße Schürze um, und eine dicke Frau mit einem Schnurrbärtchen auf der Oberlippe lehrte mich, von einem Block süßes, klebriges Zeug abzuschaben und es so aufs Papier zu garnieren, daß es »nach vui« aussah, aber eben doch nicht zu viel war.
Mein Geschäft ging mäßig, wie denn überhaupt dieses Oktoberfest am Ende der Inflationszeit kein glanzvolles Ereignis war. Aber es gab doch um mich herum eine Fülle von Licht, Lärm und Gelächter. Nach fünf Stunden ungewohnten Stehens verkaufte ich meinen türkischen Honig immer mechanischer. In seinen Farben fand ich Erinnerungen an Paolo Veronese, wie ich ihn aus der Kunstgeschichte kannte, und ich wurde von einem Gefühl heftiger Eifersucht bewegt, als ich daran dachte, daß Wera jetzt in der schrecklichen Abendnummer mit den fragwürdigen Fragezeichen mitwirken müsse.
Bei so widersprechenden Empfindungen vergaß ich die Mahnungen meiner Chefin, und als bei der Abrechnung der Honigblock nachgemessen und meine Einnahmen gezählt wurden, errechnete sie eine Unterbilanz, die sie von meinem vereinbarten Lohn abzog. Mit einigen kümmerlichen Milliarden schlich ich mich davon, fest entschlossen, die Stellung aufzugeben. Ich wollte nicht auch noch, wie mein Vorgänger, aus Ärger vom Schlag getroffen werden.
»Was macht ihr denn in der Nummer mit den Fragezeichen?« fragte ich Wera, als ich sie von Herrn Untermüllers Schaubude abholte.
»Sieh dir das Programm an«, antwortete sie.
Ich tat es am nächsten Abend, an dem ich ja nun selbst stellungslos geworden war. Ich fand mich vor dem Etablissement »Kraft und Schönheit« ein, nachdem ich schon von weitem Herrn Untermüllers heisere Stimme hatte über den Platz schallen hören. In einer Fülle bunten Lichts flimmerten und glitzerten die Kostüme von vier Orientalinnen im Paillettenglanz und fanden die Bewunderung der vor dem Bretterpodium versammelten Zuschauer. Wera, die für landläufige Münchner Bürgerbegriffe zu mager sein mochte, sah für mich wie eine richtige Prinzessin aus. Ich fühlte mich geehrt, als sie mir mit einem Auge zublinzelte.
Das Programm war seine paar Milliarden Eintrittsgeld wert. Herr Untermüller, in einem Leopardenfell als Tarzan kostümiert, mit klirrenden Medaillen auf der Brust, stemmte unerhörte Gewichte, und die Muskelberglandschaft seiner Arme ließ Frauen erschauern. Dagegen war Herr

Breithaupt ein erstaunlich dünnes, drahtiges Männchen, das gleichmütig Eisenketten zerbiß und Nägel fraß. Wenn es nach der Währungsumstellung wieder harte Münzen gebe, prahlte er, mache er sich anheischig, auch solche zwischen den Fingerknöcheln zusammenzubiegen.

In Erwartung der fragwürdigen Haremsnummer pochte mir das Herz. Von Herrn Untermüller im Frack angesagt, gab es eine kleine Kunstpause der Vorbereitungen, in der er einige Kissen in abscheulichen Farben und goldbronzierte Vasen mit Pfauenfedern dekorativ auf der Bühne verteilte. Dann ging das Licht aus – es blieb eine Weile dunkel –, und als es wieder brannte, war es rot. In schwüler orientalischer Dämmerung stand Wera mit ihren drei Kolleginnen in den Posen von Vertikownippes auf der Bühne. Die Mädchen trugen lange, seidene Pluderhosen und paillettenbenähte Büstenhalter.

»Der Traum des Kalifen«, flüsterte Herr Untermüller heiser diskret, während hinten jemand auf einen Gong schlug.

»Des Sultans Lieblingsfrau«: eins der Mädchen lag anmutig auf den Kissen, und die drei anderen waren im Blumenstreuen erstarrt. Wera spreizte die Finger, als ob sie Kakteen streute. So ging es weiter mit »Die tausendunderste Nacht« und »Das Geheimnis von Bagdad« bis zur Abschlußnummer »Süße Sünden«, bei der die holden Orientalinnen Sahnebonbons in den Zuschauerraum warfen. Mich traf einer, sehr hart gezielt, ins rechte Auge. Natürlich kam er von Wera...

Als wir Arm in Arm die Festwiese verließen, waren die großen Bogenlampen schon erloschen, aber der Vollmond stand hell über dieser wunderlichen Stadt aus Pappe und Leinwand, die nun schlafen ging. Hinter dem Zirkus schnoberten in einem Gehege Ponys und ließen sich von Wera das Fell kraulen. Wo die Wiese noch wirkliche Wiese war, lag Reif auf ihr.

»Na, wie hab' ich dir als Haremsdame gefallen?« fragte Wera.

»Anschauungsunterricht für Grundschulklassen!« antwortete ich.

»War ich nicht doch ein bißchen verworfen?«

»Als Baronesse bist du's viel mehr!«

»Gott sei Dank, daß der Sahnebonbon saß!«

Ich hatte sie wieder lieb wie eh und je und wußte, daß wir uns nie trennen würden.

Die letzten Oktoberfesttage wurden für meine Freundin eine rechte Qual; denn es wurde herbstlich kühl, und die armen Mädels froren in ihrem dünnen Revueplunder auf dem Podium. Zuletzt mußte Wera sogar die Lieblingsfrau vertreten, weil diese in den »Haremsnächten« erbärmlich hustete und nieste. Ich bewunderte das tapfere Ausharren meiner kleinen Baronesse.

Als ich am Nachmittag des letzten Wiesensonntags noch einmal vor der Bude »Kraft und Schönheit« stand, klopfte mir jemand von hinten auf die

Schulter. Als ich mich umdrehte, erkannte ich meinen theaterwissenschaftlichen Professor Artur Kutscher mit zwei kleinen Töchtern an der Hand. Kennerischen Blicks verfolgte er die Bewegungen und Tiraden des Direktors Untermüller.
»Mimus, junger Freund«, sagte er, indem er den Zeigefinger hob und die Unterlippe ein wenig herabschob. »Frank Wedekind hätte seine Freude daran gehabt.«
Um Weras willen hatte ich keine mehr, weil es so bitter kalt war.

Ernst Hoferichter

Die Hinrichtung

So schnell werden diese schönen Zeiten nicht mehr wiederkehren, in denen nicht nur das Leben, sondern auch das Sterben eine wahre Freude war. Ja, und in München hatte es sich ereignet, daß vierzehn Tage lang auf der Theresienwiese regelrechte Hinrichtungen mit Musikbegleitung und bengalischer Beleuchtung stattfanden. Und dazu warf Bayerns Schutzfrau Bavaria ihr bronzenes Lächeln mit gußeisernem Augenaufschlag ohne Gruseln freundlichst auf diese musikalische Richtstätte herab.
Sie lag inmitten von Heringsbratereien, Blitzlichtphotographen, Schiffsschaukeln und Lebkuchenständen. Ihr gegenüber stand der Feenpalast mit der Dame ohne Unterleib und die Amerikanische Schneeflockenfabrik. Äußerlich war nur die mit rotem Samt und Spiegeln ausstaffierte Kasse zu sehen, die Musikkapelle mit ihren Blechinstrumenten und die auf Leinwand gemalten Geisterbeschwörungen …
Die Glocke bimmelte über dem Plakat mit den Eintrittspreisen. Der Direktor und Scharfrichter dieses »blutrünstigen« Unternehmens trat im Frack und mit Zylinder zwischen die Kassendame und den Mann mit der großen Trommel. Sein Name war in München bekannter als der Karls des Großen. Er hieß August Schichtl und wurde von den Münchener Schulkindern zusammen mit dem Erfinder des Pulvers und der Buchdruckerpresse genannt. Schon zu seinen Lebzeiten umschwebte ihn Unsterblichkeit.
An seiner weißen Weste schaukelte bedeutungsvoll das silberne Charivari wie ein Dezimalwagengewicht. Löwenzähne und Pantherkrallen hingen friedlich neben bayerischen Tauf- und Firmungstalern. Sein Haar war weiß wie eine Bettvorlage aus Eisbärenfell. Und aus seinem Brustkasten stiegen die Baßtöne gleich einem Oratorium hervor. Das klang, als hätte man in Orgelpfeifen Bier gegossen. Jetzt sprach er zu seinem Volke, zu den Münchnern. Summend und brummend aneinandergeschoben standen die Massen vor seinem Zelte.
Zunächst stellte er dem P. P. Publikum seine Gehilfen und Gehilfinnen

vor, die der Reihe nach neben der Musikkapelle Aufstellung genommen hatten. Da war der Schlangenmensch Wumba, die medial veranlagte Dame aus der Auer Quellengasse, der König der Prärie von Neu-Giesing als Feuerfresser – und der Verwandlungskünstler in seinen neuesten Charakterköpfen als Graf Zeppelin, Ernst von Possart, Raubmörder Schmid, General Stössel und Rennfahrer Strobl ...

Und nun kam er auf die Hinrichtung zu sprechen. Den ganzen grausigen Vorgang, wie er drinnen in der Bude zu sehen war, schilderte er mit verheißungsvollen Worten. Und das Volk erhob sich dabei höher auf die Zehen, ließ die Augäpfel noch weiter heraushängen und bekam Trockenheit in den Gaumen wie auf Gurgelwasser. »Jedermann kann sich von mir hinrichten lassen – gegen ein Eintrittsgeld von zehn Pfennig auf dem letzten Platz ...! Die Prozedur findet auf einem lebensgroßen Schafott statt, das mir die Gefängnisverwaltung von Stadelheim für meine Hinrichtungen leihweise freundlichst überlassen hat. Hereinspaziert! Vorher sehen sie noch als letzten Kunstgenuß vor Ihrem Tode die weltberühmten Attraktionen ...! Der Kopf und der abgetrennte Rumpf des Enthaupteten wird noch warm und mit echtem Blut versehen den Besuchern meiner Hinrichtungen vorgezeigt. Sachverständige, Metzger und Mediziner, können sich zwanglos zu mir auf das Podium begeben und sich mit Kennerblick von der Echtheit des Vorganges überzeugen ... Hereinspaziert! Zehn Pfennig ist der Eintritt auf dem letzten Platz. Zum Schluß wird dem Enthaupteten von mir eigenhändig der Kopf wieder aufgeleimt ... Ausschluß von Verwechslung der Köpfe garantiert ... Doppelte Buchführung ...! Kinder und Erwachsene vom Feldwebel abwärts zahlen auf den Sitzplätzen die Hälfte ... Hereinspaziert ...!«

Drinnen war es dämmerig wie in einer geschlossenen Gemäldegalerie. Der Herbstwind platschte an die Zeltwände, und zwischen den Sitzbänken wuchs Gras und Kamille.

Hexereien, Zaubereien und Viechereien standen an der Spitze des Programms. Papa Schichtls Famulus, ein spitzohriger Zwerg in Tamburuniform, verschwand in einem Kleiderkasten, Münchner Vorstadtdamen umschwebten als lächelnde und fächelnde Feen einen Zaubergarten mit aufgemalten Fliegenschwämmen und orientalischen Springbrunnen, und Harras, der Kettensprenger und Entfesselungskünstler, befreite sich aus Original-Irrenhauszwangsjacken.

Und dann kam die Pause. Die war aber nicht leer; denn sie gehörte zur seelischen Vorbereitung auf die nun folgende Hinrichtung. Und jeder Besucher füllte sie mit vibrierender Freude und Erwartung aus.

Ein Klingelzeichen – und der Vorhang schwebte wie eine Taube empor. Die Kapelle spielte unter Führung des Bombardons den Trauermarsch von Chopin. Und alle Anwesenden mußten dabei sogleich an Veteranenvereine und Grabreden denken ... Jetzt erhellte eine zuckende Bogenlampe die Bühne wie ein Sonnenbad. Und man sah nun wahrhaft ein Schafott aufgebaut, das war schwarz umrandet wie eine Todesanzeige. Alle sagten, daß es echt sei, weil es genau so ausschaut wie die Abbildungen in den illustrierten Zeitungen anläßlich der Hinrichtung eines Massenmörders. Das Fallbeil glänzte so neu, als wäre es gerade mit der Venus-Putzpomade frisch aufpoliert worden.

Papa Schichtl trat vor das Mordinstrument. Er bat das Publikum – es möchte sich irgend jemand von den verehrten Anwesenden freundlichst köpfen lassen. Er werde ihn eine kleine Weile vom Diesseits ins Jenseits befördern, schmerzlos wie mit Lachgas – und dann unter Garantie das Haupt wieder an den Rumpf leimen. Sollte er dazu nicht fähig sein, so wolle er gerne den Angehörigen seines Opfers den doppelten Betrag des Eintrittsgeldes an der Kasse zurückzahlen.

Alle saßen einen Augenblick lang wie vor den Türen zur vierten Dimension da. Was soll der noch fürchten, der den Tod nicht fürchtet, dachte eben ein Gymnasiast und wollte diesen Ausspruch Kosinskys in eigener Person vor allen Anwesenden demonstrieren, als er gerade noch daran dachte, daß er ja dann die Hinrichtung selbst, derentwegen er das Eintrittsgeld bezahlt hatte, nicht sehen könnte. Und unauffällig schob er den bereits vorgesetzten Fuß wieder unter die Bank.

Und im selben Augenblick erhob sich vom Stehplatz her ein heimlicher Märtyrer mit ausrasiertem Genick und blauunterlaufenem Auge. Er war Stammgast in einer Wirtschaft im Tal und pflasterte manche Straße seiner Vaterstadt mit eigenen Händen... Jetzt schritt er hinauf zum Blutgerüst. Er fühlte alle Blicke der Anwesenden wie warmes Wasser über seinen Rücken laufen. Er war der Held, der aus der Masse aufstand, um das Werk, das große, zu schaffen ...

Die Musik wiederholte den Trauermarsch. Und da er sich jetzt auf dieses Opfer bezog, bekam er erst Sinn und Zweck. Der Mann aus dem Volk zog seinen Rock aus und hing ihn über den Kopf eines posaunenblasenden Bronzeengels. Von zwei Herren aus dem Orchestersitz wurde er auf das Schafott gebunden. Über seinem entblößten Hals schwebte das Fallbeil. Alle Blick gingen starr zwischen diesem Messer und dem Kopfe des Mannes hin und her. Trommelwirbel setzte ein, aber da wurde das Gerüst im letzten Moment mit einem schwarzen Tuch verhängt. Alles ließ enttäuscht die Augäpfel zurückschnellen. Viele dachten an das Eintrittsgeld. Eine Dame am reservierten Platz machte sich Vorwürfe, weil sie dies auch vom letzten Platz aus gewiß ebenso gut hätte sehen können ... Der Daumen des Papas Schichtl näherte sich dem Druckknopfe. Die erschlafften Augäpfel traten wieder aus ihren Höhlen hervor. Ein Büfettfräulein ließ das Praliné auf ihrem Kautschukgebiß unzerdrückt, und ein

Metzgermeister von der Freibank schob aus Spannung die Finger in die Knopflöcher seiner Phantasieweste.

Meister Schichtl schrieb mit seinem Zauberstab noch einige dunkle Zeichen in die Luft, wobei ein Schüler an die Seite seines Lesebuches denken mußte, wo das Gedicht vom Belsazar mit der Flammenschrift abgedruckt war ...

Eins, zwei – uuund drei ...! Das Fallbeil fiel wie ein Dachziegel herunter. Man hörte das Haupt in den Sack fallen. Es war, als würden Kartoffeln ausgeleert. Der Umhang fiel vom Gerüst ab: der Mann aus dem Volke lag ohne Kopf in der Köpfmaschine.

Und viele glaubten wieder an Wunder. Einem Kinderfräulein standen die Schweißperlen dick auf der Stirn. Dem Versicherungsinspektor war der Zwicker von der Nase abgerutscht. Eine Töchterschülerin nahm sich vor, beim Hinausgehen an der Kasse zu fragen, ob es über diese Szene kolorierte Postkarten gäbe.

Inzwischen war der abgetrennte Kopf überdeckt zur Besichtigung durch das Publikum gegangen. Als jemand das Wort »Wachskopf« laut vor sich hinsagte, begann sogleich die Musik einen kräftigen Tusch zu spielen ... Schichtl holte den Kopf schnell zu sich auf die Bühne zurück, ließ das Tuch um die Maschine ziehen, schlug mit einem Stab Zeichen in die Luft – und der Mann in der Maschine hatte wieder seinen Kopf.

Das Orchester spielte den Fehrbelliner Reitermarsch. Alle atmeten befreit auf, und der geköpfte Mann strich mit den Fingernägeln seinen Scheitel zurecht. Er sprach nachher noch mit dem Direktor; denn ihm war während dieser Hinrichtung der glückliche Gedanke gekommen, daraus einen Beruf zu machen. Er wurde engagiert und von jetzt ab jeden Tag zehnmal geköpft.

Ja, diese Hinrichtung war so schön, daß man bedauern muß, sie den heutigen Reisenden neben dem empfehlenswerten Besuch der Folterkammer im Nationalmuseum und der Hofbräuhaus-Schwemme nicht mehr anraten zu können, und wer sie miterlebt hat, wird sie sein Lebtag nicht vergessen haben.

nächste Doppelseite:
Auf der Wies'n!
Leporello von H. Albrecht, 1895

FESTPLATZ
COMPLET
DIE TRAMBAHN.

3

DER ERSTE

49

SCHIASSEN, MEINE HERREN!
SCHIASSEN DIE HERREN DOCH EINMAL!

13

BEIM SCHOTTENHAMMEL
SCHMECKT'S AM BESTEN.
BRETZEN GEFÄLLIG!

8

ENZIAN
BEIM
WURZELSEPP.

53

KAUFEN'S CIGARREN!
FRISCHE HÄRINGE!
RADI, RADI!

9

ZUR GALLERIE
10
VOR SCHICHTL'S SCHAUBUDE.
11

SCHOTTENHAMMEL.
BERG BRAU -
ZACHERL BRAU
TREFFLER.
HACKERBRAU-MÄRZENBIER
54
BELEUCHTUNG AM ABEND.
55

HEIMKEHR.
50
51

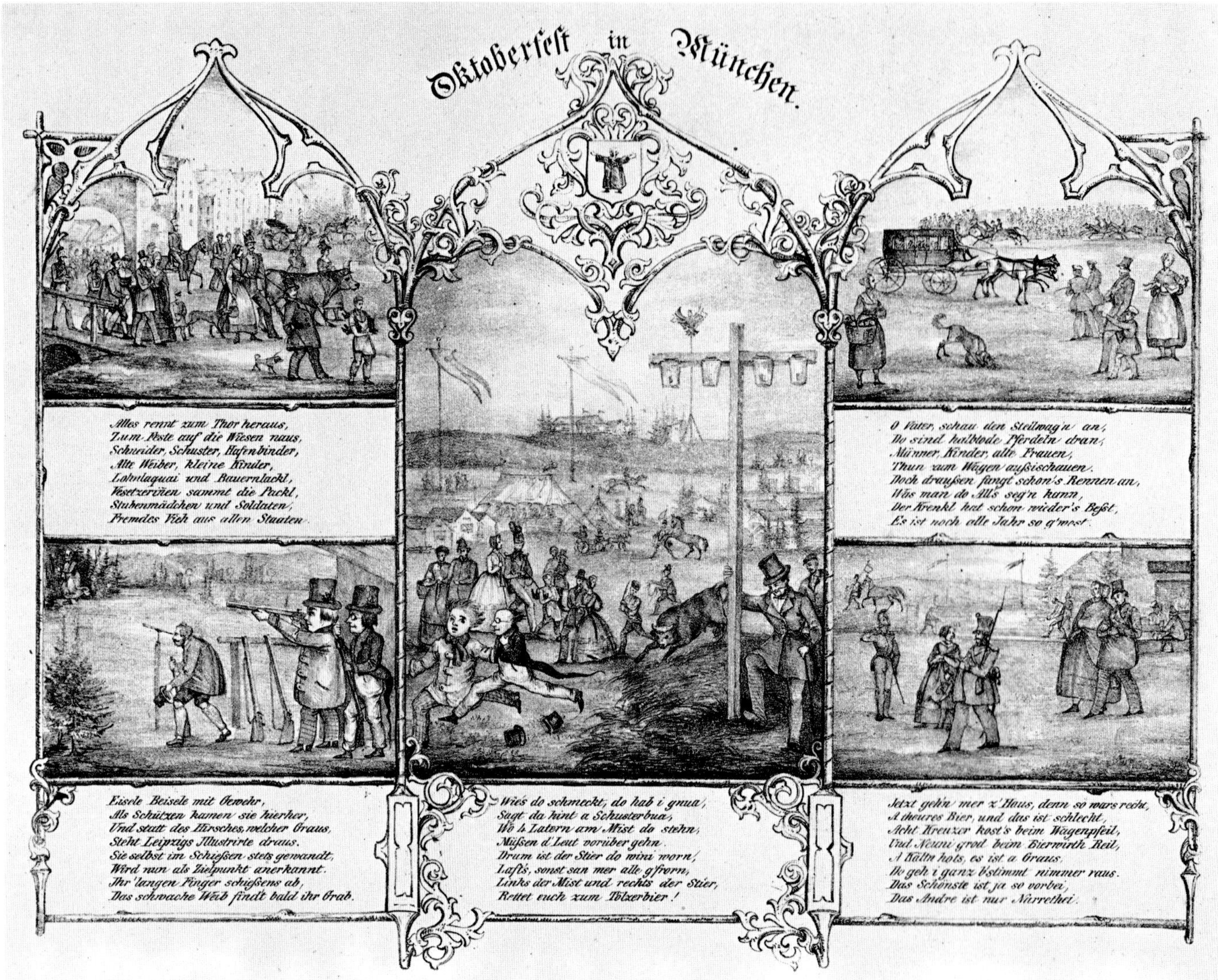

Erinnerungsblatt
an ein Oktoberfest um 1848

Die Presse nahm sich
des Oktoberfestes
zuweilen in
humoristischer Art an

Oktoberfest 1884 ▷
aus: Münchner Tagblatt

Oktober=Fest.
1884.
Fest-Schiessen.
Landwirthschaftliche Ausstellung.
MUSEUM
A. Fischers Menagerie.
Cassa
Freunde des electr. Lichtes.
Vor den Schaubuden
Feinde des electr. Lichtes.
Rennpferd alten Schlages.
Hinter der Kalmuken-Bude.
Rennpferd neuen Schlages.

Titelblatt eines Oktoberfestführers 1912

Offizielle Plakate des Oktober- und Landwirtschaftsfestes; von links nach rechts: 1964, 1949, 1952

Bayerischer
Schützenverband
E.V.
Sitz München

links oben:
Radfahr-Corso, 1896

Teilnehmergruppen
der Oktoberfestzüge
von 1934 (links unten),
1949 (rechts oben),
1953 (rechts unten)

Ernst Hoferichter

Ansichtskarten vom Oktoberfest

Die Freude am allerwelts Münchner Oktoberfest meint nicht die bloße Summe von soundsoviel Ständen, Zelten und Buden – und besteht nicht allein aus der Anzahl der Schaukelfahrten, Honigkuchen und Brathendel. Neben diesen Herrlichkeiten ist noch etwas – wie zwischen die Zeilen – gelegt, das ohne Preis sich an alle verschenkt, die es mit heimlicher Liebe aufnehmen wollen. Denn auch am schönsten Volksfest ist es so, daß die kleinsten Dinge zu Königreichen aufblühen – wenn sie Erlebnis werden. Und da denke ich sogleich an eine winzige Begebenheit, an den kleinen

Roman vom Luftballon

Vor dem wirbelnden Rad einer Russischen Schaukel steht eine alte Frau mit einem Knäuel Luftballone. Ein feiner Herr deutet mit seinem Spazierstock auf die rotkopfigste Kugel. Sie scheint praller als alle anderen zu sein – und vielleicht knallt sie am stärksten, wenn man sie mit der Spitze einer brennenden Zigarre berührt. Diesen Luftballon bindet die Frau von seinen Brüdern los, sie spürt schon vorausdenkend das Kleingeld in Händen – da entschwebt er eigensinnig ihren Fingern ins wasserfarbige Blau des herbstlichen Himmels…

»Zehn Pfennig fliegen nach oben…!« Und wer also materialistisch denkt, für den ist die Geschichte schon zu Ende.

Aber sie geht weiter. Denn dieser Luftballon hat Charakter. Und gerade als »Luftballon« will er fliegen, hoch und weit… Sonst hätte er aus dem gleichen Stoff auch ein pfeifendes Schweinchen werden können, das man solange aufbläst, bis es zerspringt… Und wenn er nicht entflogen wäre, so hätte ihn der feine Herr am Knopfloch nach Hause getragen, an den Muschelaufsatz seiner Bettlade gebunden – und der arme Luftballon wäre am anderen Morgen verrunzelt in die Kissen gesunken…

Jetzt aber schwebt er über die Münchener Stadt hin… der Westwind trägt ihn über Dächer, Kamine und Türme. In Hinterhöfen sieht er ein Ringelreihenspiel, offene Dachluken zeigen ihm die Schachteln mit dem Christbaumschmuck… Wiesen, Wälder und Stoppelfelder breiten sich als Teppich vor ihm aus… Vielleicht platzt er vor Höhenlust zwischen Himmel und Erde… Vielleicht fällt er trunken vom Aether in das Asternbeet eines Bahnwärtergartens…? Wie es auch sei: bis an sein Lebensende lebt er als ein echter Luftballon… Und was sein Schönstes ist: er bleibt nicht angebunden und – stirbt nicht im Bett…!

Der Salzhering

Wo die Luft über offenen Feuern flimmert und nach fernen Meeren riecht, da reißt sich eine typische Ansicht der »Wiesen« auf… Und wie gebannt stehe ich vor den Heringsbratern und schaue zu, wie die Grundlagen für einen gewaltigen Durst heranbrateln und schmoren – –

Jetzt steckt der Mann in weißer Schürze eine neue Lage auf den Spieß. Und bis das Dutzend ins Papier eingewickelt wird, habe ich Zeit genug, den Weg zurückzudenken, den das Schicksal eines Bratherings bis auf die Festwiese zurückgelegt hat – –

Eins.. zwei.. drei.. Ja, der Dritte in der vorderen Reihe stiert mich mit offenen Augen durch das heiße Geflimmer an. Ehe er »Steckerlfisch« hieß, schwamm er in der Nordsee... unter Millionen – einer! Dicht wie Wolken zog er in Schwärmen hin. Zuweilen legt sich auf seinen Rücken ein schwarzer Schatten. Das waren die Bäuche der Schiffe, die in die Weiten der Erde ausfuhren. Oft waren es viele tausend Tonnen mit Luxuskabinen, Rauchsalons und Tanzsälen. Und über dem Hering wurden Verlobungen gefeiert, Stürme verflucht und Seekrankheiten ertragen...

Der Hering wußte nichts von alledem. Er sah nur Schatten und steuerte schwänzelnd tieferen Tiefen zu. Seine Braut schwamm neben ihm her... Aber vom Liebesleben der Heringe weiß ich zu wenig, um mich hier in Einzelheiten ergehen zu können... Eines Morgens aber schwammen sie beide nach oben ins grüne Licht... Es war prächtig...! Doch, wenn es im Leben am schönsten ist, dann ist die große Traurigkeit schon in allem Jubel enthalten... Ein Netz senkte sich, genau 6 Grad westlicher Länge und 55 Grad nördlicher Breite in die Flut... die Braut entwischte... und er ward gefangen. – Während zu dieser Stunde die einsame Geliebte alle Küsten, Riffe und Tiefen absucht, wird der Bräutigam soeben ins Papier gewickelt. Das Heringsmädchen aber dürfte kaum ahnen, daß ihr Liebster von der Frau Loichinger auf dem Münchener Oktoberfest für dreißig Pfennig käuflich erworben und hinter dem Zelt im Schatten einer Föhre verspeist wird... Und so geht es oft im Leben und im Lieben...!

Der Teddybär

In den Schießständen krachen die Schüsse. Eiserne Hirschen, Wildsäue, Raubvögel und Schwiegermütter fallen ins Schwarze getroffen zu Boden. Ich stelle mich hinter einem Schützen auf, dem Volltreffer auf Volltreffer gelingt. Hinter ihm steht in rosarotem Kattun sein Wiesenglück. Vor einer Stunde hat er sie im Hypodrom erobert. Jetzt zeigt er, was er kann – und sie blüht an dieser Kunst wie eine Viktoria regia auf.

Da... gelingt ihm die Summe von sechsunddreißig Ringen... Und der größte Teddybär der Bude wird als erster Preis in seine Arme gelegt.

Sein Fell ist grün wie Gras. Er hat also eine Färbung, wie sie bei lebenden Bären nicht allzuhäufig angetroffen wird. Ebenso natürlich sind seine Augen, die so herzig und ganz persönlich schauen können, daß sie auch für ausgestopfte Stallhasen, Angorakater und Eulen passen würden.

Der preisgekrönte Schütze wird aus der Fülle des Erfolges zum Kavalier und legt das mollige Tier ans Herz seiner Dame. Die strahlt heller als

eine Bogenlampe – und verfällt aus Freude in ein Tanzen und Wiegen. Wie der erfolgreiche Schütze wird der Bär »Willy« genannt – – so entschweben die Zwei, die Drei – vielleicht auf Achterbahnen, Geisterfahrten, Schiffsschaukeln oder in den Schatten hinter der Ochsenbraterei...
Ich bleibe mit Recht und zur Strafe allein mit meiner Poesie zurück, denn ich habe ja nichts getroffen. Aber irgendwie in einer zeitlichen Ferne sehe ich den grünen Bären am Gasherd einer Wohnküche sitzen. Er sieht auf einen kleinen Tisch herüber, wo aus zwei Tellern die Nudelsuppe dampft. Zwei Menschen löffeln, schauen sich an und blinzeln auf den Bären hin. Er heißt noch immer »Willy« – und in seinen Glasaugen spiegelt sich auch jetzt noch der Schießstand, an dem der Meisterschuß für ein ganzes Leben fiel – –

Es lebe das Leben...!

Hoch geht es her und auf... In der Bierbude steigt die Stimmung über das Dach hinaus. Arm in Arm gehängt, wiegen sich die Runden um die Tische. C-Trompeten schreien jubelnd auf... »Geht's und verkaaft's mei' G'wand... i fahr in Himmi...!« Und der fremdeste Fremde erhält einen neuen Beruf, eine große Sendung: – er wird zum »Herrn Nachber...!«
In diesem Qualmen, Brodeln, Jodeln und Singen zieht still eine Trauergesellschaft ein. Schwarz in Schwarz nehmen sie abseits in der Ecke Platz. Das Leben ist zuweilen recht launisch und wirft den Menschen ohne seinen Willen von einer Kehrseite zur anderen. Und so geschieht es, daß der trauernde Kreis mitten in einen oktoberfestlichen Strudel gerissen wird...
Nun sitzen sie da, noch durch eine dicke, unsichtbare Wand von aller Bejaung getrennt. Und ich höre sie reden: »... was...? Genau vierundachtzig Jahr is er word'n...?« »Ja, dös is a schön's Alter – aber dös Oktoberfest hätt er gern noch erlebt...« »Ja mei... dös hörat ja nimmer auf... Aber so unzufrieden is amal der Mensch... Koa Wiesen soll die letzte sein...« »... Ja, ja... so ist's halt amal...« »Aber – woaßt was, mir alle, wia ma da sitzen, mir san ja no net g'storbn... Net wahr...?« »Jawohl, da hast eigentli recht...« – – –
Und der Frager bekommt von Stunde zu Stunde immer mehr recht. Mit jedem Trommelwirbel, jedem Trompetenstoß und jedem Juchzer vom Podium her, bricht das Leben stückweise auf die Trauergesellschaft ein, frißt die Freude, Brocken für Brocken, das Leid auf – – – –
Und es ist nichts als die Pflicht des sachlichen und stillen Beobachters, wenn ich berichte – daß die liebe Trauergesellschaft mit Zylinder und Flor als die letzten Besucher vor Mitternacht von den Ordnungsmännern aus dem Zelt hinausgeschoben wurden. Und daß sie dazu das melancholische Lied sangen: »Oh Susanna, wie ist das Leben doch so schö - - ön...!

So endet reich an kleinen Freuden ein großer Wiesentag. Und es bedarf nur einer kurzen Kopfrechnung, um herauszubringen – was so ein Fest zu geben vermag, wenn es offiziell vierzehn Tage dauert, strahlt und sich verschenkt...

Hans Hellmut Kirst

Verfolgt vom Schicksal

Das alljährliche, sechzehn Tage dauernde, im September beginnende Münchner Oktoberfest ist eine weltweit anerkannte, fremdenverkehrsfördernde Volksbelustigung. Millionen Liter Bier, Verspeisung etlicher hunderttausend Brathühner und vielhunderttausender gegrillter Schweinswürste – dazu noch so an die vierundzwanzig am Spieß gebratener Vollmastochsen.

Des hiesigen und angereisten Volkes wahrer, wenn auch nicht sehr billiger Himmel! Wohin man blickte: Brezenberge hier, Herzenhaufen dort, ein Bierlöwe brüllte mechanisch himmelwärts; ein gewisser Jakob imitierte am Festesrande Vogelstimmen; ein Anreiter des »Hippodrom« animierte zu amüsant empfundenen Pferdequälereien; mehr als zwei, drei Dutzend Schaubuden priesen durch Lautsprecher möglichst Monströses bis Nacktes an.

Dazu hundert und mehr lustbereitende Apparaturen: Achterbahnen, Elektrogleiter, hydraulische Drehinstrumente und schnell rotierende Schwerkraftüberwinder. Eine gigantische nervenkitzelnde Bewegungsmaschinerie wurde hier tagtäglich von Mittag an in Betrieb gesetzt und bis dreiundzwanzig Uhr in Bewegung gehalten – kreischend, surrend, röhrend, schreiend, grölend! Mit Hilfe von Hunderten von Lautsprechern.

Und eine wie trunkene Menschenmenge schwankte eng aneinandergedrängt, bierselig und erlebnislustig durch die Budenstraßen – buhte sich an, brüllte sich zu, stieß oktoberfestfreudiges Gelächter und Geschrei aus – Stimmung genannt.

Unerschütterlich massiv und breit über allem ragend: die erzene Bavaria am Rande des Festgeländes – weithin deutlich erkennbar als ungemein kompaktes, absolut unerschütterliches Weibsbild. Voll angestrahlt mit grünlichem Licht! In ihrem Kopf eine Aussichtsplattform montiert.

Autoschlangen umkreisten das Gelände wie Fackelzüge. Ein Riesenwurm aus Menschenleibern drängte sich über die Feststraßen vom Haupttor aus, das betont münchnerisch ausstaffiert war: Stadtfahne, Stadtwappen, Stadtsymbol. In großen Schriftzügen darüber: Willkommen zum Oktoberfest! Der Abglanz von vieltausend Festwiesenlichtern ließ den Himmel über diesem Teil von München weithin reflektierend aufleuchten.

Julius Kreis

Oktoberfest-Bilderbogen

Auf geht's!

Tschinbum und Gong, Trara und Tatü, Dideldum und Schnatterätäng – das bläst und orgelt und pfeift und dudelt aus vielhundert Instrumenten zwischen farbigen Holzgiebeln und Türmen, zwischen kleinen Zucker- und Würstelbuden und vor phantastisch geschwungenen Fassaden, die sich darüber wegschnörkeln. Es riecht nach Tannenbäumen und Herbsthimmel und Wiesenkamille, nach Schweinswürsteln, Honigkuchen, Bratfischen und Brathendeln. Ein Bienenstocksummen von vieltausend Menschen ist da, heisere Ausruferstimmen dazwischen, Arbeiter im Werktagskittel, Bürgersleute, Bauern, Kinder, Herren, Männer, Frauen, Damen, Ehepaare, »G'schpusis«, – alles wurlt durcheinander. – Neueste Jazzschlager aus den großen Rutsch- und Stufenbahnen, dazwischen der Walzer aus der Großvaterzeit »Denke dir, mein Liebchen«, von kleinen verstimmten Drehorgeln in winzigen Karussellen am Festrand. 1929 und 1879 – das geht in Stil und Lebensart auf der »Wies'n« alles ineinander über. Neben der amerikanisch-wolkenkratzerischen »Attraktion« das rührende Schaubüdchen mit Wahrsagerin, Kettensprenger und Menschenfresser.

Ein Rummelplatz also? – Nein. Das könnte einem oberflächlichen Besucher höchstens die Fassade bedeuten. – Trotz Rummel und Bummel: Das Oktoberfest ist auch heute noch ein echt bayerisches Volksfest großen Stils, eine Huldigung an den fröhlichen Geist dieser Stadt – nicht wegen der hundert lärmvollen Buden und Büdchen – sondern wegen der ganzen aufwieglerisch heiteren Atmosphäre, die da den sonst ein bißchen schweren und schwerfälligen Altbayern bewegt, dessen ureigentliches Lebenselement – so widerspruchsvoll das klingt – doch immer wieder ein »Fest« ist. Man kann dieses Oktoberfest wohl anderwärts kopieren, aber es »nutzt nix«: Der Kopie fehlt immer die Frische, die Unmittelbarkeit, das Unwägbare, eben das »Originale« des Originals.

Die Bierbude

Die große Bierbude ist voll von Menschen, kein Stuhl – kein Krug mehr, Hunderte schieben sich in den Gängen hin und her. Die schmetterndste Blechmusik geht hilflos unter in den Wogen von Lärm und Lachen, Rundgesang und Wiesenseligkeit; Backhendel-, Schweinswürstel-, Bratheringsdüfte, Zigarrenrauch und Bierdunst über allem und allen.

Die Musik der »Oberlandler« kommt nicht mehr auf gegen Lärm, Lachen, Rundgesang. Wie ein Fels in der Brandung: der Ordnungsmann. Die resche Kellnerin bahnt sich – sechs Maßkrüge am Busen bergend, wie eine Löwin ihre Jungen – den Weg zum Gast. Zum Stammgast. Da sind zwei alte »Wiesengeher«. 40 Jahre lang sind sie schon »heraus«. Sie sind das

Gericht für die Brauerei. – Langsam, feierlich, wie in einem überkommenen Ritus, heben sie die Krüge. – Prüfen mit der geübten Rechten erst einmal die »Schwere«, ob alles drin ist, was hineingehört. An ihnen schenkt sich kein Schenkkellner einen Hausstock heraus.
Der Krug wird zum Mund geführt, der Schaum weggeblasen – jetzt – – – setzt da nicht, wie im Zirkus, in höchster Spannung die Musik aus –? Die beiden tun einen tiefen Zug und wischen sich den Mund. Guat is' heuer! Die Brauerei kann ruhig schlafen. Sie hat's geschafft. – Das Gericht hat entschieden. Die alten Wiesengeher sind zufrieden mit dem Bier. Und die Musik setzt rauschend ein: Strömt herbei, ihr Völkerscharen ...
Inmitten der Brandung, wie ein Fels: Er – der Ordnungsmann. Ehemals Sergeant beim Leibregiment. Ein Meter neunzig hoch, gut gebaut, Handschuhnummer fünfzehn. – Die erkaltete »Virginia« im linken Mundwinkel, so steht er und läßt »seine Äuglein rund umme gehn«, wie es im Volkslied heißt.
Für ihn hat die Welt ihre Schrecken verloren. – Wenn wirklich die große Feier der Versöhnung und Gemütlichkeit irgendwo durch ein paar Krakeeler gestört wird: Er ist da. – Sachlich und geübt hat er den einen Krakeeler mit eisernem Griff »beim Krawattl«, und sachlich, knapp und geübt befördert er ihn zur Tür. – Er ist für Ruhe und Ordnung. – Zündet seine erloschene Virginia an und nimmt seinen Beobachtungsposten wieder ein.
»A Ruah' muaß sei'!« Das ist der Ordnungsmann.

Haut ihn, den Lukas!

Beim Lukas herrscht die Kraft, hier paradiert das »Muskelschmalz«. Wer mit dem schweren Schlegel so auf den Pflock haut, daß der Eisenschieber die Stange hinauffährt wie ein geölter Blitz und oben die Kapsel krachen läßt, der ist der Held, bekommt die Medaille.
Der Hamburger Zimmermann wetteifert mit dem Münchener Pflasterer um die Palme. Krach – Krach – Krach. – – Ein sachverständiger Zuschauerkreis begutachtet jeden Schlag. »Hau zua, Seppi! Hau drauf!!« – Und jeder plagt sich, sein Markl loszuwerden, daß ihm der Schweiß auf der Stirne steht. – Auch eine Schöne betritt kraftgeschwellt den Ring und ergreift den Hammer, also demonstrativ für das Frauenrecht eintretend. Warum sollen bloß die Männer den Lukas schlagen. »Da, Maxl, halt' mein Huat!« – Und schon saust der Schlegel, von zarter Frauenhand geführt, auf den Pflock. – Krach! Triumph der Venus! – »Da habt's es, ihr Schuaster!« – Und so erhält man schlagende Beweise, daß dieses schwache Geschlecht es nicht nur in der Politik, sondern auch im brandenden Leben den Männern gleichtut.

Der Glückshafen

Er steht draußen am Wiesenrand – abseits von der spektakulären, aufdraherischen Welt der Schaustellungen, Karusselle und Bierbuden. Das Glück ist leise. Das Münchener Glück ist solid. Es ist sozusagen eine Fortuna mit dem Strickstrumpf.

Und der Glückshafen ein älterer, ein alter Herr schon, der allem Wechsel der Architekturmoden zum Trotz sein festes, schlichtes, sachliches Holzgewand noch genau so trägt wie vor 30 Jahren. Ein Glücksritter, aber unter behördlicher Genehmigung, ein Spieler mit Herz und Habitus eines braven Wohlfahrtsbeamten, fern von Hochstapelei, Raffke-Allüren und Wichtigtun. Die Jugend geht heute meist an ihm vorüber. Der Teddybär an der Wurst-, Schieß- oder Fahrbude lockt das Fräulein Braut heute mehr als das schlichte Emailmilchhaferl.

Aber trotzdem hat der Glückshafen noch immer seine treuen Freunde, seine alte glücksritterliche Gemeinde, die ihn nicht läßt, es sei denn, er segnete sie. Sie sind die heimlichen, bescheidenen, verschämten Glücksucher –, die »Schwarz-Peterl«-Spieler am Tisch des Lebens, ganz am unteren Ende, wenn es oben um Bakkarat und Poker und Roulett geht.

Da ist das alte Manndl im grauen Havelock mit dem verwitterten Gamsbarthütl. Er nimmt seit 40 Jahren an jedem Oktoberfest seine fünf Lose. Er nimmt sie nach einem klug durchdachten System von ganz unten, aus der Mitte und von der Oberfläche des Hafens. Und dann geht er mit seinem Schicksal abseits – niemand soll ihn stören – und klotzelt mit zittrigen Fingern die fünf Röllchen auf: »Kaminkehrer – Hanswurst – Bauer – Kleeblatt und als letztes ein Dirndl, das sich im Tanz dreht –, die tückische Fortuna in eigener Person, die auch durch ihre lieblichen Rundungen nicht über eine leise Enttäuschung weghilft.

Nix is' g'wes'n. – Der Alte steckt die Papierchen säuberlich ins Westentaschl. Sollen wenigstens die Enkel daheim an den Bildln da einen kleinen Spaß haben, und daß der Großvater so danebengetappt hat!

Aber damals – zwei Jahre vor dem Krieg! Mit goldenen Buchstaben steht es im Buch des Lebens: Damals hat er mit Numero 19 den schönen, großen Regulator herausgezogen. – Wenn halt das Glück bei ihm einmal einschlägt, dann schnaggelt's gleicht richtig. Aber bis jetzt hat's halt bloß einmal geschnaggelt. Damals mit dem Regulator.

Wer was gewonnen hat, wird von einem teilnehmenden Ring von Nächsten hochachtungsvoll und ergebenst betrachtet und bewundert. – Ein elektrischer Kocher wird gegen eine Weckeruhr ausgetauscht, eine Blumenvase gegen einen Tabakskloben. Das Glück erfährt seine Zensuren und Korrekturen. Eine Bäuerin aus dem Aichacher Holzwinkel hält ängstlich und verlegen ein grünseidenes Schlupfhoserl vor sich hin und sagt ratlos: »Schö' is scho' und kostbar is aa – aber wiss'n sollt' ma halt, zu was 's g'hört.«

Buben steuern zusammen. Sie sind scharf auf das Fahrrad. – Der Maxl ist dafür, daß man einen kleinen Motor einbauen läßt, wenn man es gewinnt. Der Sepp sagt: »Bis zum Donnerstag mittag darfst du fahr'n, Maxl, und vom Donnerstag bis zum Sonntag g'hört das Radl mir!« – Der Schorschl, der dritte, will ein Fünferl zuschießen: »Nachher derf i's z'leih'n nemma, wenn i's brauch'!« – »Ja freili! Eahm schaug o'! Um sei' windig's Fünferl derfat'n mir eahm allweil 's Radl herleih'n!« Man einigt sich, daß er zwanzigmal fahren darf für die fünf Pfennig Zuschuß.

»Zwoa Los' nemma mir jetzt. Wenn's na wirkli bei dem oan nix is mit'm Radl, nacher ham mir allweil no des ander', wo g'winnt...« Glückliche Optimisten.

Der Maxl und der Sepp greifen tief in den Hafen und wühlen minutenlang herum. – »So, jetzt is aber gnua, ihr Lausbuam«, sagt der Herr, der Fortuna stellvertritt, »ihr kunnt's ja glei in dem Hafa übernacht'n für eure zwoa Los'!« – Ein grünes und ein rotes haben sie gezogen.

Drei Augenpaare gehen fast aus den Höhlen, als fiebernde Bubenfinger die Röllchen öffnen. – Der Radltraum ist ausgeträumt...

»Das gelbe hätt' ma nemma soll'n, Maxl! I hab' schon allweil des gelbe Los nemma woll'n, aber der damische Deifi do drin läßt oan ja koa Zeit ...« Ein letzter Blick noch auf das Radl, dann verrollen sich die drei Glücksritter.

Das Gespann

Das ist das Schönste am Oktoberfest: Der vierspännige Bierwagen der großen Brauereien. Da lacht einem das Herz im Leib. Hier grüßt in den verkitschten und entpersönlichten Tag noch ein Stück Rasse, Kraft, Heimat herüber. Vor dem nagelneuen, blitzblanken Leiterwagen mit den schweren »Banzen« vier kräftige, blanke »Rösser«. Rösser! – Keine Pferde! – Alles an ihnen klirrt und funkelt, blitzt und klingt. Das prächtigste braune oder schwarze Lederzeug, von alter Handwerkskunst meisterlich mit Silber oder Messing beschlagen, ziseliert, mit Samt besetzt, paradiert da auf der Wiesenfahrt. – Die mächtigen »Rösser« heben den schönen kräftigen Hals und schütteln Zaumzeug und Kette, und man sieht an jedem Gaul den unbändigen Stolz auf den festlichen Schmuck. Ihr Fell glänzt seidig, gepflegt, gestriegelt und geputzt zum Fest, und das Wiehern ist wie ein Juchzer, der aus blanker, breiter Brust kommt.

Zwei stramme, lange Bierführer zügeln das Gespann. Auch sie sind auf den Glanz hergerichtet. Auf dem großen, runden Plüschhut brennt das »Nagerl«, blühweiß kommen die Hemdärmel aus dem beblümelten »Samtgilet«, an der schweren silbernen Uhrkette baumelt ein Rößl,

schwarze Lederhosen und hohe, blitzblanke Röhrenstiefel gehören noch zum Gewand. Unter der Nase steht ein strammer Schnauzbart. Wie Kavaliere sitzen sie auf Roß und Bock, stolz auf ihr Gespann, wie die Fürsten.
So klirrt und klingelt das lange, schwere Fuhrwerk durch die Wiesenmenge, und jedem unter den Münchnern, der vorbeikommt, ist's, als wär's ein Stück von ihm, als gehörte die Pracht jedem altbayerischen Menschen, und er tätschelt dem Roß die Flanke – stolz, verliebt, begeistert, wie selten der Münchner begeistert ist.
»Herrgott! San da dös Roß!« Nicht genug sehen kann er sich daran. Es ist das Schönste auf der »Wies'n«.

Die Ratsbude

Sie ist das Sinnbild, daß das Oktoberfest auch wirklich, echt offiziell stattfindet, nicht nur dem banalen Untertanenauge erkennbar, sondern unter wohlwollender offizieller Teilnahme und Kenntnis der Behörde. In dieser Ratsbude sitzen zu dürfen, ist der höchste Wunsch und Ehrgeiz eines loyalen Bürgers. Hier hausen die Medizinmänner des Stammes Bayern, hier lächeln die Auguren über ihren Maßkrug hinweg ins »goldene Münchner Herz« und Auge. Ja, hier sitzen Stadtväter und Landtagsmänner, um sich von den schweren gesetzgeberischen Sorgen bei einer Wiesenmaß den Kopf wieder klar zu trinken. Hoffen wir, daß dieser Wiesentempel der Obrigkeit stets reiche Früchte der Anregung für unser Wohl trägt.

Hippodrom

»Der Treffpunkt der Sport- und Lebewelt« steht an der Wand, und weil man sich doch gern zur Sport- und Lebewelt rechnen will, betritt man die Halle der Kavaliere, in die der rotbefrackte Ausrufer mit berückenden Gesten und in allen Sprachen der Welt zum Eintritt einlädt. Ein Dutzend Pferde jeden Kalibers steht hier zu reiterlichen Künsten bereit. Ich weiß nicht, ob Pferde denken können. Sollte es der Fall sein, so kämen wohl nicht immer erfreuliche Konstatierungen für die Menschheit heraus. Mit vereinten Kräften windet und hebt das Personal die Sport- und Lebewelt in den Sattel.
Der Kavalier spendet seiner Dame ein Markl, einen Taler, einen Fünfmarkschein, damit sie – hoch zu Roß die Welt sich freier ansehen kann.
Die Musik setzt ein, die Gäule nuppeln dahin – Bubilocken und Hüte fliegen, hin und wieder schüttelt ein Roß seine süße Last in den Sand, Kavaliere sitzen wie Colleonis im Sattel oder hängen am Pferdehals – schon ist die Runde aus, und hilfsbereite Stalldiener heben die Sportladys wieder aus dem Sattel.

Josef Maria Lutz Das Lied vom Steckerlfisch

Einstmals im Wasser, kühl und klar,
da stand er oder flitzt er;
jetzt brät er über Kohlen gar,
da wird ihm warm, da schwitzt er.
Dies Schwitzen war von Anbeginn,
schon in dem kühlen Grunde,
des Steckerlfisches Lebenssinn,
damit er köstlich munde.
Doch wenn ein Fisch das Schwitzen lernt,
so ist dies paradox schon;
er gleicht im Ruhm, wenn auch entfernt,
dem ganz gebrat'nen Ochs schon.

Der Fisch, der niemals Durst gehabt,
muß jetzo Durst erzeugen
und ist dazu noch hoch begabt –
Mensch, mach dir dies zu eigen!
So schlummert oft, was keiner kennt,
im Innern tief verborgen,
ein nie vermutetes Talent –
du wirst Genie von morgen.
Und also auch der Steckerlfisch,
darunter Kohlen glimmen.
Wenn einen schönen ich erwisch,
dann darf er nochmal schwimmen.

Fritz von Ostini Oktoberfest *Desipere in loco…*

Es ist zuweilen selbst der Weise,
Der tief des Lebens Ernst erfaßt,
In farbenbunter Torheit Kreise
Auf Augenblicke gern zu Gast:
So ward auch ich zum Freund und Lober
Von jenem Fest der Isarstadt,
Das einzig ist und vom Oktober
Den weltberühmten Namen hat!

Hier kriegt der Landwirt was zu schauen:
Das größte Rindvieh, Stier und Kuh,
Die märchenhaften Riesensauen
Und holde Ferkelchen dazu
Und Rosse, leicht und schwer und mittel,
Und Rennen, wo sich oft zuletzt
In seinem buntem Seidenkittel
Der Rennbub auf den Rasen setzt.

Dies Fest ist heuer, nota bene!
Ein Jubel- und Geburtstagskind,
Weil anno Neunzehnhundertzehne
Verflossen hundert Jahre sind,
Seit man zu selbigem verständig
Gefaßt die glückliche Idee –
Und heute ist's noch so lebendig
Und heut noch so fidel, wie je!

Im Schatten weiß und blauer Wimpel
Spazierst du heiter dort herum –
Selbst als Geheimrat mischst du simpel
Dich ins gemeine Publikum.
Und wenn du ob der feuchten Sitten
Der »Bierathener« sonst auch murrst –
Dich faßt in dieses Volkes Mitten
Mit Riesenurkraft selbst der Durst!

Fortsetzung nächste Seite

Dann stürmst du hin, wo an der Schenke
Der feiste Gastwirt schimpft und schnauft
Und von dem göttlichen Getränke
Drei Quart als eine Maß verkauft;
Wo, wie ein Hering, ein gepreßter,
Der eine auf dem andern stöhnt
Und schmetternd dir ein Blechorchester
Genüsse in die Ohren dröhnt!

Hier winken holde Schießmamsellen,
In schmucke Alpentracht gehüllt,
Das Tigertier aus Blech zu fällen,
Das, wenn getroffen, schreckbar brüllt;
Dort schmeicheln schlaue Photographen
Dein Bild dir an bei Blitzlichtschein;
Da kaufst du an des Glückes Hafen
Pro Taler fünfzehn Wursteln ein!

Die Zeit verschwimmt dir, wie der Liter,
Es duften saftig, fett und braun
Die Würstchen auf des Rostes Gitter,
Am Spieße dreht sich der Kapaun;
Es wogt, wie aus des Teufels Küche
Um dich ein wundersam Gemisch
Intim vereinigter Gerüche
Von Rettig, Käs und Steckerlfisch.

Betäubt halb fühlst du dich, halb selig,
Das Auge glüht, die Glatze schwitzt
Und sachte spürst du, wie allmählig
Moral und Börse lockrer sitzt:
Es kribbelt schnöde dir im Schädel
Die Lust nach Don-Juanerie,
Du äugelst frech mit einem Mädel
In praller Bluse, vis-à-vis!

Dort gleichet einer Arche Noah
Ein Menageriezelt kolossal –
Man zeigt das Stinktier und die Boa,
Den Löwen und den Baribal
Und eine Maid mit Riesenschenkeln
Und animalisch roter Haut
Scheint an den Nerven nicht zu kränkeln,
Weil sie sich in den Käfig traut.

Du siehst ein doppelköpfig Kalb an,
Woran der eine Kopf bloß echt;
Es wird dir auf der Berg- und Talbahn
Für wenig Geld unendlich schlecht;
Du gehst zu den gelehrten Pudeln,
Du siehtst – und riechst! – den Nordlandswal,
Und um dich winseln, quieken, dudeln
Dreihundert Werkel auf einmal!

Dann suchst du bei den Leinwandbuden
Dir mannigfachen Zeitvertreib:
Azteken siehst du, Botokuden
Und Mädchen ohne Unterleib.
Du siehst den Menschen anatomisch
Im Wachsfigurenkabinett,
Dressierte Affen – furchtbar komisch! –
Und Riesendamen – furchtbar fett!

Doch dich, der sonst so zart besaitet,
Geniert heut solcher Mißklang kaum –
Und neuerdings kehlabwärts gleitet
Des Märzenbieres süßer Schaum.
Zu Mute wirds dir immer feiner,
Von allen Sorgen wirst du frei –
Es braucht der Mensch, sagt der Lateiner,
Halt manchmal etwas Narretei!
Biedermeier mit ei.

Kurt Preis

Brief vom 9. 8. 1984 an die Monacensia-Abteilung der Stadtbibliothek

Sehr geehrter Herr Dr. Fenzl,

es ehrt mich natürlich sehr, daß Sie mich als »berühmten Münchner Autor« ansprechen und ich wäre auch ganz gern in der geplanten Jubiläums-Festschrift zum Oktoberfest vertreten. Aber jetzt kommt das große »ABER«: Ich habe zwar in den vergangenen Jahrzehnten als Journalist und Schriftsteller recht oft in Sachen Oktoberfest zur Feder bzw. Schreibmaschine gegriffen (so war ich z.B. in der 150-Jahre-Festschrift, die Ihnen sicher vorliegt, mit einem Gschichtl präsent). Inzwischen aber hat sich mein »Verhältnis« zum größten bayerischen Volksfest doch sehr gewandelt. Ich kann es nicht mehr bejubeln – was ja wohl in einer Jubiläumsfestschrift erwartet wird.

Als Bub habe ich in Sendling gewohnt und da war es nicht weit hinüber auf die »Wies'n«. Fast jeden Nachmittag bin ich mit meinen Freunderln da herumstrawanzt. Einmal habe ich mir in den »Rollenden Tonnen« das Wadenbein gebrochen und bin trotzdem noch eine Stunde lang bei den Ausrufern vor den Schaubuden herumgestanden, bis der Hax so dick geschwollen war, daß meine Spezln mich heimschleppen mußten (ein Indianer kennt keinen Schmerz). Damals hat es ja noch das kostenlose Vergnügen der wortgewaltigen Anreißer mit ihren handfesten Sprüchen (ohne Mikrophon) gegeben, beim Schichtl und bei Gabriels Völkerschau und bei den Haremsdamen und Lionel, dem Löwenmenschen.

Später war's dann noch ganz lustig bei den »Betriebsausflügen« ins Bierzelt, wo man anschließend in der Geisterbahn dem netten Fräulein von der Hauptkasse ein Bussl draufpappen konnte, weil sie gar so viel Angst hatte und sich schon vorher auf der Achterbahn so zutraulich an einen hingeschmuggelt hat. Aber sonst? Da ist es dann mehr oder weniger »dienstlich« geworden, beim Anzapfen mußte man dabei sein, wenn der Wimmer Damerl kunstgerecht den ersten Banzen angestochen und der Vogel Hansi den Hammer geschwungen hat, daß es grad so gespritzt hat (er hat's dann doch noch recht gut gelernt). Da hat's dann so viele Einladungen gegeben für den Herrn Redaktör, daß einem die Brathenndl zum Hals herausgehangen sind und daß einem vom Schunkeln in den Boxen aller möglichen Verbände unter lauter Gwappelten das Bier wieder hochgekommen ist. Einmal habe ich sogar den Bayerischen Defiliermarsch dirigieren müssen (oder dürfen). Nur gut, daß sich die Kapelle nicht um mein Gefuchtel gekümmert hat. Und einmal habe ich ein »Münchner Oktoberfest« in Los Angeles mitgemacht und war wirklich gerührt, wie heimattreu und trachtenecht dort die Bayern-Vereine sind. Obwohl ein Haufen Preußen dabei waren.

Seitdem bin ich freiwillig eigentlich nur noch am Nachmittag auf die Wies'n hinausgegangen, wenn schönes Wetter war und man an den Gar-

tentischen sitzen konnte, bis das Gedudel von den Fahrgeschäften lauter geworden ist und rundum die Lichter angegangen sind. Dann habe ich noch einmal diesen Steckerlfisch- und Gebrannte-Mandeln-Duft eingeschnauft und bin gegen den Strom heimgegangen. In der Redaktion habe ich dann die Berichte redigiert über die verzehrten Gockerl und Ochsen und Fischsemmeln, aber auch über die Rauferein und Taschendiebstähle und betrunkenen Kinder. Und war gar nicht so begeistert, wenn bei den Hektolitern wieder alle Rekorde gebrochen worden sind (hinters Bierzelt).
Es ist leider eine Allerweltsweisheit, daß »alles nimmer so is, wie's amal war« oder, geschwollener gesagt: »Tempora mutantur…«. Die Zeiten ändern sich halt, die Perspektiven auch.
Seien Sie mir also bitte nicht böse, wenn ich keinen Beitrag für Ihre Festschrift liefern kann – es sei denn, Sie wollen diesen Brief abdrucken. Da hätte ich nichts dagegen.

Mit freundlichen Grüßen
und einer Empfehlung an Herrn Bürgermeister
Dr. Zehetmeier — Ihr Kurt Preis

Benno Rauchenegger

Oktoberfestsonntag anno 51

Ein Uhr schlugs vom Petersturm herunter, als der Prichler Huber seinen Laden unter den finstern Bögen am Schrannenplatz in ungewohnter Eile zuschloß und die dicken Eisenstangen vor die Türe legte. Schneller als sonst kletterte er die drei Stiegen zu seiner Wohnung hinauf, allwo ihn schon ein reisefertiges Häuflein seiner Familienmitglieder erwartete. Mit einem vierstimmigen Freudengeschrei empfing ihn seine Nachkommenschaft: der Xaverl, der Pepperl, die Marie und die Resi, wovon das Älteste zehn, das Jüngste, der Pepperl, fünf Jahre zählte. Die Kinder waren bereits sonntäglich herausgeputzt; die Mädchen hatten helle Sommerkleider an, die Buben paradierten in weißen Hosen; Pepperls Hose war vorsichtshalber noch nicht ganz geschlossen, weshalb ihm auch, sein jugendliches Alter kennzeichnend, hinten immer wieder das »Lampl« herausguckte. »Vata, genga ma auf d' Wiesen?« fragte der Xaverl. »Natürli! Wohin denn sonst?« – »Is d' Muatta no net firti?« erwiderte Huber. »Da bin i scho«, ließ sich nun Mutter Huber vernehmen, indem sie aus dem Nebenzimmer trat, wo sie Toilette gemacht hatte. Ihr lockengeschmücktes Haupt zierte eine goldene Riegelhaube; eine zwölffache silberne Halskette mit edelsteinbesetzter goldener Schließe verschönte ihren schlohweißen Hals, ein leichter, geblumter Sommerschal lag auf den runden Schultern; die mollige Gestalt verhüllte ein blaues Stoffkleid, das wiederum ein seidener Schurz deckte. Der Herr des Hauses schlüpfte schnell in seinen Hochzeitsrock, der nur alle heiligen Zeiten angelegt wurde, dann stülpte er den Zylinderhut auf das Haupt, nahm den Rohrstock zur Hand und kommandierte: »Also, marsch!« »Halt!« rief die besorgte Hausfrau, »hab'n wir nix'n net vergess'n? Hast an Kas eing'steckt? Marie, du nimmst den Zegara mit, da kemma die zwoa Grosch'nweck'n eine und 's Salz und die zwoa Radi. Vata, gieb mir den Kas; den tua i in Ridakül eine, du setzst di sonst wieder drauf, wia neuligsmal am Schützinger Keller!« Der Gatte lieferte den seinen Ladenbeständen entnommenen Käse aus und nun wurde der Proviant verpackt – die Kolonne setzte sich in Bewegung. »So, jetzt paßts auf!« mahnte Vater Huber, »die Marie führt 'n Pepperl, der Xaverl geht mit der Resl und gebts Obacht, daß ma uns net valier'n bei dera Menge Mensch'n. Mir genga glei durch d' Ros'ngass'n die Sendlingergass'n naus – also vorwärts!«

Gar bald hatte sich die Familie dem Menschenstrom eingefügt, der zur »Wies'n« hinaus eilte. Nicht bloß auf dem Fußsteig, sondern auch die Fahrbahn entlang, soweit es die links und rechts aufgestellten ländlichen Fuhrwerke gestatteten, zogen die Hunderte und abermals Hunderte dahin, drängend, stoßend, hühneraugenquetschend; die Städter verschwanden förmlich in den Wogen der Landbevölkerung, die kerzengerade ohne Wanken und Weichen dem Ziele zustrebte. Dann und wann durchschnitt ein Fiaker oder ein Waglbesitzer das ameisenhafte Gewimmel; dann regnete es Artigkeiten hin und her, aber das verursachte keinen Aufenthalt der Wiesenbesucher. Unsere Familie Huber hatte kaum das Sendlingertor hinter sich, als schon der erste Kanonenschuß von der Wiese her dröhnte.

»Jetzt fahr'ns in der Residenz ab!« bemerkte Huber. Bum! folgte der zweite Schuß! »Dös war g'wiß mei Bruada, da Bankmetzga bei der Bürgerattollerie«, sagte die Gattin recht laut, damit es die Nebenleute auch hören sollten. »Geh, was schwätzst denn du daher!« erwiderte Huber, »warum sollt denn dös grad da Schwaga g'wes'n sein?« »Weil er Bumbadär bei der Batt'rie is, die wo heut ausruck'n hatt müass'n, G'scheiderl!« entgegnete sie triumphierend. Sie bewegten sich sorgsam weiter, als plötzlich von rückwärts her ein dumpfes Brausen erscholl, welches allmählich zu einem mächtigen Geschrei wurde. »Jetzt kimmt er!« – »Wer?« – »Da Kini kimmt! Da siecht ma schon an Vorreiter! Ah!!« – »Paßts auf, Kinder, bleibts steh'n!« mahnte Huber, »jetzt kommt der Kini und Königin und die Prinz'n – da sans scho auch! Schreits: Hoch, hoch, hoch!« – »Kinnas net aufpassen, Sö Lackl!?« erscholl plötzlich eine Stimme neben Huber. »Was Lackl? Wer Lackl??« versetzte entrüstet Huber und faßte den Stock fester an. »Sö hab i g'moant! Sö hab'n mir eanan Schabasdeckl grad in d' Aug'n neig'haut, daß mir 's Wasser no rauslauft!« ließ sich der Mann aus dem Volke vernehmen. »Da kann i nix dafür, da is da Kini dro schuld! Überhaupts braucha Sie mi deszweg'n no koan Lackl net z' hoaßa, Sie Aff, Sie!« – »Jessas, Vata, i bitt di, laß'n geh'n; er hat's ja net so bös g'moant«, jammerte angstvoll die brave Gattin, und die Kinder drängten sich erschrocken um ihre Mutter – da kam glücklicherweise eine ungeheure Menschenwoge und schwemmte den gefährlichen Widersacher hinweg. »Gott sei Dank! Fort is er«, sagte Frau Huber. »Dös is sei Glück«, renommierte ihr Gatte, »den hätt' i z'riss'n, wia an Haring!«

Endlich landeten sie in der Wiese und dort war es wieder möglich, seine eigenen Wege zu gehen. Da stand sie, die kleine Budenstadt – gewiß ein Dutzend hölzerne Hütten, in denen das gute Bier verzapft wurde vom Pschorr, vom Hacker, vom Maderbräu, vom Menterbräu, vom Duschl, vom Augustiner, vom Zenger und vom Zacherl, auch Tölzer Bier war vertreten. Vor den Buden waren lange Tische mit ebenso langen Bänken aus roh gezimmerten Brettern hergestellt; die Bänke waren nicht zu hoch, daß man ordentlich aus- und einsteigen konnte; man mußte nur Vorsicht walten lassen; besonders galt dies für die weiblichen Gäste, welche damals noch etwas »luftig« kostümiert waren, denn hie und da standen doch Nägel auf den Sitzen vor oder es trennten sich »Schiefer« von den ungehobelten Brettern. – –

Die Huberischen marschierten fröhlich ein, da kamen sie schon an das erste Hindernis, – ein Weib war's, welches hinter einem länglichen Faßl stand und ihre Ware feilbot. Fast unisono riefen die vier Kinder: »Bitt schön, Muatta, kauf uns Zweschb'n!« »Was? Zweschb'n? Fallt enk sonst nix ei«, erwiderte Huber, »wo mir doch a Bier trink'n!« – »Ah, was!« sagte die gute Mutter darauf, »du vergunnst den Kindern scho gar nix! Wia viel kriagt ma denn um an Kreiza, Frau?« Dabei holte sie aus dem Faßl eine Zwetschge hervor und schob sie in den Mund, um eine Kostprobe vorzunehmen. »Vierz'ge, gib i Frau!« lautete die Antwort. »Was? Auf'n Markt kost's Hundert a Landmünz!« wandte Frau Huber ein. »Ja, was moanens denn, Frau, da heraußen?« belehrte sie die Verkäuferin, »hat da Vizi vom Stieflwirt scho an Zwölfa fürs Rausbringa von die zwoa Banzln valangt!« – »No – meintweg'n, geb'ns halt um an Kreiza her – aber a Stucka viere müass'ns do dreigeb'n!« meinte Frau Huber. Der Handel kam zustande und das Obst wurde verteilt; der Pepperl hat aber wegen dem drohenden Bauchweh nur sechs bekommen, die andern hat die Mutter aufg'hoben – in ihrem Magerl natürlich. Gleich darauf kamen sie an einem Küchlbäkker vorbei und da zeigte sich Vater Huber nobel, indem er drei Stück à 1 Kreuzer kaufte, die halbiert und gemeinsam verzehrt wurden. Nun hieß es eilen, um das Preisvieh noch zu sehen, denn schon wurden die Pferde vorgeführt. »Noblichte Rösser«, bemerkte Huber, »lauter Rottaler, die verstehnas halt! Jetzt kemma die Rindviecher!« »Was hast g'sagt?« brüllte ihn ein Dachauer Landsmann an. »I hab ja net di g'moant«, gab Huber zur

Antwort, »i hab ja g'sagt, die Rindviech*er*, mach daß d' weiter kimmst, sonst sag ich's glei an Schandarm; nachher werst verarretiert wegen nächtlicher Ruhestörung!« Der erschreckte Gegner drückte sich, und die Familie bewunderte die Stiere, Kühe und Ochsen. Besonders die Mastochsen erregten das Mitgefühl Hubers in hohem Grade. »Dös Filö!« seufzte er. »Freili – 's Pfund kostat da g'wiß 18 Kreizer – da bleibt dir der Schnabl sauber«, erwiderte sie. Nun gab es noch Schafe mit dichter Wolle, Ziegenböcke mit vier Hörnern und Zuchtschweine samt den Ferkeln zu sehen, welch letztere wieder den Kannibalismus Hubers wachriefen. »Spofackln! Spofackln! Was kost jetzt a Spofackl, Alte?« fragte Huber. »O mei, laß dir so was trauma, so a Sau, wenns a bißl oane is, kost allweil seine 36 bis 42 Kreizer – in Dachau kann sei, daß ma's no um an Vierazwanzga kriagt«, entgegnete die brave Hausfrau, »es is ja nix mehr zum dakaufa bei der Teuerung.« Bum! Bum! Bum! machte der Herr Schwager auf der Theresienhöhe. »'s Rennats!« schrie man von allen Seiten, und wie ein wilder Bienenschwarm rannten die Leute untereinander, um etwas zu sehen. Vierzig Rennpferde, gesteuert von Rennbuben im verschiedensten Alter, durchrasten die von den Rennmeistern vorgerittene Bahn. Zwischenfälle aller Art erhöhten die Teilnahme der Zuschauer. Da ist einer »ausg'sprengt« und hat ein halbes Dutzend Leute über'n Haufen geritten – dort ist ein Bub runterg'fallen – vor'm Ziel haben sich zwei nebeneinander jagende Rennbuben die Reitgerten um die Ohren g'haut – endlich ist die Gaudi gar – die Rennpferdbesitzer holen sich ihre Fahnen und Preise, die Buben und Gäule hinken zerschunden und blutend dem Marodestall zu. Ein tausendstimmiges Hoch zeigt die Heimfahrt des Hofes an, und nun ist Huber nicht mehr zu halten. Im Eilmarsch geht's zur Augustinerbude, wo gerade noch für Vater und Mutter Platz auf einer Bank ist; die Kinder dürfen beim Tanzen und Kegelschieben zuschauen, sollen sich aber von Zeit zu Zeit melden, um die guten Eltern zu beruhigen. Frau Huber jammert über den Bierpreis. »Die Maß Bier an Sechser; daß si die Bräuer net Sünden fürchten, dös is ja doch aus!« – »Ja, ja«, sagt er gut gelaunt, »jetzt is die dritte Maß auch aus – i hol no an Schapfa!« Während er an der Schenke um die vierte Maß kämpft, kommen die vier Sprößlinge hergerannt. »Mutter«, schreit der Xaverl, »da schau her, der Pepperl hat was g'fund'n – an Nummero vom Glückshafen!« Die Mutter ist freudigst überrascht und macht dem Gatten sofort nach seiner Wiederkehr Mitteilung. »Ma siecht's halt«, sagt sie, »daß die unschuldig'n Kinder a Glück hab'n; der Pepperl der muß uns glei morgen in der Kollekte in der Sendlingergassen fünf Nummero außaziag'n; vier Kreiza hetz i dro, wer woaß?« – Huber ließ sich die Nummer zeigen: 136. »Wo habt's es g'funden?« fragte er. »Am Seid'nhafa?« lautete die Antwort. »Also, da müaßt's es wieda hintrag'n und abgeb'n, aba g'scheidter is, d'Mutter geht

mit enk!« Mutter Huber machte sich sogleich auf den Weg. Als sie aber beim »Seidenhafa« – Verlosung des Seidenzuchtvereins – anlangte, sah sie die schönen Sachen und sie besann sich, wie sie über die Gewissensmahnung hinüberkommen könne. Kurz entschlossen nahm sie um 6 Kreuzer ein Los, und richtig war's ein Hanswurstel. Hocherfreut rief sie aus: »Kinder, jetzt hab i auch a Nummer«, eilte zur Abgabe der Gewinste, präsentierte die Nummer 136 und erhielt einen prächtigen Seidenschurz. Der ehrliche Gatte nahm die Mitteilung vom Gewinst sehr mißtrauisch entgegen, als aber sämtliche Kinder die Tatsache der Losentnahme bestätigten, freute er sich mit der Gattin und trank auf den billigen Schurz noch eine Maß. Die anbrechende Dämmerung machte dem Leben auf der Wiese ein jähes Ende. Aber man war befriedigt, der Vater hatte einen prächtigen Schwips, Mutter einen seidenen Schurz, der Pepperl das Bauchweh.
Aber schön war's halt doch!

Wugg Retzer

Ein Lebehoch der Wies'nkellnerin

Erschallt beim Jubiläumsfeste wieder
mit tausend Zungen, aufgetaut in Bier,
für Wies'nwirte, Bauern, Schützenbrüder,
durch München hin der Chor der Lobeslieder,
dann, muß ich offen sagen, stinkt er mir.
Dann weihe ich allein in stillem Sinn
ein Lebehoch der Wies'nkellnerin.

Wer bricht mit einem Schild aus vollen Maßen
im Volksgetümmel sich zu dir die Bahn?
Wer wird, wo Millionen Fremde prassen,
den braven Bayern nie verdursten lassen?
Wer bringt das Hendl und die Wurst heran?
Die Wies'nfreude wäre längst schon hin,
gäb's keine Münchner Wies'nkellnerin.

Sie prangt nicht mehr in holder Mädchenblüte,
doch bringt sie manchen Gockel noch zur Balz,
hat Holz vorm Hütterl und dahinter Güte
und neben ihrem friedlichen Gemüte
ein resches Mundwerk und ein Irxenschmalz.
Sie strahlt vor Glück, wenn jedes trinkt und ißt.
Oh schnöder Undank, wo ihr das vergißt!

Gedenkst du aber, sie zu honorieren,
als Fremdling oder Bürger unsrer Stadt,
dann brauchst du sie nicht krampfhaft zu hofieren
und sollst ihr auch kein Wies'nherz spendieren,
weil sie das bare Geld viel lieber hat.
Dann reib ein Extratrinkgeld dankbar hin
als Lebehoch der Wies'nkellnerin.

Joachim Ringelnatz

Die Riesendame der Oktoberwiese

Die Zeltwand spaltete sich weit,
Und eine ungeheure Glocke wuchtete
Herein. »Emmy, das größte Wunder unsrer Zeit!«
Dort, wo der Hängerock am Halse buchtete,
Dort bot sich triefenden Quartanerlüsten
Die Lavamasse von alpinen Brüsten,
Die majestätisch auseinanderfloß.
»Emmy, der weibliche Koloß.«
Hilflose Vorderschinken hingen
Herunter, die in Würstchen übergingen.
Und als sie langsam wendete: – Oho! –
Da zeigte sich der Vollbegriff Popo
In schweren erzgegoßnen Wolkenmassen.
»Nicht anfassen!«
Und flüchtig unter hochgerafften Segeln
Sah man der Oberschenkel Säulenpracht.
Da war es aus. Da wurde gell gelacht.
Ich wußte jeden Witz zu überflegeln,
Und jeder Beifall stärkte meinen Schwung.
Die Dicke schwieg. Ich gab die Vorstellung.
Besonders lachten selbst recht runde Leute.
Ich wartete, bis sich das Volk zerstreute.
Nacht war es worden. Emmy ließ sich dort,
Wo ist gestanden, dumpf zum Nachtmahl nieder.
Sie schlang mit Gier, doch regte kaum die Glieder.
»Sag, Emmy, würdest du ein gutes Wort,
Das keinen Witz und keine Neugier hat,
Von einem, der dich tief betrauert, hören?«
Sie sah nicht auf. Sie nickte kurz und matt:
»Nur zu! Beim Essen kann mich gar nichts stören!«

»Emmy! Du armes Wunderwerk der Zeit!
Du trittst dich selbst mit ordinären Reden,
Mit eingelerntem hohlen Vortrag breit.
Du läßt die schlimme Masse deines Fettes
Von jedem Buben, jeder Dirne kneten.
Man kann den Scherz vom Umfang deines Bettes,
Der Badewanne bis zum Ekel spinnen.
Und so tat ich. Und konnte nicht von hinnen.
Ich dachte mich beschämt in dich hinein.
Es müßte doch in dir, in deinem Leben
Sich irgendwo das Schmerzgefühl ergeben:
Ein Dasein lang nicht Mensch noch Tier zu sein!«
Hier hielt ich inne, dachte zaghaft nach.
Bis ein Geräusch am Eingang unterbrach.
Es nahte sich mit wohlgebornen Schritten
Der Elefant vom Nachbarzelt
Und sagte: »Emmy, schwerste Frau der Welt,
Darf ich um einen kleinen Beischlaf bitten?«

Diskret entweichend konnte ich noch hören:
»Nur zu! Beim Essen kann mich gar nichts stören.«

Eugen Roth

Auf geht's

Eine oktoberfestliche Moritat

Schon trägt ein neuer Menschenstrom
Die fünfe in das Hippodrom,
Wo Jünglinge von Portokassen
Als Lords sich stolz bewundern lassen,
Und in den Sattel hilfsbereit
Gern jeder hebt die Weiblichkeit;
Wo der Voyeur entgeistert sitzt
Und starrt, ob's wo ein bißchen »blitzt«.
Geduldig trabt die Kreatur
Auf der ihr vorgeschriebnen Spur.
Doch wird das Volkswort wahr gemacht:
»Des gibt's fei aa, daß a Pferd lacht!«
Kaum ist das Hippodrom verlassen,
Sind sie in fremde Wiesengassen
Schon wieder tief hineingeraten,
In Zauberwälder von Plakaten,
Die in phantastisch grellen Bildern
Die Märchenwelt der Buden schildern.
Hier ist ein Zwillingspaar verwachsen
Aus Siam oder nur aus Sachsen;
Die Seekuh ist halb Fisch, halb Weib,
Die Dame ohne Unterleib
Wetteifert mit der Pantherdame,
Usamba-Wamba ist ihr Name,
Der wonnevoll nach Wüste schmeckt;
Ihr ganzer Leib ist braun gefleckt;
Ein Schlangenmensch grotesk sich renkt.
Bill-Bill wird in den Sarg gesenkt.

Tom Fix rollt Zentnerlast im Nacken.
Ruth Sylvia zeigt die Hinterbacken
Und, so weit's angeht, andre Blößen,
Bedeckt mit lauter Geistesgrößen.

Die Riesendame, stark gepudert,
Durchs eigene Fett mit Flossen rudert,
Verspricht, gequollen bis zum Bersten,
Einhundert Mark in bar dem ersten,
Der ihr, der schwersten Frau der Welt,
'ne schwerere gegenüberstellt,
Der sie der Unwahrheit bezichtigt
Und größere Massen Fleisch besichtigt.
Kurzum, was grauenvoll und selten,
Wird angepriesen vor den Zelten,
Bis, was der Vorhang tief verbirgt,
So zwingend auf die Neugier wirkt,
Daß wir uns ahnungsvoll und schauernd
(Erst hinterher das Geld bedauernd)
Hindrängen, um, hereingebeten,
Das Innere staunend zu betreten.

Dortselbst harrt, blöde und versturt,
Auf unsre Gier die Mißgeburt,
Zwar leicht erklärbar anatomisch,
Doch hier verzaubert tragikomisch.
Und anderwärts fragt mancher skeptisch,
Ob Schwindel oder epileptisch.

Die Odaliske wiegt die Hüften,
Ein Zehnerl kann den Schleier lüften.
Ein Affe, der die Jungfrau raubt,
Sucht hier ein Publikum, das glaubt.
Der Löwe, hingemalt mit Kunst,
Zeigt seine wilde Blutesrunst,
Indem er bös die Zähne fletscht.
Die Boa, die ein Reh zerquetscht,
Voll Tücke nach den Leuten äugt,
Die offenbar nicht überzeugt.
Der Mann, dem all die Pracht gehört,
Ist gleichfalls über den empört,
Der zur Behauptung sich erfrecht,
Die Viecher seien gar nicht echt,
Und schnell zerstreut er jeden Einwand
Und zerrt dich hinter seine Leinwand.

Im Innern aber zeigt er dir
Ein halbverhungert Gürteltier,
Den »ganze Weltteil-wüst-Zernager!«
»Das Phänomen, den Riesenschlager!«
Und anstatt des verheißnen Löwen
Siehst du zwei flügellahme Möwen,
Und du kannst durchaus nicht entdecken,
Warum grad sie »der Südsee-Schrecken!«
Schimpf nicht: Betrug! und Blutiger Hohn!
Illusion! Illusion!

Heraus jetzt aus den wilden Dünsten
Von Papa Schichtl-Zauberkünsten!
Auf Wiedersehen ebenfalls,
Du Marsweib mit dem Storchenhals!
Und reichlich zahlten wir Tribut
Den Kräh-Kretins aus Liliput!
Verlassen seist du, Kongofrau,
Du stammst ja doch bloß aus der Au
Und warst, ehvor du Negerin,
Die Köchin meiner Schwägerin!
Hinweg von Flöh'n und Marionetten
Und Wachsfigurenkabinetten!
Genug von Hündchen angebellt –
Hinein in eine andre Welt!

Der Esel geht, wie jeder weiß,
Wenn ihm zu wohl wird, auf das Eis.
Der Mensch, in ähnlich blödem Wahn,
Benutzt dazu die Achterbahn.
Sanft wird man erst emporgehoben
Und sieht die Lichterstadt von oben,
Wie alles glänzt und dampft und braust,
Bis unverhofft man abwärts saust
In Stürzen, wollustangsterregend,
Besonders in der Magengegend.
Wie herrlich da die Weiber kreischen,
Indes verzückt in fremden Fleischen
Die Männer nützen die Verwirrung –
Im Notfall war's halt eine Irrung!

Hermann Roth

Oktoberfest-Jubiläums-Jubelhymne

(Ein Sang im Stile Biedermeiers.)

Wenn man bei dem nahen Festtags-Rummel
Sich ein Säkulum zurückversetzt,
Ins Historische macht einen Bummel,
Fühlt man keineswegs sich bloß ergetzt;
Denn es schwebte just vor hundert Jahren,
Als der große Korse noch geherrscht,
Alle Welt in drohenden Gefahren,
Da ihm dienen mußten Volk und Ferscht.

Keiner durfte laut sich *deutsch* bekennen,
Dieses war im höchsten Grad verpönt,
Ja, verderblich war es wohl zu nennen,
Und man hatte sich's auch abgewöhnt.
Aber *Einer* war im Lande Bayern,
Kronprinz *Ludwig,* der echt *»teutsch«* empfand;
Er, den wir mit Stolz noch heute feiern,
Ahnte schon das deutsche Vaterland.

Diesen Deutschsinn, den er da bewiesen,
Der mißfiel zwar dem Napolium,
Aber laut hat ihn dafür gepriesen
Ein verständnisvolles Publikum.
Wie als Freier dann nach Hildburghausen
Seinen Werberschritt er hingelenkt,
Da empfing daheim ihn Jubelbrausen,
Als Theresen er sein Herz geschenkt.

Die Prinzessin, jugendschön, aus Sachsen,
(Wo – dies ist von altersher bekannt –
Schöne und auch brave Mädchen wachsen)
Nahm man freudig auf im Bayernland.
Sie zu zeigen nach dem Hochzeitsfeste
Allen Landeskindern nah und fern
Und der Schar herbeigeströmter Gäste,
Das war des *Oktoberfestes* Kern.

Draußen auf der freien, grünen Wiese,
Südlich von der noch recht kleinen Stadt,
Fand vor hundert Jahren erstmals diese
Heute weltberühmte Feier statt.
Vater Max mit Königin Karline
Und das neuvermählte Paar war da,
Froh erhellte sich des Volkes Miene,
Als vereint es Glück und Tugend sah.

Und wie festlich war auch das Gepränge;
Voran: »T'Achtung, präsentiert das G'wehr!«
Stand im Waffenschmucke vor der Menge
Möglichst stramm die stolze Bürgerwehr.
Von den Tschakos nickte kühn der Wedel,
Uniform und Knopf im höchsten Glanz,
Jeder war ein Krieger echt und edel,
Der sein Schnupftuch trug im Schwalbenschwanz.

Als darauf in seinen Prachtkarossen
Durchs Spalier der Hof gezogen kam,
Welch ein Jubel all' der Zeitgenossen,
Daß es nahezu kein Ende nahm.
Mancherlei ward noch dem Volk geboten:
Rösser flogen durch das Rund der Bahn,
Rennbub'n drauf, in weißen und in roten
Blusen, daß man's unterscheiden kann.

Manches Rindvieh war auch dort zu schauen,
Nicht aus München nur, herbeigebracht
Aus den nachbarlichen Landesgauen
Noch von Bauern in der alten Tracht.
Bier gab's auch in Buden und in Zelten,
Wurst und Käs' als simple Festmenus,
Doch der Münchner alten Schlags ließ gelten
Dies Oktoberfest als Paradies.

Jährlich seitdem als des Volkes Himmel
Kehrte wieder das vergnügte Fest,
Und von Jahr zu Jahr wuchs das Gewimmel,
Wie zur Großstadt ward das kleine Nest.
Kronprinz Ludwig wurde Bayerns König.
Ein Mäcenas, wie noch keiner war,
Tat er auch für dieses Fest nicht wenig,
Brachte ihm die schönste Gabe dar.

Die Bavaria in erz'nem Schimmer
Ließ errichten er als Monument,
Diese war das größte Frauenzimmer
Aus des Gießers sprödem Element.
In der Ruhmeshall' steh'n, die uns teuer;
Mancher Gipskopf ist da aufgestellt,
Später kam auch Pschorr, der große Bräuer,
Der mit feinem Stoff beglückt die Welt.

Er paßt trefflich wohl in die Umgebung,
Denn seit jenem Uroktoberfest
Ist das Bier zur Fröhlichkeitsbelebung
Ein sehr wichtiger Faktor gewest.
Mit besondrem Trank, mit dem des Märzen,
Wirbt um unsre Gunst und schmeichelt sie
Tief sich ein in aller Trinker Herzen,
Unsre Münchner Braukunstindustrie.

Wo einst Zelte deckten nur die Gäste,
Denen Rheuma drohte und Katarrh,
Schützen heute wahre Bierpaläste
Vor der hygienischen Gefahr.
Nicht das Bier nur hat sich sehr verbessert,
Trinken kann man jetzt zu jeder Zeit,
Ob es draußen windet oder wässert,
Oder, was zuweilen vorkommt, schneit.

Künstlerisch ist alles ausgestaltet,
Alles gleißt in ungeahnter Pracht,
Welche Fülle Licht ist nicht entfaltet,
Macht den Festplatz tageshell bei Nacht.
Welch ein Fortschritt seit des Talglichts Zeiten!
Vor Erfindung noch der Eisenbahn
Sah – es kann das niemand widerstreiten –
Das Oktoberfest sich anders an.

Während früher staunend man den zahmen
»Wilden Häuptling« aus Haidhausen sah,
Sind jetzt ganze Völkerkarawanen
Bis vom fernsten Hinterindien da.
Während sonst nur Kasperl mit dem Teller
Appelliert an Herz und Portemonnaie,
Ist man heute schon entsprechend heller
Und zeigt alles nur mehr für Entree.

Karusselle, Stufenbahnen, Buden,
Zirkus, Kinos und Menagerien,
Büchsenknallen und Sirenentuten,
Viehausstellung – so was muß doch zieh'n!
Hendel-, Spansau-, Ochsenbratereien,
Käse-, Bratwurst- und auch Heringsdunst,
Der Musik verschied'ne Melodeien
Welche Mischung von Natur und Kunst!

Wer beschreibt mit allen seinen Gaben
Unser einziges Oktoberfest,
Wo Genüsse hundertfach uns laben,
Wo man fröhlich lebt und leben läßt.
Welcher Pinsel könnte es wohl schildern,
Welcher Sänger würde ihm gerecht,
Wer erfaßt's mit seinen tausend Bildern,
Dieses Münchner Volksfest, das so echt!

Deiner festlichen Jahrhundertfeier
Gibt die Weihe noch die Tradition,
Sie vertritt, des freut sich jeder Bayer,
Unsres großen Ludwig edler Sohn.
Wie's in früh'ren Zeiten schon gewesen,
Keine Schranke Volk und Fürsten trennt;
Wie man Ludwig huldigt' und Theresen,
Erntet Liebe unser Prinz-Regent.

Blühe fort, du Fest der Münchner Feste,
Das die biedern Väter schon erfreut!
Du bist keiner jener morschen Reste,
Hast dich stets verjüngt und frisch erneut.
Blühe fort in ungemeßne Ferne,
Zeuge alter wie der neuen Zeit,
Unter deinem treubewährten Sterne,
Münchens Ruhme: der *Gemütlichkeit!*

Josef Ruederer

Die goldene Dose

Eine Erinnerung an das erste Oktoberfest

Das war die Tante Therese, die jeden Josefitag gratulierenderweise zu mir kam und mir eine Apfelsine brachte. Ein Familienmöbel aus der guten alten Zeit, das sich mit den Gesichtszügen einer Beamtensgattin vorteilhaft abhob von den Bierbrauerphysiognomien unserer Familie. Deshalb wurde sie jedesmal mit besonderen Ehren empfangen. Man war stolz darauf, daß die verwitwete Frau Geheimsekretär ihre Vergangenheit nicht völlig verleugnete, man dankte ihr mit überschwenglichen Gefühlen; die Apfelsine aber, die zu jenen soliden Zeiten noch ein Geschenk von unermeßlichem Werte bedeutete, stellte man unter Beobachtung gebührender Vorsichtsmaßregeln in die Glasetagere des Möbelmagazins, in den Salon. Dicht neben den Brautkranz meiner Mutter, dicht neben ein mit Kieselsteinen gefülltes Glöckchen, ein Skandalinstrument auf elfenbeinernem Handgriff. Das hatte ich von derselben Tante schon in der Wiege erhalten, durfte es aber ebenso wenig anrühren wie die Apfelsine. Nur durch die Spiegelscheibe war es mir manchmal gestattet, wenn ich recht brav war oder eine bessere Zensur aus der Schule heimbrachte, einen Blick hinzuwerfen, einen ganz schüchternen, flüchtigen, damit die ausgestellten Kleinodien oder Leckerbissen ja nicht beschädigt wurden. Davon essen? Wahnsinniger Gedanke! Das geschah erst, wenn die Frucht völlig verhutzelt und ungenießbar erschien, unter Segenswünschen auf die treffliche Spenderin, unter großen Feierlichkeiten, gewöhnlich zu Pfingsten.

Und da kam es einmal, als ich so etwa zehn Jahre zählte, daß nicht nur die Apfelsine der zerbrechlichen Glashülle entstieg, sondern schöne Teller und buntgefärbte Tassen kamen heraus, Weinflaschen, in die Rosen und Tulpen geschnitten waren, fünf grüne Gläser und zum Schluß ein ovaler, heller Stein in Taubeneigröße. Das alles wurde auf den Tisch gesetzt, wie der Hort der Nibelungen vor die Königin Kriemhild.

»Siehst du den chinesischen Turm da droben?« fragte mein Vater, indem er auf die absterbende Vergoldung der Gläser deutete. »Siehst du rechts und links davon die Dattelbäume? Schau dir's nur genau an; das sind die Gläser, aus denen der König Max Josef I. getrunken hat, als er vor der Eröffnung des ersten Oktoberfestes bei deinem Urgroßvater Sebastian Seidl auf dem Wagnerbräukeller das Frühstück einnahm. Ja, schau nur, das sind die Teller, darauf hat der König gegessen und da... der Stein« – er hob ihn in die Höhe, wie der Erzbischof beim Hochamt die Monstranz – »der Stein, der ist aus einer goldenen Dose; die hat der König deinem Urgroßvater eigenhändig überreicht zur Erinnerung an diesen Tag.«

Das Oktoberfest und der König, die Tante und die Apfelsine, die Gläser und der Stein – für ein junges Gemüt fast ein bißchen zu viel auf einmal. Außerdem: persönliche Eindrücke waren schwer zu sammeln, denn im Augenblick, wo man nach den Gegenständen greifen wollte, wurden sie

hastig weggezogen und man bekam obendrein eine auf die Hand. Mit dem Fragen war's auch so eine Sache. Mein Vater galt zwar als wohlinformiert, er gravitierte wie die Tante nach den höheren Regionen, er nahm als Major der Bürgerwehr eine Stellung ein, die ihm die Tore der Residenz öffnete, trug auch jeden Sonntag, wenn er die Kirchenparade kommandierte, weiße Hosen mit Strupfen, konnte aber als vielbeschäftigter Mann wenig Zeit für die Neugier seines Buben aufbringen. Nur das eine verriet er mir noch, daß der Wagnerbräukeller des Urgroßvaters der heutige Bavariakeller oberhalb der Theresienwiese sei. Mußte mich also an die Mutter halten. Und da kam ich wie alle Kinder auf das Nächstliegende. »Der Stein ist ganz schön«, sagte ich, »aber wo ist denn die Dos'n?«
Meine Mutter wurde sichtlich verlegen.
»Die Dos'n? Oh mei, die hat der Onkel Toni.«
Der Onkel Toni! Das war sozusagen die *bête noire* der Familie, von der man nur in gedämpften Tönen sprach. Als männlicher Erbe hatte er nach dem Tode des Urgroßvaters den Wagnerbräukeller übernommen und herrschte da draußen als höchst unnahbarer Götze mit mehr Bierausschank als umgänglichen Manieren. Was man ihm eigentlich in der Familie vorwarf, konnte ich nie herausbringen. Irre ich nicht, dann flüsterte man eines Abends, als alles gedrängt im Wohnzimmer beisammen saß, von einer Mesalliance. Was er nun aber auch geheiratet hatte – eine Kellnerin, Seiltänzerin oder Wagnersängerin, jedenfalls lag auf ihm eine Art Bannfluch, der es mir ganz unmöglich machte, meine Wißbegierde an Ort und Stelle zu befriedigen.
Ich wollte aber alles erfahren! Nicht nur über die Dose, sondern auch über die fürstlichen Beziehungen unserer Familie und nicht zuletzt über das damalige Oktoberfest. So ging ich zur Tante. Die mußte genaueres wissen. Anno 1800 geboren, sollte sie als weißgekleidetes Mädel beim Empfang des Königs auf dem Keller dabei gewesen sein, ja, von der Königin Karoline sogar einen Kuß bekommen haben. Nur mit Bücklingen durfte man sich dieser Respektsperson nahen, nur mit Sie durfte man so etwas anreden. Trotzdem wurde mir jede Auskunft rundweg verweigert, über die Dose sowohl wie über den König. Die Frau Geheimsekretär zog zahllose Falten auf den Mund herab, als hätte sie selbst von der Apfelsine gegessen, sie tat so geheimnisvoll, wie es höhere Staatsbeamte immer tun, wenn ein Interviewer daher kommt, und schließlich schob sie mich wieder zur Tür hinaus, indem sie mir zwei Biskuits in die Tasche steckte. Die gab ich zu Hause nicht ab, weil sie sonst wieder auf drei Monate unter Glas in die Etagere gewandert wären, sondern aß sie in tiefen Gedanken auf der Wanderung durch die Theatiner- und Sendlingerstraße zum Karlsplatz.
Dort stand, wo sie heute noch steht, inmitten freundlicher Anlagen die

Oktoberfest.
Beduinen-Lager
Karawane
von
70 Personen, Männer, Frauen, Kinder.
Reiter, Handwerker, Tänzerinnen,
Musiker, arabische Vollbluthengste,
Dromedare, ägyptische Esel.
Aus dem Programm:
Scenen aus der Wüste,
Reiterphantasie,
Bazar mit Handwerkern,
Arabisches Café
mit heimathlichem Tanz und Musik.
Geöffnet von 10 Uhr Morgens.
Reiter-Vorstellungen Vor- und Nachmittags.
Entrée 50 Pfg., Kinder und Militär 25 Pfg.
Tribünen-Preise: Logensitz 1.50 Mk. Sitzplatz 1 Mk.

München Oktoberfest Theresienwiese!
Riesen
Walfisch-Ausstellung
Kein Skelett! Vollständiger Walfisch, 22 Meter lang!
Grösstes Präparat der Welt.
Wissenschaftlich! Belehrend!
Eintritt 20 Pfg.

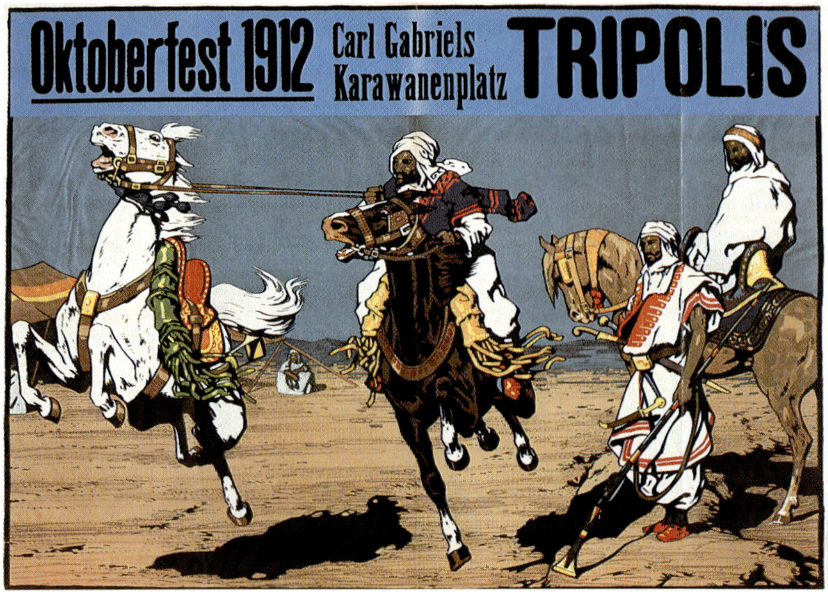
Oktoberfest 1912
Carl Gabriels
Karawanenplatz
TRIPOLIS

◁ *Ankündigungsplakate*
für Völker- und Tierschaustellungen ▷
von 1901, 1903, 1912, 1959

Aus dem Leporello von H. Albrecht, 1895

Nur vom 22 Sept. bis 6. Okt.
München Festplatz Theresienwiese
Eingänge:
Findling- u. St. Paulstraße
Täglich von 9 Uhr Morgens

Ausstellung

der Menges'schen
Ost-Afrikaner Karawane
27 Eingeborne des Somalilandes
8 Reitdromedare, 4 Jagdpferde,
8 Strauße, Schafe und Ziegen.
Vorführungen Täglich
Vormittags 11 Uhr, Nachm-
3, 4 und 5 Uhr.

Großer Karawanenzug

nur in der 5 Uhr Vorführung.

Eintrittspreise: I. Platz 1 M., II. Platz 60 ₰, III. Platz 30 ₰. Militär vom Feldwebel abwärts und Kinder unter 10 Jahren zahlen die Hälfte. 1858

Wo geht man beim Oktoberfest auf der Festwies'n hin?

Zum 1875

Steyrer Hans

Bude Nr. 2.

Für ausgezeichneten Stoff und gute Küche ist bestens gesorgt.

Festwiese gegenüber Schichtl's Theater.
Zum ersten Mal in München.
C. Oskar Müller's elegant eingerichtetes

Hippodrom

Vergnügungs-Reithalle
für Erwachsene und Kinder. Reiten auf lebenden gut geschulten frommen Pferden.
Dazu **Concert** und **Reitmusik**. Eintritt: Erwachsene **30** ₰, Kinder **15** ₰.
Reiten: Erwachsene **50** ₰, Kinder **30** ₰. Abonnement billiger.
Zu zahlreichem Besuch ladet ganz ergebenst ein. 1876 2—3
C. O. Müller, Besitzer.
Festwiese gegenüber Schichtl's Theater.

Annoncenseite aus dem Münchner Tagblatt 1889

Beduinenkarawane, 1900

Fassade der Völkerschau »Tripolis«, 1912

Marquis Wolge,
Marquise Louise
Das kleinste Ehepaar der Welt.

Collossus, Der schwerste Mensch aller Zeiten.
wiegt normal 307 Klg. 614 Pfund
Collossus wird in jeder Vorstellung vom Publikum gewogen
Collossus wiegt mehr als 5 normale Menschen!
Gewogen im Berliner Vergnügungs-Palast am 14/8 1911

Josefa - Rosa Blažek
und Franz'l
Die zusammengewachsenen Zwillinge
mit ihrem Kind

Plakate von Abnormitäten-schaustellungen 1903, 1912, um 1930 (rechts)

links oben:
Kirgisen und Tataren, 1858

Die anderen Abbildungen zeigen zoologische Attraktionen von 1895, 1910 und 1921

viel verrufene, erste protestantische Kirche der Stadt. Man hatte sie erbaut, teils aus Backstein, teils aus Parität. Um aber gleichzeitig den Gefühlen der katholischen Bevölkerung eine Abschlagszahlung zu geben, hatte man dem Gotteshaus der Lutherischen die Form eines Spucknapfs verliehen. Auf einige mag das beruhigend gewirkt haben, doch schwerlich auf die andere Tochter des Sebastian Seidl, die meine leibhaftige Großmutter war und nebenan wohnte. Sie betete den ganzen Tag, am meisten dafür, daß ihr solch' verruchte Nachbarschaft gnädig verziehen werde. Die historischen Erinnerungen zu pflegen, überließ sie neidlos ihrer Schwester oder dem Schwiegersohn. Dafür hingen über ihren prachtvollen Biedermeiermöbeln die stattlichen Gemälde, die den König Max Josef I. und die Königin auf der einen, meine Urgroßeltern auf der andern Seite, alle miteinander im großen Paradekostüm darstellten. Mein Vorfahre im dunkelblauen, mit goldenen Knöpfen besetzten Tuchrock, der Max Josef in großer Generalsuniform mit dem Bande des Hubertusordens. Sonderbar nur, der König sah fast gemütlicher, behäbiger drein als der Urgroßvater. Er lachte mit dem roten, breiten Gesicht gar bierfidel in die Welt, während sein Gegenüber mit dem ganzen Bürgerstolz die Lippen verkniff und wie mit übler Vorahnung auf den neugierigen Enkel herniedersah. Und noch schweigsamer als die Männer verhielten sich, der nachahmenswerten Sitte der damaligen Zeit entsprechend, ihre Frauen. Sie sahen völlig ergeben drein, die gute Karoline in sitzender Stellung vor der ganzen Alpenkette, die vom Wendelstein bis zur Zugspitze reichte, die Urgroßmutter hoch aufgerichtet vor dem Stolz der Familie, vor dem mit Kastanienbäumen umpflanzten Bavariakeller.

Soll ich offen sein, dann muß ich sagen, ich war an diesem Tage, wo ich die in Ehren gehaltenen Bilder zum erstenmal mit einem gewissen Bewußtsein betrachtete, ein bißchen enttäuscht. Hatte mal einen König gesehen, draußen auf der Theresienwiese beim Oktoberfest. Der kam daher, viel geheimnisvoller, viel großartiger, auf weiten Abstand, in einem offenen Wagen, wie der Sturmwind. Ein wunderschöner Mann in Uniform, mit schwarzem Haare und hellblauen Augen, ein schwarzer Hut mit nickenden Federn und ausgezogenem Bataillenband. Nur einen Augenblick machte es aus. Und doch blieb's unvergeßlich für mich durch die Art der Erscheinung und die begleitenden Umstände. Ich bekam eine Vorstellung von Hoheit und Majestät auch ohne Szepter und Krönlein. Und die Menge half dazu, diese Begeisterung zu erhöhen. Sie schrie auf den Wagen ein, wie auf die buntgekleideten Maurerbuben, die eine Stunde später unter dem hochklingenden Namen Jockeis die abgerackerten Schindmähren der Getreide- und Häuserspekulanten dreimal über die ausgedörrte Festwiese hetzten: »Da Kini, da Kini!«

Im Repräsentationszimmer der Großmutter blieben solche Hochgefühle leider aus. Da war es mir plötzlich, als röche es auf einmal höchst bürgerlich, oder wie auf der Festwiese nach offenen Bierbanzen und Steckerlfischen. Vielleicht auch nach Schnupftabak. Ja, ganz richtig, nach Schnupftabak; jetzt roch ich es deutlich. Erst erriet ich selbst nicht, wie ich auf so etwas kam, plötzlich aber fiel mir etwas auf bei meinem Urgroßvater. Der hielt in der linken Hand die kostbare Reliquie, die vielgenannte Dose. Glänzend strahlte sie auf mich nieder; auch der mir wohlbekannte Stein befand sich, da das Bild vor Aufteilung der Erbschaft gemalt war, an der Stelle, wo er hingehörte. Mit herablassender Miene hielt der glückliche Besitzer seinen Familienschatz dem König hinüber, als wollte er sagen: »Pris' g'fälli, Maxl?« Der König aber erwiderte: »Gib halt oane her!« und nieste gleich darauf mit solchem Gebrüll, daß die Damen aus den Bildern sprangen, der Kalk von der Decke fiel und ich selber davonfloh, jedem Verbote zum Trotz, zum Onkel Toni hinaus auf den Bavariakeller.

Solch selbständiger Ausflug galt in jenen Tagen für einen kleinen Kerl als unerhörte Leistung, als überseeische Reise. Brennt heut einer nach Venezuela oder Kapstadt durch, kann es nicht schlimmer sein. Ich empfand denn auch das Gewagte der Sache sehr bald, und die ungewohnte Gegend tat das ihre, die Schrecknisse meiner Expedition zu erhöhen. Gleich neben der Schillerstraße hörten die Häuser auf, nichts mehr sah man als die endlose Wiese. Nur ganz in der Ferne dämmerte allmählich was herauf: unten im Grase die leeren Pfosten, worauf sich im Herbste das Königszelt erhebt, oben der Bavariakeller. Der war damals noch nicht durch den neuen Stil verhunzt, sondern ein schönes, stattliches Gebäude mit patriarchalischem Giebel. Ich lief weiter über die im Sonnenlicht glühende Fläche, und wirre Gedanken zogen mir durch den Kopf. Erst fiel mir ein, daß man da draußen die Hochzeit von Vater und Mutter gefeiert hatte. Für das Bier und die zahllosen Braten war der Wagnerbräu, für die Weine und den Champagner der Vater des Bräutigams aufgekommen. Ich wollte mir, während ich so weiterrannte, eben den Kopf zerbrechen, wer wohl die Süßigkeiten bezahlt haben mochte, die bei so hohen Festen doch ebenfalls verabreicht werden, als plötzlich andere Bilder aus der zitternden Luft gleich einer Fata morgana hervorbrachen: Bauern mit Ochsen und Kühen, Schützen mit Büchsen und Pulvertaschen, Zieler in scheckigen Lappen, Gaukler, Soldaten, Offiziere und schließlich der ganze Hof mit König und Königin. Aber diesmal nicht mehr prosaisch wie im Hause der Großmutter, sondern in Purpurmänteln mit güldenen Krönlein und mit huldvollen Gebärden. So schritten sie hinter mir durch das Tor des Kellers und dann die Treppe hinan in den großmächtigen Saal. Dort stand aber keine fürstliche Tafel bereit, wie ich erwartet hatte, sondern unter dem aus böhmischen Glas gefertigten Lüster ein riesengroßer, gut-

mütig aussehender Mann, der mit schallendem Gelächter alle die schönen Phantasien verscheuchte und mich durch einen Schlag auf die Schulter wieder ins irdische Dasein zurückrief.
»De Dos'n möcht'st sehgn? Mei Bua und Pepperl, des alte G'lump hab i lang scho ei'koch'n lass'n drinn in der Münz; jetzt lauf'n statt seiner sieb'n Goldstückln in der Welt umanander.«
Der in jener Stunde so sprach, war mein Onkel, der Wagnerbräu. Heute prangen König und Königin, Urgroßvater und Urgroßmutter in meinem Hause, und die Teller, die Tassen, die Gläser und der Stein blicken hinter modern umrahmten Glasfenstern hervor. Eine Apfelsine steht nicht mehr daneben, auch sind meine Kinder schon zu groß geworden, als daß ich sie noch auf die Hände schlagen könnte, wenn sie je einmal in den Glaskasten langen. Aber die derben Worte vom Bavariakeller haben mich immer noch nicht klug gemacht. Denn heute noch schaue ich gerne auf die Kostbarkeiten und suche mehr in ihnen, als vielleicht dahinter ist.

Josef Benno Sailer

Der Gewinst

Eine lustige Oktoberfest-Geschichte

In der Prachthalle zum Schottenhamel saß am Oktoberfestmontag eine fidele Tischrunde beisammen; man war bereits bei der dritten Auflage Märzenbier angekommen. »Jetzt fehlt bloß no' der Wittler«, meinte der behäbige Bimslechner, »dann wär' die ganz' G'sellschaft bei'nander.«
»Wann ma'n Wolf nennt, na kimmt er g'rennt«, zitierte der Gensberger, »da schau hintere, da druckt er si' grad durchi!«
»Na, da wird's net viel drucka braucha, so a Haringseel kimmt überall durch«, spöttelte der Groninger, »schaugt's 'n o, an Glückshafeng'winst hat er aa scho wieda.«
Richtig hielt der Ankömmling krampfhaft einen Karton mit einer Gewinnnummer fest.
»Servus, mit'nander«, grüßte er die Tafelrunde, »da schaugt's her, was i g'wunna hab.« Damit schlug er den Karton auf die Tischplatte, daß es patschte.
»Ja, i sag's ja«, klagte der Schneidermeister Niederthaler, »a Glück wann der Mensch hat, na is er fein heraußen. I woaß net, mi mag's halt gar net. G'wiß tausend Los hab i scho g'habt, aber kriagt hab i no nia nix. Wia viel Los hast denn g'nomma?«
»Um a Markl halt, mehra nimm i nia net.«
»No ja, da hamma's ja scho, auf fünf Los kriagt der an Treffer, so an Dusel!«
»Oha«, lachte Wittler, »hab scho zwoa g'habt, aber da oane war a Pupp'n, de hab i glei herg'schenkt.«
»Und was ist in dem Karton drinn?« wollte Gensberger wissen.

»Dös woaß i selber net«, sagte Wittler.
»Na tat i halt einischaug'n, fader Kerl!«
Der Karton wurde geöffnet und, fein auf Spitzenpapier gebettet, zeigte sich eine Lage violetten, hübsch geblümten Samtstoffes.
»Ja, was is denn iatzt dös?« brummte Wittler enttäuscht, »a *Blusenstoff* für a Frau'nzimmer, was tua i mit so an G'lump?«
»A Blusenstoff«, entfuhr es erregt den Lippen des Schneidermeisters, »blamier di' do net gar so! Dös siecht do a Blinder, daß dös a *Schileestoff* is.«
»A Schileestoff«, wiederholte Wittler gedehnt, »a Schileestoff? O jegerl, was werd der wohl wert sein? Höchstens a zwoa oder drei Markl.«
»O du Rentamt«, zürnte der Schneidermeister, »wann nur grad d'Leut nix red'n wollten von Sachen, die s' net verstehnga. Der Stoff is unter Brüada seine zehn Markl wert.«
»Zehn Markl? Geh schneid o!«
»No, i wer's do wissen, wann i fünfadreiß'g Jahr lang mei G'schäft führ' und selba Stoff auf Lager hab. Ich will dir glei was sag'n, i hab ganz genau den nämlichen Stoff dahoam und der kost mi selber fufzehn Mark, daß d'as woaßt; da ko' i dir d'Rechnung zoag'n.«
»Ja, wann dös wahr ist«, schwenkte Wittler ein, »nacha waar's ja der Müah wert, daß i mir a Schilee draus macha lassat?«
»Natürli. Tua'n nur glei her; bis in acht Tag hast as, dei Maß hab i ja so.«
»Moanst net«, zögerte der Stoffgewinner, »daß dös Muster a wengl gar g'scheert is?«
»Was? G'scheert?« brauste Niederthaler auf, »gell, tua mi fei net beleidigen! I führ koane g'scheerten Stoff, dös merkst dir. Dös is dös modernst, was's gibt.«
»No, no, so war's ja net g'moant, aber z'auffallend ist mir die Farb', i bin do koa Gigerl.«
»A dummer Deifi bist!« knurrte der Schneider, »Weilst net woaßt, was schö is. Vo mir aus brauchst dir koa Schilee macha lassen, i will dir nix aufschwatz'n weg'n de paar Markl, de i da dro verdean. I mach dir an andern Vorschlag, weil i so nur mehr für oa Schilee Stoff im Laden hab. Woaßt was? I kaaf dir den Rest ab; i gib dir acht Markl dafür.«
»G'hört scho dei«, rief Wittler vergnügt und schutzte den Karton über den Tisch zu Niederthaler hinüber, daß dessen zum Glück leerer Krug das Gleichgewicht verlor.
»Spezln, wißt's was?« schlug der Verkäufer vor, nachdem er den Betrag einkassiert hatte, »mi hat der Stoff nix kost, also will i aa de acht Markl net für mi alloa. Wißt's was? De wer'n in Märzenbier und Schweinswürst'ln og'legt und a jeda is eing'lad'n dazua!«
Jubelnd wurde der hochherzige Vorschlag begrüßt und dann gings bei Freibier gar hoch her. – –

Voll des süßen Märzenbieres und zufrieden ob des günstigen Kaufes wanderte Schneidermeister Niederthaler auf etwas unsicheren Beinen nach Räumung der Wiese heimzu und lag bald in des Traumgotts Fittichen. Im Traum sah er den violetten Schileestoff ins unendliche wachsen und das ganze Firmament bedecken; die kleinen gelbgestickten Blümlein blinkten daran, wie Sternlein am nächtlichen Himmel und einer dieser Sterne wuchs zusehends und wurde schließlich zu einem sprühenden Feuerrad, das ihm dicht vor den Augen herumtanzte. Komet und Weltuntergang waren seine letzten Gedanken. Da erwachte er in Schweiß gebadet und schaute mit blinzelnden Augen vom Bett aus direkt in die schon hoch am Himmel stehende Sonne. Es war 11 Uhr mittags. –

Niederthalers erster Gang war in den parterre gelegenen Laden; er wollte vor allem den billig erstandenen Stoff zu dem andern legen. Aber eigentümlich, wie er auch suchte, er fand ihn nicht, obschon er geglaubt hatte, ihn nur nehmen zu dürfen.

»Franz«, rief er in die an den Laden stoßende Werkstätte, »wo is denn der bleamelte, samt'ne Schileestoff hinkommen?«

»Der Schileestoff?« gab der Gehilfe zurück, »ja den ham Sie do' gestern Na'mittag hol'n lassen.«

»I? Dös gibt's net, i hab nix hol'n lassen!«

»Aber natürli«, beharrte der Gehilfe, »um viere, kaam daß Sie furt war'n, is a rota Radler kemma und hat g'sagt, i sollt eahm den violettbleamelten Schileestoff mitgeb'n, sie hätten an vogessen; da, de Karten hat er abgeb'n von Eeahna, da muaß i 'n hergeb'n, wann Sie's selber schreib'n.«

Niederthaler nahm die Karte, schaute sie an und meinte, sich über die Stirne fahrend: »Jessas, ja, wia ma nur so vergessen sei' kann; dös macht dös Malefiz-Märzenbier, ja, ja freili, i hab'n ja aa wieder mitbracht. Da, da ham S' 'n, nehmen S' 'n mit, i schenken Eahna, Franz, i will'n nimmer sehg'n!«

Zögernd war der Gehilfe mit einer bezeichnenden Bewegung an die Stirne, die seinen Zweifel an der Zurechnungsfähigkeit seines Herrn ausdrücken sollte, im Nebengemach verschwunden, da platzte Niederthaler in ohnmächtiger Wut los: »O, diese Bande! Dö Karten hat neambd anderer g'fälscht als der Wittler, der Gauner kennt mei Schrift! Reing'legt ham s' mich, die Halunken, und i hab g'holfen, *mei eigens Geld zu versaufen*, o ich Kamel! Nur a Ahnung wenn i g'habt hätt. *A paar Maß mehra hätt' i scho no vertrag'n!*«

Herbert Schneider

Die große Menschenschau

Obwohl ich schon als ungeborenes Kind und erst recht seit meiner Zutagetretung jedes Jahr, anfänglich geschoben und gehoben, später eigenfüßig, auf der Wies'n war, wenn a Wies'n war, kann ich auf die Frage, was das Oktoberfest eigentlich ist, keine exakte Antwort geben. Selbst der pfiffige Vogel-Jakob unter der Bavaria, den ich danach gefragt habe, hat bloß das Detail gewußt, »daß a Wies'n ohne Pfeiferl wiara Bett ohne Wanz'n is«.

Daß das Oktoberfest Europas größte Festivität sei, habe ich natürlich schon ein paarmal gehört. Mir aber geht es um tiefere Erkenntnisse.

Wie von Jugendtagen gewöhnt, nähere ich mich der Wies'n von Westen. Und gleich beim ersten Brotzeitstandl kaufe ich mir eine Fischsemmel. Diese Fischsemmel-Faszination ist gleich so ein ungelöstes Wies'n-Rätsel. Wer verspürt denn schon unterm Jahr Appetit auf sowas? Vielleicht steckt hinter dem unerklärlichen Drang nach Oktoberfest-Fischsemmeln die Neugierde, ob sich der Semmelteig immer noch so schlecht mit den sauren Sardinen verträgt, und ob der Semmelrachen wie üblich nur auf der Schauseite prall gefüllt ist und ab der Mitte nur eine durchweichte Molln aufweist.

Obwohl das Ergebnis stets negativ bleibt, wirkt das Fischsemmel-Trauma unvermindert weiter, wahrscheinlich bis ans Ende der Tage.

Ein weiterer Zwang besteht für den gelernten Wies'nbesucher darin, der Reihe nach alle Bierbuden abgehen zu müssen, um die erfolgten Veränderungen zu registrieren. Das ist, wie wenn man nach einem Jahr wieder einmal seine Freunde besucht und dabei feststellt: Die Hubers haben sich einen neuen Küchenkasten angeschafft und die Müllers die Ehebetten auseinandergerückt. Selbstverständlich mißbilligen wir die ohne unser Einverständnis gemachten Eingriffe in den gewohnten Bierbuden-Look. Einfältig wie wir sind, glauben wir nämlich, daß wir Mitbesitzer und stille Teilhaber von dem allen sind.

Dabei haben sich die Festwirte bisher anstatt einer Gewinnausschüttung lediglich zu dem Zugeständnis bereit erklärt, an den Schänken Plakate aufzuhängen, auf denen zu lesen steht: »Schlecht gefüllte Krüge bitte nachfüllen lassen.« Immer, wenn die Schenkkellner auf diese Plakate blicken, ballen sie in ohnmächtigem Zorn ihre waffenscheinpflichtigen Pratzen.

Für einen Urmünchner von echtem Grimm und Grant kann die Wies'n sehr schnell zu einem Ärgernis werden. Da steht vor einer Bierbude ein Festgespann, die Pferde prächtig aufgeputzt, und alles freut sich des schönen Bilds. Nicht so ein alter Münchner. Er brummelt etwas von »Schlamperei« und daß es sowas früher nicht gegeben hätte!

Allmählich kam ich drauf, was er meinte: die zwei vorderen Pferde hatten lange Schwänze, die wie dauergewellt aussahen, während die hinteren

kurze Bubiköpfe über der großen Falte trugen. Um ihn zu trösten, sagte ich zu ihm: »Aba zerst erst, da hob i zwoa Chinäsn gsehng, de ham in da Fischer-Vroni an warma Leberkäs gessn!«
»Naa, is des heit a Welt«, sagt da der Alte, schüttelt den Kopf und stößt seinen Hackelstecken zornig in einen Haufen Roßbollen. Als ob die was dafür könnten!
Andererseits kann die Wies'n auch zu einem Ort der Rührung werden. So, wenn wir entdecken, daß es noch immer eine gewisse Sorte Magenbrot gibt, von der uns als Kind einmal schlecht wurde, daß an den Obstständen Kokosnußmilch aus einem Maßkrug ausgeschenkt wird wie schon vor fünfzig Jahren, oder daß die gute alte Krinoline unberührt um ihre hektische und halsbrecherische Nachbarschaft dahinschwebt wie ein unsterblicher Schmetterling.
Auch eine große Menschenschau ist das Oktoberfest. Da kann man ein ganzes Jahr lang in der Alten Pinakothek sitzen, dann sieht man nicht so viele Leute wie hier an einem einzigen Tag: aufgeblähte Zwickel-Teutonen aus allen Gauen des Restreichs, rotbackige Försterinnen vom Silberwald, gefährliche Hosenanzüglerinnen, handgeschnitzte Ökonomenköpfe, sizilianische Schafwascher, schrillkreischendes Schülerinnenvolk, brave Muttis mit Kind aber ohne Kegel, alte Ehepaare, die sich mit türkischem Honig füttern, und dazwischen immer wieder forschende Blicke, die fragen: Wärst vielleicht Du der oder die richtige? Andere lassen ihre Augen auch einfach bloß »wiaa waars?« sagen.
Manchen Leuten scheint das Oktoberfest wie das Matterhorn vorzukommen. Weil sie grundsätzlich nur in Bergsteigerkluft erscheinen, mit Bundhose, Anorak, knallroten Nordwandstrümpfen und Kletterschuhen. Sogar Sherpas sind unter ihnen, die den alpinen Nachwuchs in einem Rettungssitz am Rücken tragen. Diese Bierbudenstürmer treten in Seilschaften ohne Seil auf und beginnen nach der zweiten Maß »La Montanara« zu singen. Sie bekommen auch keinen gewöhnlichen Rausch, sondern einen »Almarausch«.
Manchmal kommt es einem aber auch vor, als sei die Wies'n hauptsächlich eine Zusammenrottung von Barbaren. Die Menschheit kann eben nicht ständig bloß in jene gloriose Zukunft blicken, in der sie in Bungalows am Mars wohnt und an Sauerstoffflaschen nuckelt, sondern braucht von Zeit zu Zeit auch die Rückbesinnung auf die Vergangenheit bis hin zur Stein(krug)zeit.
Und so lesen zum Beispiel die Leute voll Genugtuung, was in der Ochsenbraterei neben dem frisch aufgespießten Kandidaten mit Kreide auf einer großen Tafel geschrieben steht: »Das ist der zehnte Ochse. Er war eineinhalb Jahre alt.«
Eine Bude weiter schmettert die Musik den Nahkampfwalzer »Auf und

nieder, immer wieder« ins entfesselte Volk, und wenn man jetzt vom Innenbalkon herunterschaut, sieht man die Sexwelle, dargestellt von ein paar tausend Bierseligen, leibhaftig durch das Zelt branden. Und dann stehen sie auf den Tischen, stampfen die abgenagten Knochen nieder und besingen die Liebe im Hafen, die Waldeslu-u-st, die Reeperbahn nachts um halb eins, den wunderschönen deutschen Rhein, das muntere Rehlein, aber auch das Polenmädchen und die Pest an Bord vor Madagaskar. Im Eck hinten wird gerauft, die Ordner stürzen herbei, rammen die Streithansln, reißen sie auseinander, werfen sie hinaus. Und alles jubelt, alles lacht! Hier wird fehlendes Alltagsglück nachgeliefert, ein Prosit der Gemütlichkeit, oans, zwoa, dreitausend bsuffa!
Vielleicht braucht man das manchmal. Vielleicht ist das Oktoberfest in Wahrheit ein riesiges Ventil, eine Art seelisches Bad Wörishofen, mit kalten Biergüssen und warmen Hendlanwendungen. Wenn auch die Krankenkassen nichts dazuzahlen.
Man hört immer wieder, daß man sich auf der Wies'n gesundmachen kann.

Herbert Schneider

Das Lied der Wies'n-Sänger

Am Samstag beginnt das von vielen schon sehnsüchtig erwartete Oktoberfest, jenes weltbekannte Treffen von Trinkern und Sängern, das jedes Jahr aufs neue bestätigt, daß es kein Volk gibt, das ein reichhaltigeres und schöneres Liedgut zur Blasmusik in Bierzelten hat.
Hier nun, zur Erinnerung und zur eventuellen Einübung, jene Titel, die Allgemeingut des kleinen Mannes, der kleinen Frau und bald auch des kleinen Kindes sind, sofern es durch fleißige Mitnahme in die Bierzelte zwanglos in den Liederschatz der frohen Zecher hineinwächst.

Thema Liebe

Rote Rosen, rote Lippen, roter Wein – Schöne Maid, hast du heut für mich Zeit – Rosamunde, schenk mir dein Herz und dein Ja – Daß du mich liebst, das weiß ich, auf deine Liebe scheint der Mond – Mein Herz, das ist ein Bienenhaus – Du kannst nicht treu sein, nein, nein, das kannst du nicht – Es war einmal ein treuer Husar – Schenk mir doch ein kleines bißchen Liebe – Schwarzbraun ist die Haselnuß – Mädel ruck ruck ruck an meine grüne Seite – Herz, Schmerz und dies und das.

Geistige Getränke

Heute blau und morgen blau und übermorgen wieder – Trink, trink, Brüderlein trink – Schnaps, das war sein letztes Wort, dann trugen ihn die Englein fort – Wer soll das bezahlen, wer hat das bestellt – Bier her, Bier her, oder i fall um – Wir versaufen unser Oma ihr klein Häuschen – Nach Hause, nach Hause, nach Hause gehn wir nicht – Ich möcht einen Biersee, so groß wie der Schliersee – Trink ma noch ein Tröpfchen... o Susanne – Es gibt kein Bier auf Haiwaii – Ein Heller und ein Batzen.

Seefahrt

Wir lagen vor Madagaskar – Mich rief es an Bord, es wehte ein frischer Wind – Eine Seefahrt, die ist lustig, eine Seefahrt, die ist schön – Die Fischerin vom Bodensee – Auf der Reeperbahn nachts um halb eins – Heut geht's an Bord und morgen geht's fort – Wo die Nordseewellen schlagen an den Strand.

Auswärtige Angelegenheiten

In einem Polenstädtchen, da wohnte einst ein Mädchen – Kennst du mein Kufstein, die Perle Tirols – Die Sonne scheint bei Tag und Nacht, eviva Espana – Mare, des is da Radlerweg nach Moskau, da fahrn ma hin – Das Schönste auf der Welt, ist mein Tiroler Land – Tief drin im Böhmerwald, da liegt mein Heimatort – I bin a Steirer Bua und hab a Kernnatur.

Ehe und Familie

O mein Papa war eine wunderschöne Mann – Geh Alte, schau mi net so deppert an – Alte magst an Kaas, naa, der is ma z'raß – Der Spatz, der hat zwei Äugelein, er äugelt hin und her – Alte, Alte, Alte geh ziahg ma de Schuah aus.

Wandern, Bergsteigen, Natur

Wohl ist die Welt so groß und weit und voller Sonnenschein – Mein Vater war ein Wandersmann – Im Wald, da sind die Räu-äuber – Wohlauf die Luft geht frisch und rein, wer lange sitzt, muß rosten – Waldeslu-u-ust, o wie einsam schlägt die Brust – Die Vöglein im Walde, die sangen so wunder-wunderschön – Herrliche Berge, sonnige Höhen, Bergvagabunden sind wir – Hoch auf dem gelben Wagen – Das Wandern ist des Müllers Lust – Muß i denn, muß i denn zum Städtele hinaus – Frischauf Berggefährten, der Morgen der graut – Wem Gott will rechte Gunst erweisen – Im Wald und auf der Heide – Ein Jäger aus Kurpfalz.

Rhein und Umgebung

Warum ist es am Rhein so schön – Das kannst du nicht ahnen, du munteres Rehlein du – O du wunderschöner deutscher Rhein – Ein rheinisches Mädel vom rheinischen Rhein.

Sport

Auf und nieder immer wieder – Ja, mir san mi'm Radl da – Einen Schnee-, Schnee-, Schnee-, Schneewalzer tanzen wir – Schützenliesl, dreimal hat's gekracht – Ententanz.

Landwirtschaft

Ei, ei, ei, ei, die Goaß is weg – Im Grunewald ist Holzauktion – Schwiegermutter leucht amal, da is a Goaß im Stall – Mir san de lustigen Holzhakkerbuam.

Soldatenlieder

Die blauen Dragoner, sie reiten – Lippe Detmold eine wunderschöne Stadt – Das ist Lützows wilde verwegene Jagd – Auf der Heide blüht ein kleines Blümelein – Unter der Laterne, vor dem großen Tor – Drei Lilien, drei Lalien – I bin da Bua vom Loisachtal – Ich ging einmal spazieren, um mich zu amüsieren – O du schöner Westerwald.

Sonstiges

Mei Huat, der hat drei Löcher – Freut euch des Lebens, weil noch das Lämpchen glüht – Im ersten Stock, im zweiten Stock, da wohnt der Kommissär – Gehma amoi nüber zum Schmied seiner Frau – Ein Vogel wollte Hochzeit machen – Du schwarzer Zigeuner.
(Diese Studie entstand im vergangenen Jahr und dient dem Zweck, späteren Generationen zu vermitteln, was im letzten Viertel des 20. Jahrhunderts in der Bundesrepublik Deutschland, speziell in Bayern und besonders auf dem Oktoberfest vorwiegend von Blechmusik geblasen und lauthals mitgesungen wurde.)

Siegfried Sommer

Blasius geht auf die Wies'n

»Desmoi gibt's feste Schleg fia G'schäftsleit«, sagte der Augustinerwirt Meier zum Spaziergänger, als ihn dieser um die finanziellen Erfolgsaussichten der Wiesenunternehmer befragte. In der Tat, als Blasius an einem feldgrauen Regennachmittag in die Budenstadt eindringt, empfängt ihn eine Straße des Gähnens. Wie feuchtes Seegras hängen die Zwiebeln aus den Sardinenbroten, die Gesichter der Obsthändler sind noch saurer als ihre Trauben, und die Schleien und Hechte über den Holzkohlenfeuern singen lustlos und traurig das Lied vom stummen Fisch.
»De ganze Wies'n is übazücht'«, sagt der Heringsbrater Jakob Resl und haucht seinen Proletarierforellen mit einem Ruck die eisernen Seelen ein, daß sie hinten noch ein gutes Stück herausschauen.

In leiser Wehmut denkt Blasius an jene Zeiten, wo man aus den vielen Attraktionen und Abnormitätenschauen mit der schmunzelnden Feststellung herausging: »Für Dummheit muaß ma hoid Steuer zahl'n«, aber doch keinem Menschen böse war. Heute wird man elegant abgekocht mit Ei. Blasius liest die kriminellen Eintrittspreise am Rotor und den Flying Cars. Auch ein neues Fuhrunternehmen, bei dem man für einen Stutz motorrollen kann, hat einen üblen Kurs. Aber das Münchner Publikum ist gar nicht so dumm, wie es auf den Wiesenkarten dargestellt wird, und deshalb gibt's für diese Geschäfte diesmal ein festes finanzielles Pitsch-Patsch. An den vielen Schießbuden beobachtet der Spaziergänger mit leisem Bauchweh, wie die jungen Burschen die nagelneuen Kolbenhälse der Luftgewehre schon wieder »saugend« und »schraubend« umfassen.
In einer Schiffschaukel entdeckt Blasius den linken Schächer aus den Oberammergauer Festspielen zusammen mit einer Frühvollendeten aus der Trappentreustraße. Es war ihm also doch nicht ernst mit der Bekehrung. Dann fährt Blasius mit dem »Bumerang«, aber nur einmal, dann ist er bedient; doch er tröstet sich, daß so eine Fahrt ganz sicher aufs Sterben angerechnet wird. Lange steht der Spaziergänger unter dem Toboggan, und er wird auch nicht enttäuscht, denn er kann seine Augen bei den gefallenen Mädchen oft bis über den verbotenen 38. Breitengrad hinauf spazierenführen. »Die ganze Welt spricht von Rubini«, steht an einer Jahrmarktsbude, und Blasius ist tief beschämt, weil er von Rubini noch nie etwas gehört hat. Vor einem anderen Etablissement steht ein frierendes Mädchen, mager wie ein Gartenstuhl und mit Goldbronze bestrichen wie die Tannenzapfen an einem Weihnachtsbaum. Ein mäßig solid aussehender Impresario, dem die verrunzelten Augen im Gesicht kleben wie die Weinbeerln in einem Allerseelenzopf, versichert, daß sich das goldene Mädchen im Innern der Schau völlig entkleiden werde, worauf sich sofort alle Zuschauer fluchtartig entfernen.
In einem Bierzelt trifft der Spaziergänger auf den gar nicht mehr fritschen Willy Fritsch. »Dea wead aa ollawei volla im G'sicht – aba volla Falt'n«, meint ein boshafter Herr mit einem runden Fußballkopf. Blasius stellt mit Verstimmung fest, daß die Musik in den Bierzelten zahlreiche Pausen spielt. Die Akademikerboxen schwelgen in Erwartung der kommenden Konjunktur. Die Senioren mit den Rasiermessernarben stehen bei jedem Schluck Bier auf, halten die Maßkrüge an die unsichtbaren Koppelschlösser, kneifen die hinteren Wangen zusammen und knallen dann mit den Hacken: »Jestatt'n...«

Karl Spengler

Der Vogeljakob

Aus einer Ecke zwitschert und tiriliert es über das Menschengewimmel des Kilianifestes in Würzburg. Aha, der Vogeljakob ist auch da! denkt man, um beim Näherkommen zu entdecken, daß es ja gar nicht unser Vogeljakob Lorenz Tresenreiter ist, der da vorne paradiert. Es ist ein weitläufiger Wahlverwandter von ihm mit fränkischer Mundart. Er flötet nicht schlecht, vielleicht gradso gut wie unser Vogeljakob; aber beim »Schmus« merkt man, dieser da verhält sich unserem echten gegenüber genauso wie ein Volkssänger, der von anderen erfundene Couplets vorträgt, zu einem wahren Humoristen, der seine Liedln und Solovorträge selber macht, ein Papa Geis, ein Valentin oder ein Weiß Ferdl etwa. Lauter Einmalige. Einer davon war unser Vogeljakob Lorenz Tresenreiter.
Gäbe es ein objektives Register, das Politiker, Schauspieler, Geschäftsleute, Künstler und Wissenschaftler nach dem Grad ihres Wertes für die Menschheit einstuft, dann stünde darin der Vogeljakob für unsere bayerische Welt zweifellos in den ersten Reihen eingeschrieben.
München hat nicht mehr viel an solchen Originalen wegzugeben, und wenn es nach den Münchnern gegangen wäre, sie hätten den Vogeljakob in alle Ewigkeit nicht ziehen lassen. Nur 59 Jahre waren ihm geschenkt. Was aber hat er aus seinem Leben gemacht, das ihn einst zum Kellner ausersehen hatte, sich dann auf die Bretter der Kleinkunst schwang, um sich endlich jahrzehntelang auf Jahrmärkten zu erfüllen?
Wir verraten kein Geheimnis, wenn wir sagen, daß es Tresenreiters Pfeiferl schon in jeder Schreibwarenhandlung um die Jahrhundertwende gab, als der Vogeljakob noch in den Windeln lag. Aber dieses Pfeiferl führte ein Schattendasein, bis er es zu seiner Vogelflöte erhoben hat. In einer Zeit, die den Menschen fast ganz der stillen Töne entwöhnt hat, lehrte er von seinem wackligen Katheder herunter klein und groß, wie notwendig es für die Menschenseele ist, die sanften Stimmen der Natur in sich einzulassen, ihnen in ihren überbeanspruchten Gemütern wenigstens eine Membrane zu bewahren, die sie in Schwingung setzen. Das ist ihm tausendfach gelungen. Nie hat er sich angemaßt, mit seiner Gaumenflöte die Vogelstimmen ersetzen zu wollen; so echt ihm auch die Töne perlten, sein Rat war der eines Anwalts der Vogelwelt: »Gehts naus in der Fruah in' Woid, Leut, nehmts euch eine Vogelflöte mit und horchts ... und dann probierts es« ... dann kam die ganze Skala der Vogelstimmen: »Amsel ... Zeisig ... Stieglitz ... Lerche ... und ganz hoch droben der Sperber ... und der Bussard ... die Elster ...« Wahrhaftig, in der Lärmbrandung des Oktoberfestes unterhalb der Bavaria oder in der äußersten Südostekke des Mariahilfplatzes in Dultwochen hat er uns ein ganzes Waldorchester in die Luft gezaubert. Als Imitator, wohl, dem es aber doch über alle Nachahmung hinaus darum ging, seine Zuhörer zu den Sängern aus erster Gotteshand hinzuführen.

Er kannte die Menschen besser als sie sich selbst kennen, darum traf sein Verkaufsgespräch, der »Schmus«, mitten in die verwundbare Stelle seiner Hörer: »Gestern war der Oberbürgermeister Wimmer bei mir und hat gsagt: Vogeljakob, dein Schmus is hundert Mark wert!« Eine kurze Pause, dann eine Oktave tiefer, grollend: »Gebn hat er ma s' net.« Oder jene Vater-Sohn-Szene, die sich im grünen Walde begibt mit endlosen Fragen des Buben: »Vadda, wos war jetzt dös für a Vogerl?« »Dös???« fragt der Vater, »dös war a … a … a …«. Natürlich, der Vater weiß es nicht, das ist dem Buben ganz klar; um sein Unwissen zu bemänteln, läuft der Vater zur Haustyrannenform auf: »Jetzt hör doch amal auf mit deiner saudumma Fragerei!« Der Sohn schweigt. Für ihn hat der Vater ausgespielt. »Mei Babba is a Depp!« murmelt er in Gedanken.

Es war nicht Suggestion, was die Leute immer wieder zum Geldbeutel greifen ließ, wenn er, wie ein Dirigent, den Buben, die seinen Schragen umstanden, den Einsatz gab zum Vogelstimmen-Monsterkonzert. »Es ist ja so leicht, Leute, hinhören, probieren und Geduld haben … wenn's *die* können, könnts es ihr auch!« Kein bloßer Spaßmacher, in vielen seiner Sprüche waren echte Goldkörner der Wahrheit. In eine andere Umwelt hineingeboren, wäre aus dem Vogeljakob vielleicht ein Denker und ein Deuter geworden. Das Schicksal hat ihn auf den Jahrmarktsschragen gestellt. Die Wahrheit bleibt aber immer Wahrheit, ob auf dem Katheder oder auf dem Jahrmarkt. Der Vogeljakob hat sie in Späße gehüllt, mit Amselpfiffen und Lerchentrillern versilbert, ja, mit volkstümlichen Derbheiten jenen mundgerecht gemacht, die dem Kathederphilosophen unerreichbar sind. Er wird uns sehr fehlen … nicht nur beim heurigen Jubiläums-Oktoberfest.

Ludwig Thoma

Münchnerinnen

Paula saß mit einem verdrossenen Gesichte auf ihrem Karussellpferde; ihre Miene paßte gar nicht zu dem heiteren Walzer, den die Orgel dröhnend und pfeifend spielte, indes sich Pferde, Schwäne, Schlitten in immer rascherem Schwunge drehten. Ihre Augen blickten finster, ihr Mund war zu einem Schmollen verzogen, und während sich vor ihr und hinter ihr lustige Paare lachend und kreischend dem kindlichen Vergnügen hingaben, schaute sie düster vor sich hin.

Das Karussell hielt. Paula stieg langsam ab und ging zu Franz, der verstimmt oder gelangweilt dem Treiben zugesehen hatte.

»Also, jetzt sei net so fad und tu halt mit! Warum verdirbst mir denn das bissel Freud'?«

»Ich fahr nicht am Tag. Prinzipiell nicht. Ich hab dir 's schon g'sagt…«

»Allaweil prinzipiell. De andern Leut sin lustig, und du bist prinzipiell fad...«
»Mit den Dienstbot'n da herumkutschieren, das tu ich nicht.«
»Früher warst d' anders...«
»Ach bitte...«
»Ja, dös is amal wahr. Da wärst halt auch naufg'sess'n und wärst lusti gewes'n, wie die andern Leut. Aber i kenn 's scho lang...«
»Du hättest ja warten können. Ich hab dir am Herweg gesagt ... jawohl, wortwörtlich hab i dir 's g'sagt: unter Tags setz ich mich nicht in ein Karussell. Ich hab meine Gründe dafür...«
»Vielleicht schinierst dich mit mir...«
»Ich genier' mich mit der Gesellschaft da... jetzt fahren andere Leut als wie abends...«
»Na muß i halt heimgeh'n...«
Paula drehte sich um und ging weg. Am liebsten hätte sie laut hinausgeschrien.
Es war nicht wegen der Kinderei, o nein! Deswegen war's wirklich nicht.
Er zeigte ihr mit seinen Launen, daß er abgekühlt war; sie fühlte es so deutlich, sie merkte es an allem, was er sagte und was er nicht mehr sagte. Ja, daran am meisten.
Er redete oft wie ein Schulmeister und korrigierte an ihr herum.
Wenn sie zusammen ausgingen, mußte sie acht haben auf ihre Worte und ihre Bewegungen; gleich war ihm etwas zu auffallend oder zu zärtlich.
Sie hatte ihre Scheu beinahe überwunden, wo sie doch viel mehr zu fürchten hatte wie er, und jetzt weigerte er sich oft, mit ihr Arm in Arm zu gehen, und predigte Vernunft.
Und einmal war sie rasch vom Hause weg zu ihm gekommen, und vielleicht waren ihre Haare wirklich nicht ganz in Ordnung gewesen. Wer sieht denn so was?
Einer, der wirklich verliebt ist, paßt auf solche Kleinigkeiten nicht auf.
Aber er hatte gleich die Stirne gerunzelt und ihr einen Vortrag gehalten, daß man sich nicht gehen lassen solle, wenn man sich länger kenne, und daß er prinzipiell gegen solche Nachlässigkeiten sei. Er wisse schon, viele Frauen hätten das so, daß sie glaubten, man müsse sich nicht mehr voreinander genieren, aber die Art von Vertraulichkeit könne er gar nicht vertragen.
Und so rechthaberisch wurde er. Früher, da war er immer entzückt gewesen und hatte nichts wie lauter Schönes und Gutes an ihr gesehen.
Das war jetzt alles anders. Heute hatte sie ihm vorgeschwärmt von ihrer Freude am Karussellfahren, und da war er gleich wieder der Schulmeister gewesen. Erstens sei es überhaupt kein Vergnügen für Erwachsene, und zweitens, wenn man so was schon mitmache, müsse man in Stim-

mung sein. Ach! Die Ohren taten ihr oft weh, wenn er so anfing. Und dann fuhr sie doch, und er bockte, wie er's oft machte.
Wegen solchen Läppereien konnte er Streit suchen, ihr den Tag verderben! Nein, da war's gleich gescheiter, es war alles auf einmal aus.
Aber wie sie es nur dachte, wußte sie auch, daß ihr die Liebe zu ihm alles geworden war. Sie sah ins Leere; da war doch nichts mehr, gar nichts mehr, wenn das nicht mehr war.
Tränen verdunkelten ihren Blick ... aber sie ging von ihm weg.
Sie wollte nicht bleiben und seine guten Lehren anhören.
Franz sah ihr nach.
Einen Augenblick hielt er noch an seinem Trotze fest. »Man muß Frauen nicht immer nachgeben«, sagte er altklug zu sich selber. Sie sollte sehen, daß er seinen Willen behielt.
Als er bemerkte, wie ihr Schritt unsicher war, wie sie den Kopf sinken ließ und die Schultern nach vorne zog, ergriff ihn tiefes Mitleid, und er eilte ihr nach.
»Paulimutsch... du! Sei wieder gut!«
Sie sah ihn von unten auf an wie ein Kind, und um den Mund zuckte ein heftiges Weinen.
»Ich war doch net...« Sie konnte nicht weiter reden und klappte hastig ihre Handtasche auf, um ihr Sacktuch herauszuholen. »I war doch net bös...«
»Aber ich? Gelt? Wein net, guts, liebs Mädel! Ich war so verdrießlich, so dumm, i weiß ja selber...«
»So garstig bist d' jetzt oft mit mir... Dös halt i net aus... wenn's d' mi nimmer magst, sag mir's do lieber glei ganz!«
»Geh, wie magst d' so red'n... Du weißt doch...«
»Na... dös weiß i oft nimmer...«
»Daß i di gern hab? Dös weißt du net? Geh, Paulimutsch... Das fühlst du doch...«
»Wenn man ein' gern hat, plagt ma'n doch net.«
»O ja... erst recht... Da steigt's ei'm oft so in 'n Kopf, da bitzelt all's an ei'm... ma muß ei'm weh tun...«
»Ich kunnt's net... g'wiß net...«
»Du freilich net... du bist so gut... aber schau, vielleicht war's Eifersucht, weil i net mag, daß dich die andern Leut ausg'lass'n seh'n...«
»Was is denn dabei? Schau, i bin als Kind scho so gern Karussell g'fahr'n, und jetzt, 's erste Mal auf der Festwies'n mit dir...«
»Du hast ja recht... und jetzt geh'n mir zum Schottenhammel, und darnach fahrn mir mitsamm...«
»Na... fahr'n tu i nimmer... dös möcht i net nomal hamm...«
»I fahr ja mit, und recht lusti woll'n mir sei...«

»Jessas!« Paula drehte sich hastig um.
Auf der anderen Seite der Straße stand Rubatscher mit einem jungen, ziemlich aufgedonnerten Frauenzimmer, das eben zu überlegen schien, wie es durch den aufgeweichten Schmutz kommen könne.
»Was hast du?« fragte Franz.
»Tu so, als ob d' net zu mir g'hören tätst«, antwortete Paula ziemlich aufgeregt.
Sie schien angelegentlich die Photographien zu betrachten, die in einem Auslagekasten hingen, Franz ging etliche Schritte von ihr weg.
Der Budenbesitzer schrie ihm nach: »Kommen Sie herein, mein Herr! Lassen Sie sich aufnehmen mit Ihrer reizenden Gemahlin! Es wird ein bezauberndes Bild geben. Es wird für Ihre Kinder ein liebliches Andenken sein… Nur ein paar Minuten, meine Dame!«
Paula war erschrocken; es waren in der frühen Nachmittagsstunde so wenig Menschen auf dem Festplatze, daß sie von Rubatscher gesehen werden mußte. Und das Geschrei des Photographen konnte er kaum überhören.
Sie nahm sich zusammen und ging rasch, als hätte sie einen bestimmten Gang zu machen, an Franz vorbei.
»Komm mir unauffällig nach!« murmelte sie ihm zu.
In einiger Entfernung blieb sie vor einer Menageriebude stehen und sah sich wie zufällig um. Rubatscher war nicht mehr zu sehen, und sie atmete auf.
»Was war denn?« fragte Franz.
»Unser Kommis… i hab glaubt, i gib kein Tropfen Blut mehr. Wenn mich der beobacht' hätt mit dir! I kann den Kerl a so net ausstehn'n…«
»Was hätt er denn beobachten können? Daß du zufällig mit an Herrn g'sproch'n hast? No, was is dabei?«
»I hab doch g'weint, und du hast in mich nei'g'red't…«
»Ah! So genau hat der das net g'sehn…«
Paula war gleich wieder beruhigt und ging nun, glücklich über die Versöhnung mit Franz, zum Schottenhammel. Ab und zu machte sie halt und spähte vorsichtig umher, ob der ekelhafte Kerl nicht auftauchte.
Aber der war ja nach der entgegengesetzten Richtung gegangen.
Rubatscher hatte mehr gesehen, als die Frau seines Chefs ahnte; jedenfalls so viel, daß er von der Begegnung für sich keine schlimmen Folgen befürchtete.
Er hätte eigentlich ein schlechtes Gewissen haben müssen, weil er den Lehrling allein im Laden zurückgelassen hatte, angeblich um einen notwendigen Gang nach dem Zollamt zu machen.
Statt dessen bummelte er mit einem Dienstmädchen auf der Wiese herum.

»Dös war die Frau Globerger?« fragte das Mädel.
»Sell woll...«
»Herrschaft na! De sagts am End?«
»Wos sagt sie?«
»Daß s' di auf der Wies'n g'sehgn hat mit mir...«
»Beilei net. De werd niacht sog'n... sinst sog i eppan aa wos... sell braucht di gar nix bekimmern...«
»Was sagst du?«
»Allerhand um an Kreizer...«
Rubatscher war nicht mitteilsam. Er brummte vor sich hin: »So... so? Hiatzt geht mir a bengalisch Liacht auf. Hab mir schun alm denkt, warum sie gar nimmer dahoambleibt. Sell isch er g'wösen, der Fack. Wie er in sie einig'redt hot, aft hot sie trenzt... sell isch er g'wösen...«
»Lassen Sie sich aufnehmen, schöner Herr!« rief der Photograph. »Ein reizendes Familienbild für die lieben Angehörigen... Arm in Arm mit der lieblichen Braut. In drei Minuten ist das Bild fertig... Kommen Sie herein, mein Herr!«
Rubatscher ging an ihm vorbei. Er überlegte sich, ob er Paula nicht von weitem beobachten könnte. Aber wenn sie es merkte, konnte sie leicht eine Geschichte erfinden und ihn beim Globerger verklagen. »Sell war niacht ratsam...« Er ging lieber mit seinem Mädel in eine Wirtsbude und trank Märzenbier zu sehr viel Schweinswürsteln.
Erst nach etlichen Stunden brach er auf und schimpfte daheim über das schlamperte Zollamt.
Franz und Paula fanden Gesellschaft in der großen Halle von Schottenhammel: Herrn Otto Jüngst und Frau Resi Schegerer. Etwas später kam ein Freund von Jüngst dazu, ein Maler Nottebohm aus Hamburg. Er stellte die junge Dame, die bei ihm war, als Fräulein Merry vor, ohne einen Familiennamen anzugeben.
Vielleicht war er ihm entfallen; ein Mann von der Waterkant wird sich den Namen Stingelwagner nicht leicht merken. Wozu dann freilich Merry oder Mary nicht wohl paßte, und eigentlich hieß sie auch Zenta, und der Name lag ihr.
Zenta Stingelwagner, dem Äußern und etlichen in unbewachten Momenten sich verratenden Manieren nach aus dem östlichen München, aus dem Viertel der ruhmreichen Erinnerungen, – Weißenburg, Wörth, Orleans.
Sie hatte ein keckes Gesicht, das man hübsch nennen konnte, und das ansprechender gewesen wäre, wenn sie es nicht Versuche zur Vornehmheit entstellt hätten; sie zog dabei die Brauen hoch und blickte unter halbgeschlossenen Lidern blasiert über die Menschheit weg.
»Das ist Geschmackssache«, sagte sie, als Nottebohm die münchner Fröh-

lichkeit rühmte, die sich schon ringsum in der Halle bemerkbar machte.
»Man fühlt sich doch nicht recht wohl dabei.«
»Sie müssen sich halt bei uns einleben, gnä Frau...«, erwiderte Jüngst. »Sie wern sehen, es g'fallt Ihnen großartig...«
»Das glaube ich nicht. Es sind doch meistens Leute, die nicht zu einem passen...«
»Aber das is ja grad nett... Gibt's denn was Faderes als eine G'sellschaft, in der alle z'sammpass'n?«
Zenta zuckte die Achseln; sie war nicht zu überzeugen.
»Das ist Ansichtssache. Manchen gefällt der Ton, manchen nicht.«
Sie musterte mit einem sehr vornehmen Blick den nächsten Tisch, an dem eben ein Herr, der gebratene Hühner brachte, mit überlauter Fröhlichkeit begrüßt wurde.
Eine junge Dame sprang auf und umarmte ihn stürmisch, eine andere kreischte vor Entzücken und warf ihm Kußhände zu.
Es waren Leute vom Theater, die sich redliche Mühe gaben, erkannt zu werden; als es ihnen gelungen war, spielten sie dem Publikum eine sich ganz vergessende Ausgelassenheit vor.
Die Herren lachten in dröhnendem Basse, die Damen in wohlklingendem Sopran; alle beanspruchten Aufmerksamkeit für ihre selige Stimmung und erwiderten sie.
»Kinder! Ist das nicht herrlich?« rief der Älteste in der Schar, dessen Augen hinter starken Fettpolstern vergnügt funkelten. Er gab wie ein Chorführer immer wieder das Zeichen zu neuen Ausbrüchen, wenn Pausen eingetreten waren.
»Was sagt ihr zu dem Göttermahl? Nüsse, Würste und Huhn am Spieß gebraten, und dieses Bier! Und wären wir hier, wenn Maxe nicht auf die großartige Idee gekommen wäre? Kinder! Wir müssen auf sein Wohl trinken...« Maxe wurde wieder umarmt. Die lebhafte Blondine neben ihm zog seinen Kopf an sich und küßte ihn schallend auf die Glatze.
Der dicke, recht gewöhnlich aussehende Herr hatte ein stilles Lächeln für all das Übermaß von Freude, das er um sich verbreitete. Er besaß irgendwo im Rheinischen eine gut gehende Fabrik und reiste mehrmals im Jahre nach München, wo er Gott und Protektor der Kunst, und wo er Maxe bei allen Tinis und Lillys war.
Zur andern Seite der Blondine saß ein jüngerer Mann von gutem Aussehen; seine dunklen Augen und das wellige, braune Haar konnten sicherlich Eindruck auf empfindsame Frauen machen; er war der einzige, der nicht von der allgemeinen Heiterkeit mitgerissen wurde. Nur zuweilen raffte er sich mit Gewalt zusammen und stimmte ein Lachen an, aber es klang höhnisch und schneidend. Dann stützte er den Kopf wieder mit der Hand und blickte finster, beinahe drohend in die Ferne.

Sein deutlich zur Schau getragener Schmerz fiel Paula auf, die nach Zwist und Versöhnung in sehr weicher Stimmung war, und sie fragte sich mitleidsvoll, was der arme, hübsche Mann wohl für einen geheimen Kummer haben müsse.
Manchmal fuhr er auf und preßte die Lippen zusammen, oder er fuhr sich mit der Handfläche über die Stirne, als wolle er einen bösen Traum verscheuchen.
Er bemerkte bald den Eindruck, den er auf die gutmütige Frau gemacht zu haben glaubte, und seine tieftraurigen Augen suchten die ihrigen.
»Kinder! Das geht nicht!« rief der Chorführer. »Seht mal Rolf an! Was ist dir denn passiert, Junge?«
Rolf antwortete nur mit einem sehr bitteren Lächeln, und er zog die Achseln hoch.
»Na also, sprich dich aus! Du bist doch unter Freunden!«
Die Blondine winkte ab. Man sollte nicht darüber reden, nicht in dem Schmerze wühlen, nicht Wunden aufreißen. Sie beugte sich über den Tisch und flüsterte dem Chorführer so laut, daß es alle hörten, zu:
»Man hat ihm eine Rolle genommen.«
»Tini!« Der junge Schauspieler rief es sehr eindringlich und sehr wohllautend.
»Man hat sie dir *ja* genommen, und es ist und bleibt eine unsägliche Gemeinheit.« Der Chorführer streckte mit einer herzlichen Gebärde seinen Krug vor.
»Stoß an, alter Freund! Trink ihn aus, den Trank der Labe und vergiß den großen Schmerz!«
»Schmerz! Ihr werdet doch nicht glauben, daß mir der Alte Schmerz zufügen kann…«
Rolf lachte sehr höhnisch auf.
»Na also, dann nicht Schmerz, aber Entrüstung oder Indignation, und nun trink mal und sei fröhlich. Was soll denn Maxe denken?«
Alle wollten mit Rolf anstoßen und ihm Teilnahme und treue Freundschaft zeigen.
Vielleicht hätte er sich umstimmen lassen, wenn nicht gerade Maxe, dem zu Liebe ungetrübte Heiterkeit herrschen sollte, die unvorsichtige Frage gestellt hätte: »Was für eine Rolle hat man dir genommen?«
Da brach der Gekränkte los.
Genommen war kein Wort für dieses Vorgehen. Hinterlistig entwendet hatte man ihm die Rolle; mit gemeinen, niedrigen Lügen hatte man ihn in Sicherheit gewiegt, um den Arglosen dann um so schmählicher zu betrügen.
Man neidete ihm den jungen Ruhm, man wollte seine Existenz untergraben. Hätte man wenigstens einem Würdigen die Rolle gegeben! Aber so

einem ... man werde ja sehen... diesen Vormittag, bei der Generalprobe hatte es sich schon gezeigt, was für eine haarsträubende Fehlbesetzung das war. Es kam da eine Stelle vor... der beleidigte Graf mußte aufspringen und seinen Gegner niederdonnern... »Und *das... das* sagen Sie mir?...« In diesem wiederholten »Das« lag die Steigerung, lag eigentlich die Wirkung der ganzen Szene.

Rolf beugte den Oberkörper langsam zurück, ruckweise, sah Maxe mit starren Augen an, sprang auf und brüllte die gewichtigen Worte in die Halle. »Und *das... das* sagen Sie mir?« So mußte es gemacht werden. Der Graf mußte aufspringen wie ein Löwe, wie ein verwundeter Löwe. Aber dieser impotente Kerl war aufgestanden, wie ein krankes Pferd. Man würde ja sehen. Wenn der traurige Lump von einem Kritiker nicht einmal das sah.

»Bst!« mahnte der Chorführer.

»Ein bestochener trauriger Lump sage ich... meinetwegen kann ihm das jeder erzählen...«

»Bst! Er sitzt doch selber da.«

»Wo?«

»Am zweiten Tisch hinter dir...«

Rolf wandte langsam den Kopf nach der Richtung.

Ein pausbackiger Mensch aß dort gebratene Würstchen und gab sich Mühe, bedeutend auszusehen, als er sich von den Schauspielern entdeckt sah.

»Doktor!« rief der Chorführer und schwenkte seinen Krug. Die Blondine stand auf und jubelte ihm zu, andere winkten ihm, so daß er nicht anders konnte, als herüber kommen und seine Schlachtopfer begrüßen. Man schüttelte ihm bieder die Hand, sah ihm liebeheischend ins Auge, und lud ihn ein, Platz zu nehmen. Das lehnte er ab, denn irgendwelche ungeschriebene Gesetze verboten es Richtern, mit Delinquenten, und Kritikern, mit Schauspielern zusammen zu sitzen.

Als er sich wieder verabschiedet hatte, sagte Rolf, man hätte eigentlich den Schurken erdolchen müssen; er warf ihm finstere Blicke nach und versank in seinen Schmerz zurück.

Aber Paula beachtete seine tieftraurigen Blicke nicht mehr; sie war näher an Franz gerückt und tauschte heimliche Zärtlichkeiten mit ihm aus.

Frau Resi schwieg, und es war deutlich genug zu merken, daß sie ihrem Ottibubi zürnte.

Wie hatte er nur dieses Weibsbild einladen können! Das war doch eine unverzeihliche Rücksichtslosigkeit, Paula und sie als verheiratete, angesehene Bürgersfrauen mit einer solchen zusammenzubringen.

Sie wollte ihm aber sagen, daß sie sich derartige Dinge schönstens verbitte.

Und wie ekelhaft war es, daß er die Person als gnädige Frau titulierte!
So eine, der man es auf hundert Schritte ansah, daß sie vor ein paar Wochen noch Wassermädel in einem Kaffeehause gewesen war.
Zenta, die merkte, daß man ihr einige Abneigung entgegenbrachte, war nun erst recht entschlossen, ihre Bedeutung hervorzuheben.
Als ein italienischer Händler an den Tisch kam und gebratene Kastanien zum Kaufe anbot, wechselte sie mit ihm etliche Worte.
»*Quanti costa?*« und »*Grazie tanto*...«
Otto tat ihr den Gefallen, zu fragen, ob die gnädige Frau italienisch spräche. Sie hätte, was ihm schon gleich aufgefallen wäre, einen südländischen Typus.
Das gab Zenta Gelegenheit, den Roman ihres Lebens zum besten zu geben.
Es schien nicht das erstemal zu sein, denn Nottebohm hustete, rückte unruhig auf seinem Stuhle hin und her und wollte ein anderes Gespräch anschlagen.
Aber nach einem strafenden Blick auf ihn erzählte die gnädige Frau dennoch die Geschichte einer Verlassenen.
Natürlich hatte sie südländisches Blut in den Adern. Ihre Mama war nämlich mit einem italienischen Grafen verlobt gewesen. Das Paar liebte sich innig, und alle Bedingungen zum Glücke waren vorhanden, wenn sich nur die Eltern des Conte nicht so erbittert und hartnäckig seiner Verbindung mit einem bürgerlichen Mädchen widersetzt hätten.
Lange Zeit schien er im Kampfe gegen die Seinen stark bleiben zu wollen; aber eines Tages war er verschwunden. Die Unglückliche hörte nie mehr von ihm; sie gab einem Mädchen das Leben, kränkelte und starb.
Das Mädchen war Zenta, das heißt Merry, die dann von Verwandten an Kindes Statt angenommen und erzogen wurde.
»Du, ich geh jetzt...«, sagte Resi zu Otto.
»Warum denn? Mitten am Nachmittag?«
»Weil i Kopfweh hab ... I kann den Spektakel nimmer vertrag'n...«
»Jetzt bild dir doch keine Schwachheit'n ei ... i hol dir nachher was z' ess'n, da wird's dir scho wieder besser...«
»Nein, danke. Du kannst ja bleib'n, wenn du so rücksichtsvoll bist...«
»Alles, was recht is, aber i lauf do net um sechs Uhr von der Wies'n heim...«
»Ich will ja gar net, daß du das herrliche Vergnüg'n aufgibst ... adjö!« Resi stand auf.
»Gehst du mit?« fragte sie Paula. Diese zögerte, aber als ihre Freundin beleidigt den Kopf zurückwarf und durch die Tischreihen schritt, sagte sie zu Franz:
»Ich komm dann wieder; wir gehen bloß ein bissel ins Freie, und wenn

Resi eine Tablette nimmt, ich hab was bei mir, dann wird's ihr schon wieder gut.« Sie eilte Resi nach.
Als sie an dem Tische der Schauspieler vorbeikam, verneigte sich Herr Rolf sehr ehrerbietig vor ihr. Sie dankte flüchtig und etwas erstaunt. Am Ausgange holte sie ihre Freundin ein, die hochrot vor Aufregung war und mit ihren Tränen kämpfte.
»Geh, was hast denn?«
»Nix. Eigentli is ja so a Mensch net wert, daß ma ... daß...«
Nun schluchzte Resi und eilte voran, zwischen den Buden durch auf die freie Wiese, wo sie allein waren.
»Hast du an Streit mit ihm g'habt?«
»Nein...«
»Ja, was war denn auf einmal?«
Resi fuhr sich ungestüm mit dem Taschentuch über die Augen.
»Laßt du dir dös g'fallen, daß si so a giesinger Schlampn an unsern Tisch herhockt? Wenn uns ein Mensch g'sehen hätt, was müßt man si denn da nachsag'n lass'n?«
»Da kann er do nix dafür!«
»Net? Der Maler is do sei Freund. Hätt er ihm net sag'n könna, daß er in Begleitung is und a g'wisse Diskretion wahren muß? Wär dös net ganga?«
»Er hat vielleicht net g'wußt, daß sei Freund wen mitbringt.«
»Na hätt er's ihm merk'n lass'n sollen, daß dös unpassend is. Oder er hätt jetzt mitgeh'n sollen. Aber Aug'n macht er ihr hin, und gnä Frau hin und gnä Frau her sagt er zu dem G'schoß...«
Paula lächelte.
»Du bist gar eifersüchtig...«
»I? Fallet ma'r ei! Weißt, wenn er so weni G'schmack hat, – von mir aus! Na, ich dank schö! Mit so was konkurrier ich noch lang net. Es muß ja net sei...«
»Aber Resi, mach's net ärger, wie's is...«
»I find's arg g'nug. Sei ganze Existenz setzt ma für an Menschen auf's Spiel, und das is der Dank! Der nächstbeste Schlampen werd ei'm vor'zogen ... Wenn dös net arg is...«
»Was soll er denn machen? Schau, sie is amal mit sei'm Freund kommen, und auf der Wiesen nimmt ma's am End net so g'nau...«
»Weil's mi kränkt ... net, daß er so einer auch noch schö tut ... von mir aus! Ich sag dir ja, da konkurrier ich net; und merk i was, hamm mir ein für allemal ausg'red't ... na, desweg'n gar net, aber daß ma sich dös g'fallen lassen soll, mit so an davo'g'hauten Wassermadel auf gleich behandelt wer'n ... sie a G'schpusi ... i a G'schpusi ... na, mei Liebe, da hört's bei mir auf ... am End is ma doch eine verheirate Frau und hat sein' anständigen Verkehr...«

Hackerbräu Ausschank
Hans Schwojer
Bude No 4

Festwirt =
Ferd. Ulzl Jos. Arzberger
Löwenbräu = Märzenbier

Bedienungspersonal vor den Festzelten

links oben: Hackerbräu, um 1910

links unten: Löwenbräu, um 1920

rechts oben: Fischervroni, um 1930

rechts unten: Winzerer Burg, um 1930

Gruss vom Oktoberfest

links oben:
»Lord Chaffrey«,
der Sieger
des Trabfahrens 1902;
Gemälde
von Mathias Pfister

links unten:
Innenansicht
des Hippodroms,
Postkarte, um 1925

rechts:
Plakat des Hippodroms,
1907

GEORG
LANG

Das Teufelsrad von Carl Gabriel, 1910

Innenansicht des Teufelsrads, 1919

links: Bierburg Lang, 1903

Zur BräuRosl
Pschorr Bräu
Fest-Wiese-Pschorr-Zelt
Zur Bräurosl
Märzenbier Ausschank
Fürther Stadtkapelle
Alois Wohlmuth
Restaurateur

WAGNERBRÄU·FESTHALLE
WAGNER BRÄU
C. DREIßER·26
OKTOBERFEST MÄRZEN
Vorzügliche Küche
Spiessbraterei
Täglich ab 3 Uhr grosse Konzerte der beliebten Festkapelle
MAX PFAHLER

Werbeplakate der Brauereien für ihre Festhallen auf der Wies'n, 1900–1926

»An dös hat der Herr Otto gar net denkt; der hat dich doch net kränken woll'n...«
»Ah, geh mir mit die Männer! Vor drei Monat hätt er sich net mit der Person abgeb'n ... Da hätt er mir net zug'mut', daß ich mit der an ei'm Tisch sitzen soll. Aber es dauert ja scho lang g'nug, und mir wer'n nie g'scheit. Mir geb'n allaweil z' stark nach und vergess'n, daß bei die Männer d' Lieb abnimmt, wenn s' bei uns wachst. Desweg'n taugen die meisten Ehen nix, und die Verhältniss' erst recht net ... aber i zeig's ihm schon...«
»Ich mein', das gescheitest is, wir gehen jetzt wieder nei' und setzen uns ruhig hin...«
»Freili, und horchen zu, wie de Schmieselmadam sich als a Grafentochter aufspielt. Daß i net lach! Sonst sin die Herrn der Schöpfung so g'scheit, und da hocken s' da und lassen si an solchen Schmarrn vorerzähl'n ... Mit an italienischen Grafen is die Mama verlobt g'wes'n ... ja, mit an Ziegelbrenner von Ismaning; und wie's kalt worn is, hat si der Herr Graf mit sein Bolentag'schirr verzogen ... und hat ihr die Ziegelpatscherprinzeß als teures Andenken hinterlassen ... Eigentli ärgert's mi, daß i's ihr net glei in's G'sicht nei' g'sagt hab...«
»Es war besser so ... und jetzt komm!«
»Na ... ich geh net nei. I verkehr amal net mit dem italienischen Adel.«
»Aber schau, ich muß do wieder zum ... ich muß do wieder nei'...«
»I will di net aufhalt'n ... bis zum Eingang geh i mit, da begleit i do no, und nachher geh ich heim...«
»Vielleicht überlegst dir's no...«
»Na ... jetzt is 's amal g'sagt, und der Herr soll nur sehg'n, daß ma sich net jede Rücksichtslosigkeit bieten laßt...«
Vor der Halle trafen sie auf Franz, der unruhig wartete.
»Wo bleibst denn, Paulimutsch?«
»Ich hab doch mit der Resi gehen müssen, schau ... warum hast net drin auf mich g'wart?«
»Ich hab nicht allein in dem Spektakel bleiben mögen...«
»Is der Otto weggangen?« fragte Resi hastig.
»Ja ... gleich nach Ihnen...«
»Mit ... mit sein' Freund?«
»Ja ... sie haben noch Buden anschauen wollen...«
»Gehen wir auch?« fragte Paula.
»Gern, wenn's dir recht is.«
Sie hing sich an Franz ein; Resi schritt neben ihnen her.
Sie überhörte Fragen, die beide an sie richteten, und wenn sie Antwort gab, war ihre Stimme heiser vor Aufregung; in ihrer Ungeduld lief sie voraus, blieb wieder stehen und schaute mit suchenden Blicken herum.

Sie wollte allein sein, um rascher vorwärts zu kommen; an einer Straßenkreuzung verabschiedete sie sich, murmelte hastig etwas von Eile und Heimgehen und ging mit raschen Schritten weg.
»Die Arme!« sagte Paula.
»Was is eigentlich?«
»Hast du net gemerkt, daß sie eifersüchtig war? Da is sie rausgangen, und jetzt is er weg...«
»Die finden sich schon wieder.«
»Ach ja ... ihr! Eigentli wißt ihr gar net, wie's unserei'm z' mut is ... Ihr seid viel gleichgültiger. D' Resi hat recht. Bei euch nimmt d' Lieb ab, und bei uns wachst s'...«
Franz lachte.
»Du warst heut auch so hart zu mir«, sagte Paula.
»Erstens war ich net hart, und zweitens haben wir uns wieder versöhnt. Und das is doch so nett!«
»Ach du!«
»Find'st du nicht? Man sollt sich eigentlich hie und da ein bissel zerkriegen, bloß weil die Versöhnung so lieb is...«
»Nein! Du darfst nie mehr so zu mir sei' ... Ich hab an Augenblick g'laubt ... nein, gelt, du bist nie mehr so zu mir?«
»Was hast du glaubt?«
»Ach geh! Ich mag net dran denken ... An Augenblick hab ich gar nimmer g'wußt, wo ich hing'hör ... Zu dir nimmer ... und ... und ... dorthin ja erst recht nimmer ... und da war's so leer und ganz schwarz um mich rum. Das mußt nimmer tun, Franz!«
»Ich tu's ja nimmer ... gib mir ein Bussel!«
»Dös geht doch net ... mitten unter die Leit!«
Er ging mit ihr aus dem Lichtkreis der Bogenlampen in den Schatten einer Bude.
»Aber da geht's...«
»Ach ... du!...«
Resi lief mehr, als sie ging, an den hell erleuchteten Buden vorbei; vor den Karussells blieb sie stehen und suchte sie in fiebernder Unruhe ab. Dann eilte sie weiter und sprach und weinte vor sich hin.
Das konnte er ihr antun! Das! Mit dem Weibsbild, mit dieser schmierigen Person weglaufen, um sie recht tief zu kränken.
Sie wollte umkehren, heimgehen, nie mehr etwas von sich hören lassen. Er sollte nur sehen, daß sie ihren Stolz hatte. Sie malte sich aus, wie das wäre, wenn er flehentlich an sie schriebe. Ganz kalt würde sie ihm antworten. »Mein Herr! Sie haben gewählt ... Man beleidigt mich nur einmal...« So würde sie ihm zurückschreiben. Ob ihm das weh täte? Es wäre die gerechte Strafe für seine Rücksichtslosigkeit ... weglaufen und sie

einfach stehen lassen ... und mit so einer gehen ...
Sie stieß oft an Leute an; manche sahen ihr verwundert nach, etliche riefen ihr derbe Worte zu ...
»Oho ... pressiert's so? Wo aus denn so schleuni? Sie, Fräulein, könna S' as nimmer derwart'n? Herrgottsakra, wenn no de weg'n meiner so laufet ... Teufi! De hat Holz vor der Hütt'n!«
Ein junger Mensch eilte ihr nach.
»Fräulein, darf ich Sie begleiten?«
Sie gab keine Antwort, und er faßte nach ihrem Arm.
»Sie unverschämter Mensch! Lassen Sie mich gehen!«
»Entschuldigen Sie halt, daß man herumirrende Damen bei der Nacht verwechselt ...«
Er rief ihr noch allerlei nach, doch sie eilte weiter.
Der Lärm der Drehorgeln, der Musikbanden vor den Schaubuden tat ihr weh.
Was war das für eine sinnlose Fröhlichkeit? Waren alle diese Menschen wirklich vergnügt und bloß sie von Zorn und Schmerz herumgejagt?
Aber weit wollte sie nicht mehr gehen. Nur mehr bis zu dem zweiten hell beleuchteten Karussell vor ihr, dann wollte sie einen Wagen nehmen, heimfahren, ihn nie mehr sehen.
Sie kam zum nächsten Karussell, blieb stehen und suchte.
Einen Augenblick war's ihr, als sähe sie die Ziegelpatscherprinzessin ... Aber es war eine andere, sie hatte nur den gleichen Hut auf.
»Ah! Was sehe ich? Die gnädige Frau!«
Resi drehte sich erschrocken um.
Herr Fritz Laubmann, Vertreter der Firma Probst in Hof, stand vor ihr und verbeugte sich höflich. »Auch auf der Wiese? Aber Sie erinnern sich meiner vielleicht nicht mehr?«
»O ja ...«, sagte sie ungeduldig.
»Auf jener hübschen Fahrt nach Schliersee hatte ich erstmals das Vergnügen ... leider waren Sie etwas okkupiert ... sozusagen ... ich hatte es fast bedauert ... Darf ich fragen, ob Sie allein ...«
»Nein, ich hab mich mit mei'm Mann zusammenb'stellt ...«
»Natürlich ... ja ... es läßt sich denken, daß Sie nächtlicherweile nicht allein in diesem Trubel sind ... fährt Ihr Herr Gemahl?«
Resi zitterte vor Ungeduld.
Wenn sie den gräßlichen Kerl nicht anbrachte, konnte sie nichts anderes tun, als gleich zum Fiakerstand eilen ...
»Ich such ihn ja ...«, sagte sie gereizt.
Herr Laubmann überhörte den ungeduldigen Ton und bot seine Begleitung an.
»Wir könnten dann gemächlich nach beiden Seiten hin Ausschau halten;

Sie nach der einen, ich nach der andern...«
»Nein ... ich dank schön für die Freundlichkeit ... lassen S' Ihnen net stören...«
»Ich habe nichts vor, und gnädige Frau dürfen überzeugt sein, es geschieht gerne...«
»Ich mag aber net...«
Resi schrie es beinahe heraus.
»Pardon!«
Herr Laubmann hielt seinen Hut mit edler Gebärde, den kleinen Finger weggestreckt in die Höhe. Resi wollte den barschen Ton etwas entschuldigen.
»Mein Mann is so eigen ... ich mag net, daß er mich in Begleitung sieht...«
»Ach so ... die Eifersucht ist begreiflich...«, lächelte der Reisende etwas säuerlich ..., »als Gatte der schönsten Frau Münchens hat man ein Recht dazu...«
»Adjö!« sagte Resi kurz und eilte weg.
Laubmann folgte ihr langsam und sprach allerlei vor sich hin, was nicht ganz so ritterlich war...
»Und der Dämlack hat auch Ursache genug. So was von einer verkommenen, sittlich tief stehenden Gesellschaft gibt es Gott sei Dank bei uns zu Hause nich. Der Lumich hat nischt gemerkt, wie sie doch damals gleich angefangen hat, Zicken zu machen ... aber Friedrich Wilhelm Laubmann kannste nich bedeppern ... du Aas...«
Resi hatte Herzklopfen.
Nun wollte sie ganz gewiß nicht mehr weiter gehen als bis zum Schiffskarussell ... wie leicht konnte ihr der Mensch folgen und sie beobachten. Er hatte sie mit seinem falschen, schielenden Blick so mißtrauisch angesehen, und beleidigt hatte sie ihn obendrein. Endlich war sie angelangt. Sie stellte sich in den Schatten, und beim ersten Blick erkannte sie Zenta, die in einem der auf und ab schaukelnden Kähne saß und sich laut lachend festhielt. Ihr gegenüber saß Nottebohm; aber Otto?...
Sie blickte angestrengt hin, als die zwei bei der Drehung wieder nach vorne kamen.
Otto war nicht bei ihnen.
Sie atmete auf, und gleich dachte sie zärtlicher an ihn. Vielleicht war er in die Halle zurückgegangen und suchte sie nun mit der gleichen Unruhe wie sie ihn.
Sie überlegte, wie sie auf dem kürzesten Wege zum Schottenhammel gelangen könnte ... da faßte sie jemand am Arm.
Ungestüm riß sie sich los und sah nach dem Frechen um...
Herr Jüngst stand vor ihr mit dem gemütlichsten Lachen, das seine weißen Zähne sehen ließ.

»Na ... ausgeschmollt? du ... Dumme ...«
»Gar net dumm ...«
»Net z' wenig ... Resl ...«
Sie war zu froh, als daß sie ihm ein böses Wort hätte sagen können.
»Gib acht ... Otto ... der ekelhafte Sachs ... i hab dir ja erzählt ... der in Schliersee war ... hat mich vorhin ang'redt, wie ich dich g'sucht hab ...«
»Du hast mich g'sucht?«
»Leider ... war i so blöd ... aber im Ernst ... der Kerl spioniert mir ganz g'wiß nach ...«
»Da geh'n mir einfach ums Karussell rum über d' Wiesen; da is dunkel ...«
»Aber vielleicht mußt auf dei italienische Gräfin wart'n ...«
»Mei ... Gräfin? Siehgst, da hast di scho verratn ... jetzt warst halt doch dumm ...«
»Der Dumm' warst scho du! Auf der ihr'n z'sammklaubten Schmarrn rei' flieg'n!«
»Bin i?«
Otto lachte lustig.
»Glaubst du wirkli, i kenn unsern Adel von Giesing net?«
»Warum hast du nacher per gnädige Frau damit g'redt?«
»Rauskitzelt hab i's ... und di damit ...«
»Ja ... sagt ma ... hinterdrei ...«
»Hättst d' mi halt a bissel lieb ang'schaut; i hab a paar Mal 's linke Aug zudruckt. Du hättst mi leicht geh'n hör'n könna ... aber mach, daß mir weiterkommen, sonst lauft der Nottebohm noch a mal mit uns ...«
Die Eile, mit der er einer Begegnung mit dem Maler und seiner Italienerin auswich, versöhnte Resi ganz und gar.
Sie schritten eng aneinander geschmiegt über das Feld, das hinter den Budenreihen völlig im Dunkel lag, und schlüpften, um die Versöhnung zu feiern, in eine kleine Weinbude, wo sie ungestört blieben.

Karl Valentin

Tingeltangel das Oktoberfest

KARL VALENTIN Die Frau kann doch nicht immer auf ihr Täscherl Obacht geben.
DER KAPELLMEISTER Ach – lassens mir meine Ruhe, was geht denn mich die Frau an, wenn die Frau so dumm ist, daß sie nicht einmal auf ihr Täscherl Obacht geben kann, dann soll sie zu Haus bleiben und nicht hingehen aufs Postamt.
KARL VALENTIN Dann kriegts keine Briefmarken.
DER KAPELLMEISTER Ach was – ich mein doch so im allgemeinen, wenn man sich in einem Gedränge befindet, dann muß man eben auf seine Sachen Obacht geben, daß einem nichts wegkommt.

KARL VALENTIN Ja, mir ists auch einmal so gangen beim Oktoberfest, da bin ich auch mitten im Gedränge gestanden, direkt bei der Siebener-Bahn.

DER KAPELLMEISTER Was Siebner-Bahn? Die heißt doch Achterbahn.

KARL VALENTIN Das weiß ich schon, da wars ja noch nicht ganz fertig. Ja, da wärs mir auch bald so gegangen. Da bin ich an der Kasse ins Gedränge hineingekommen, und da hättens mir beinah meine schöne goldene Uhr gestohlen. Die schöne Uhr mit dem Hupfdeckel.

DER KAPELLMEISTER A – A – A – A! Da werden Sie aber erschrocken sein?

KARL VALENTIN Ja, das können Sie sich denken – gut, daß ichs daheim lassen hab an dem Tag.

DER KAPELLMEISTER Erzählens mir heut nichts mehr, ich will nichts wissen. Einen Tusch in C!

Man hört den Tusch, der Vorhang der Hinterbühne geht auf.

Er steigt auf die Hinterbühne.

Hochgeschätztes Auditorium! Ich erlaube mir, Ihnen hier den weltberühmten Kunstradfahrer, Mister Hamptnquempftn vorzustellen!

Der Kunstradfahrer erscheint auf der Bühne.

Er ist geboren im Jahre neunzehnhundertsoundsoviel, absolvierte die Volksschule in Chicago und wandte sich, nachdem er zwei Jahre beim hiesigen Straßenbauamt als Teereingießer tätig war, dem Artistentum zu. Durch seine bereits absolvierten Gastspiele in Nordwestindien, Gleisental im Allgäu, Stuttgart, Kempten, Berlin, Ostern, Pfingsten und Meran etc. etc. wird es ihm ein Leichtes sein, sich auch die Gunst des hiesigen Publikums zu erringen. – Herr Mister Hamptnquempftn teilt seine Nummer in fünf Abteilungen ein, und zwar:

Erstens: Eine Kreisfahrt auf seinem Originaldreirad ohne Freilauf und Rücktrittbremse.

Zweitens: Ausblasen einer brennenden Flamme während der Fahrt.

Drittens: Eine Kreisfahrt auf demselben Rade mit Glockengeläute.

Viertens: Eine Kreisfahrt auf der Bühne mit verbundenen Augen.

Und zum Schluß: die grauenerregende Todesfahrt durch Nacht und Nebel!

Die Kapelle spielt einen Tusch.

In seiner ersten Abteilung: Eine Kreisfahrt auf seinem Originaldreirad ohne Freilauf und Rücktrittbremse.

Die Musik spielt dazu den Donauwellenwalzer.

KARL VALENTIN Der is gut, der is gut, der is nur gut – zu gut – der is glänzend, wenn d' Sunna draufscheint!

Weiß Ferdl

München und sein Bier

München und Bier, das läßt sich nicht trennen. Wenn man von München spricht, dauert's nicht lange, dann kommt auch 's Bier dran, und redet man vom Bier, dann kann München nicht ausbleiben.

Rollt der Zug gegen München, sieht man von weitem das Wahrzeichen: die Frauentürme, die ausschaugn wie zwei Maßkrüag mit Deckeln. Je näher der Zug dem Münchner Hauptbahnhof kommt, desto mehr wird der Fremde erkennen, daß er sich, trotz gegenteiliger Ansicht verschiedener Leute, einer Industriestadt nähert. Rechts und links grüßen die gewaltigen Schornsteine der Münchner Großbrauereien, und in den Kohlengestank der Eisenbahn mischt sich lieblicher Malzgeruch. Man ist in München, in der Heimat des Bieres.

Schon Tacitus, der römische Redakteur, erzählt in seinen Reiseberichten, daß die Bajuwaren ein barbarisch gutes, braunes Getränk brauen. Das ist das einzige, was ihm in unserer Gegend bemerkenswert erschien.

Im Jahre 1158 gründete Heinrich der Löwe die Löwenbrauerei und dann München. Einige Reklamechefs von anderen Brauereien behaupten zwar, das sei eine Geschichtsfälschung, und sie haben den Geheimrat Dr. Schülein, der nebenbei Gelegenheitsdichter ist, im Verdacht – Heinrich der Löwe soll doch zuerst München und dann erst die Löwenbrauerei gegründet haben. Kann schon sein, er war ja kein Bierbrauer. Ich weiß nicht, wer recht hat, und da ich keine Brauerei-Aktien hab – leider – ist es mir auch wurscht.

Sei es, wie es will, das Bier hat immer die größte Rolle bei uns gespielt. Was hat München weltberühmt gemacht? Das Bier! Die hohe Kunst in Ehren, ich will ihr nichts wegnehmen – aber erstens war München durch das Bier schon weltberühmt, bevor es Kunststadt wurde, und zweitens spricht man jetzt so viel vom Niedergang als Kunststadt – aber als Bierstadt sind und bleiben wir führend. Das Hofbräuhaus besucht jeder, der nach München kommt, aber nicht jeder die Pinakotheken und so weiter. Wenn wir da eine Statistik aufstellen würden, käm es an den Tag, was den Hauptanziehungspunkt bildet. Darüber brauchen wir nicht zu reden. Wir und das Finanzamt, wir wissen es.

Wo blüht die echte Münchner Gemütlichkeit, die überall so geschätzt wird? Beim Bier!

Wo kann man die ebenso beliebte, echte unverfälschte Münchner Grobheit hören? Beim Bier! Wo entfaltet sich Politik zur höchsten Blüte? Beim Bier! Wo reichen sich Nord und Süd, rechts, links und Mitte versöhnend, verstehend die Hand? Nur beim Bier!

München ohne Bier, das kann man sich gar nicht vorstellen, ich glaub', ein Erdbeben, könnte uns nicht mehr schaden. München würde verfallen, würde vergessen werden. Einige hundert Jahre später würde vielleicht ein sächsischer Archäologe bei Ausgrabungen eine alte Sudpfanne

finden und feststellen: »Hier an dieser Schtelle schtand einst München – früher eine lebenslustige, blühende Schtadt, später wandten sie sich von ihrem Gott Gambrinus ab und tranken Wasser – Gott sei's geklagt!«
»Ja, gibt's denn dös aa?«

Weiß Ferdl

Heut gehn ma auf die Wiesn

Was ist denn heut beim Huaba los?
Die Aufregung ist riesengroß,
Die Tür'n haun s' zua, sie schreit gereizt:
Pepperl, wenn du di net glei schneuzt,
Dann derfst du net mitgehn.
Jetzt kommt scho Tante Resi,
Dös is fei sonst a Böse,
Doch heut im neuen blauen Kleid
Ist selber sie die Freundlichkeit.
Der Onkel Max, die Tante Wally,
Die kommen heute alle!
Es lebe der Familiensinn
Wo gehns denn alle hin?
Heut gehn ma auf die Wiesn, auf die Wiesn, auf die Wiesn,
Heut wolln wir s' Leben genießn, holdiri, diria ho!
Weißblaue Fahnerl wehen,
Die Karussell sich drehen.
Ja, schauts nur grad die vielen Leut,
Tschimbum trara, alls lacht vor Freud.
Heut gehn ma auf die Wiesn,
Auf d' Wiesn!

Er hängt an ihr von alters her.
Sei Wiesn liebt der Münchner sehr,
In seinen allerersten Tagen
Im Kissn habns 'n scho naustragn,
Ah, ah – da hat er gschaut.
Dort sproß die erste Liebe, gab's dann daheim auch Hiebe.
Ja alls fangt auf der Wiesn an,
Sogar die Revolution.
Obwohl es warn ganz wenig,
Dort habn sie gstürzt an König,
Und wenn s' ihn rufen wieder aus,
Gschiehts auf der Wiesn drauß.
Heut gehn ma auf die Wiesn, auf die Wiesn,
Heut wolln wir 's Lebn gnießn, holdiri, diria ho!
Weißblaue Fahnerl wehen,
Die Karussell sich drehen.
Ja, was a echter Münchner is,
Geht auf sei Wiesn, dös is gwiß.
Er geht auf seine Wiesn,
Auf sei Wiesn!

Thomas Wolfe

Oktoberfest

The doors of the great hall kept opening and shutting constantly as the incessant stream of beer drinkers pressed patiently in. And from within Monk heard the shattering blare of a huge brass band and the roar of five thousand beer-drunk voices, rocking together in the rhythms of »Trink, Trink, Brüderlein, Trink!«
Savage hunger was devouring Monk and Heinrich. They called out loudly to the bustling waitress as she passed them and were told that if they wanted hot food they must go within. But in a moment she sent another woman to their table who was carrying an enormous basket loaded with various cold foods. Monk took two sandwiches made most deliciously of onions and small salted fish, and an enormous slice of liver cheese with a crust about its edges. Heinrich also selected two or three sandwiches, and, having ordered another liter of dark beer apiece, they began to devour their food. Darkness had come on. All of the buildings and amusement devices of the Fair were now blazing with lights; from the vast irradiant murk of night there rose and fell in wavelike nodes the huge fused roar and mumble of the crowd.
When they had devoured their sandwiches and finished their beer, Heinrich suggested that they now make a determined effort to find seats within the hall, and Monk, who had heretofore felt a strong repulsion towards the thick air and roaring chaos of the hall, now found to his surprise that he was ready and eager to join the vast crowd of beerfumed feeders. Obediently now he joined the line of patient Germans who were shuffling slowly through the doors, and in a moment more he found himself enveloped by a cyclone of drunken sound, tramping patiently with a crowd that moved slowly around the great room looking for seats. Presently, peering through the veils and planes of shifting smoke that coiled and rose in the great hall like smoke above a battlefield, Heinrich spied two seats at a table near the center of the room, where, on the square wooden platform, fog-enveloped, forty men dressed in peasant costume were producing a deafening noise upon brass instruments. They plunged directly for the seats, jostling and half-falling over unprotesting bodies that were numb with beer.
And at last, dead center of that roaring tumult, they seated themselves triumphantly, panting victoriously, and immediately ordered two liters of dark beer and two plates of schweinwurstl and sauerkraut. The band was blaring forth the strains of “Ein Prosit! Ein Prosit!” and all over the room people had risen from their tables and were standing with arms linked and mugs upraised while they roared out the great drinking song and swung and rocked rhythmically back and forth.
The effect of these human rings all over that vast and murky hall had in it something that was almost supernatural and ritualistic: something that

belonged to the essence of a race was enclosed in those rings, something dark and strange as Asia, something older than the old barbaric forests, something that had swayed around an altar, and had made a human sacrifice, and had devoured burnt flesh.

The hall was roaring with their powerful voices, it shook to their powerful bodies, and as they swung back and forth it seemed to Monk that nothing on earth could resist them – that they must smash whatever they came against. He understood now why other nations feared them so; suddenly he was himself seized with a terrible and deadly fear of them that froze his heart. He felt as if he had dreamed and awakened in a strange, barbaric forest to find a ring of savage, barbaric faces bent down above him: blond-braided, blond-mustached, they leaned upon their mighty spear staves, rested on their shields of toughened hide, as they looked down. And he was surrounded by them, there was no escape. He thought of all that was familiar to him and it seemed far away, not only in another world but in another time, sea-sunken in eternity ages hence from the old, dark forest of barbaric time. And now he thought almost with warm friendliness of the strange, dark faces of the Frenchmen, their cynicism and dishonesty, their rapid and excited voices, their small scale, their little customs; even their light and trivial adulteries now seemed friendly and familiar, playful, charming, full of grace. And of the dogged English, with their pipes, their pubs, their bitter beer, their fog, their drizzle, their women with neighing voices and long teeth – all these things now seemed immensely warm, friendly and familiar to him, and he wished that he were with them.

But suddenly a hand was slipped through his arm, and through that roar and fog of sound he realized that someone was speaking to him. He looked down, and there beside him saw the jolly, flushed, and smiling face of a pretty girl. She tugged at his arm good-naturedly and mischievously, spoke to him, nodded her head for him to look. He turned. Beside him was a young man, her companion; he, too, smiling, happy, held his arm for Monk to take. He looked across and saw Heinrich, his sallow, lonely, pitted face smiling and happy as he had never seen it before. He nodded to Monk. In an instant they were all linked together, swinging, swaying, singing in rhythm to the roar of those tremendous voices, swinging and swaying, singing all together as the band played “Ein Prosit!” Ended at length the music, but now all barriers broken through, all flushed and happy, smiling at one another, they added their own cheers to the crowd’s great roar of approval when the song was ended. Then, laughing, smiling, talking, they all sat down again.

And now there was no strangeness any more. There were no barriers any more. They drank and talked and ate together. Monk drained liter after liter of the cold and heady beer. Its fumes mounted in his brain. He was jubilant and happy. He talked fearlessly in a broken jargon of his little German. Heinrich helped him out from time to time, and yet it did not matter. He felt that he had known all these people forever. The young girl with her jolly, pretty face eagerly tried to find out who he was and what he did. He teased her. He would not tell her. He told her a dozen things – that he was a business man, a Norwegian, an Australian, a carpenter, a sailor, anything that popped into his head, and Heinrich, smiling, aided and abetted him in all his foolishness. But the girl clapped her hands and gleefully cried out "No," that she knew what he was – he was an artist, a painter, a creative man. She and all the others turned to Heinrich, asking him if this was not true. And, smilingly, he half inclined his head and said that Monk was not a painter but that he was a writer – he called him a poet. And then all of them nodded their heads in satisfied affirmation, the girl gleefully clapped her hands together again and cried that she had known it. And now they drank and linked their arms and swayed and swung together in a ring again. And presently, now that it was growing late and people had begun to leave the hall, they too got up, the six of them, the girl, another girl, their two young men, and Heinrich and Monk, moved out among the singing, happy crowds again, and, arm in arm, linked all together, moved singing through the crowds.

And then Monk and Heinrich left them, finally, four young people from the mass of life and from the heart of Germany, whom Monk would never see again – four people, and the happy, flushed, and smiling face of a young girl. They left them, never having asked each other's names; they left and lost them, with warmth, with friendship, with affection in the hearts of all of them.

Monk and Heinrich went their way, and they went theirs. The great roar and clamor of the Fair suffused and faded far behind them, until it had become a vast and drowsy distant murmur. And presently, walking arm in arm together, they reached again the railway station and the ancient heart of Munich. They crossed the Karlsplatz and presently they had come to their dwelling in the Theresienstrasse.

Helmut Zöpfl

Oktoberfest

Laßt's mi in Ruah mit all dem Kram,
der wo mi sonst geniert:
Heut abnd wui i mein Friedn habn,
heut abend werd net duschkriert.
Von Politik, von Kriag und Gschäft
da werd heut nix erzählt,
heut geh i aufs Oktoberfest,
heut wechselt i mei Welt.

Heut hock i mi in d'Budn nei
und zuzzl oa, zwoa Maß,
beim Defiliermarsch fall i ei
und schlag an Takt zum Gspaß.
Na schaug i zu der Toboggan
und gfreu mi, wenn's d' Leut draaht,
kauf mir gebrannte Mandeln dann
und wackl hoam schee staad.

Helmut Zöpfl

»Wies'n im Jahr 2000« oder »Hoffentlich net«

A Steckerlfischpuin und a Hendltablettn,
a Bierbudnmusi auf Tonbandkassetten,
a Kasperltheater auf Videobandln,
türkischer Honig, der Bärndreck, de Mandln
in Vakuumpackung und pulverisiert,
Schweinswürstl in Folie sterilisiert.
Kalorienarme Süaßstoff-Ersatzzucker-Watt,
a Infrarot-Mastochsn-Vollkonzentrat.
Mit Limburger-Kaas-Gruch Schaumgummibröckerl,
frisch vulkanisierte chemische Weckerl,
a Plastiklutscher mit Breznaroma,
a Bräuroßattrappn mit Bierschläucherl droma.

A Hau-den-Lukas-Flipp-Apparat,
a Laser-Gwahr-Schiaßstand, a Schnupfautomat.
D' Bavaria drobn aus papieram Maschee,
de Wiesn auf Kunstrasn, echt PVC.
A Oktoberfestgruchspray, a deftiger, feiner,
a Nes-Bier, a süffigs, ausm Riesncontainer
in Wegwerfmaßkrüag eipumpt von feschn
Computer-Schenkkellnern, serviert von reschn
Robotermadln mit eisernen Busn:
Guat boarisch durch Bayer Chemie Leverkusn.
Drum stoß ma drauf o auf de Zukunft scho heut:
Ein Prosit der synthetischen Gmüatlichkeitszeit!

Textnachweis

Seite 127
Herbert Achternbusch
Schriftsteller, Filmemacher
geb. 23. 11. 1938 in München
»Zigarettenverkäufer«
aus: Hülle
© Suhrkamp Verlag, Frankfurt am Main 1969

Seite 132
Peter Auzinger
Dichter, Sekretär des königlichen Maximilianeums
geb. 11. 10. 1836 in Athen
gest. 6. 2. 1914 in München
»Zum hundertsten Jahrestag«
aus: Ernst von Destouches, Das Münchener Oktoberfest (Zentral-Landwirtschafts-Fest) 1810–1910
J. Lindauersche Buchhandlung, München 1910

Seite 133
Georg Britting
Schriftsteller
geb. 21. 12. 1881 in München
gest. 15. 8. 1968 in München
»Verschneites Oktoberfest«
aus: Gesamtausgabe in Einzelbänden,
Bd. 8, Anfang und Ende
© Nymphenburger Verlagshandlung, München 1967

Seite 136
Franz Freisleder
Journalist, Schriftsteller
geb. 22. 2. 1931 in München
»Apropos Wiesn«
zitiert nach: Apropos
München 1971

Seite 137
Oskar Maria Graf
Dichter, Erzähler
geb. 22. 7. 1894 in Berg/Starnberger See
gest. 28. 6. 1967 in New York
»Die wunderbare Isis«
aus: Dorfbanditen
© Süddeutscher Verlag, München

Seite 145
Hugo Hartung
Schriftsteller
geb. 17. 9. 1902 in Netzschkau/Vogtland
gest. 2. 5. 1972 in München
aus: Wir Wunderkinder
Droste Verlag, Düsseldorf 1957

Seite 150
Ernst Hoferichter
Schriftsteller
geb. 19. 1. 1895 in München
gest. 4. 11. 1966 in München
»Die Hinrichtung«
aus: Das Bayerland, 40. Jg., 1929
W. Ludwig Verlag, Pfaffenhofen

Seite 162
Ernst Hoferichter
»Ansichtskarten vom Oktoberfest«
Originalmanuskript der Monacensia-Sammlung der Stadtbibliothek München

Seite 165
Hans Hellmut Kirst
Schriftsteller
geb. 5. 12. 1914 in Osterode/Ostpreußen
aus: Verfolgt vom Schicksal
© C. Bertelsmann Verlag GmbH, München 1971

Seite 166
Julius Kreis
Schriftsteller
geb. 31. 8. 1891 in München
gest. 31. 3. 1933 in München
»Oktoberfest-Bilderbogen«
aus: Das Bayerland, 40. Jg., 1929
W. Ludwig Verlag, Pfaffenhofen

Seite 171
Joseph Maria Lutz
Dichter
geb. 5. 5. 1893 in Pfaffenhofen
gest. 30. 8. 1972 in München
Das Lied vom Steckerlfisch
W. Ludwig Verlag, Pfaffenhofen

Seite 171
Fritz von Ostini
Schriftsteller
geb. 27. 7. 1961 in München
gest. 1. 6. 1927 in Pöcking
»Oktoberfest«
aus: Ernst von Destouches, Das Münchener Oktoberfest
(Zentral-Landwirtschafts-Fest) 1810–1910
J. Lindauersche Buchhandlung, München 1910

Seite 173
Kurt Preis
Journalist, Schriftsteller
geb. 23. 9. 1913 in München
»Brief vom 9. 8. 1984 an die Monacensia-Abteilung
der Stadtbibliothek«

Seite 174
Benno Rauchenegger
Geheimsekretär, Schriftsteller
geb. 20. 8. 1843 in Memmingen
gest. 2. 8. 1910 in München
»Oktoberfestsonntag anno 51«
aus: Ernst von Destouches, Das Münchener Oktoberfest
(Zentral-Landwirtschaftsfest-Fest) 1810–1910
J. Lindauersche Buchhandlung, München 1910

Seite 178
Wugg Retzer
Journalist
geb. 12. 7. 1905 in Oberhaselbach/Ndb.
gest. 16. 5. 1984 in München
»Ein Lebehoch der Wies'nkellnerin«
zitiert nach: 150 Jahre Oktoberfest
hrsg. von Ernst Hoferichter und Heinz Strobl
München 1960

Seite 179
Joachim Ringelnatz
(eigentlich Hans Bötticher)
Schriftsteller
geb. 7. 8. 1883 in Wurzen
gest. 17. 11. 1934 in Berlin
»Die Riesendame der Oktoberwiese«
aus: Und auf einmal steht es neben dir
© Henssel, Berlin

Seite 180
Eugen Roth
Schriftsteller
geb. 24. 1. 1895 in München
gest. 28. 4. 1976 in München
»Auf geht's«
zitiert nach der Ausgabe Hannover 1960

Seite 182
Hermann Roth
Schriftsteller
geb. 12. 10. 1865 in Neustadt an der Donau
gest. 7. 5. 1950 in Moosach bei Grafing
»Oktoberfest-Jubiläums-Jubelhymne«
aus: Ernst von Destouches, Das Münchener Oktoberfest
(Zentral-Landwirtschafts-Fest) 1810–1910
J. Lindauersche Buchhandlung, München 1910

Seite 184
Josef Ruederer
Schriftsteller
geb. 15. 10. 1861 in München
gest. 20. 10. 1915 in München
»Die goldene Dose«
aus: Ernst von Destouches, Das Münchener Oktoberfest
(Zentral-Landwirtschafts-Fest) 1810–1910
J. Lindauersche Buchhandlung, München 1910

Seite 196
Josef Benno Sailer
Schriftsteller
geb. 21. 5. 1866 in München
gest. 25. 10. 1933 in München
»Der Gewinst«
aus: Ernst von Destouches, Das Münchener Oktoberfest
(Zentral-Landwirtschafts-Fest) 1810–1910
J. Lindauersche Buchhandlung, München 1910

Seite 199
Herbert Schneider
Journalist, Schriftsteller
geb. 8. 10. 1922 in München
»Die große Menschenschau«
aus: Bairisches Federspiel
W. Ludwig Verlag, Pfaffenhofen 1971

Seite 201
Herbert Schneider
»Das Lied der Wies'n Sänger«
zitiert nach: tz vom 19. September 1984

Seite 203
Siegfried Sommer
(Pseudonym: Blasius, der Spaziergänger)
Journalist, Schriftsteller
geb. 23. 8. 1914 in München
»Blasius geht auf die Wies'n«
zitiert nach: Das Beste von Blasius 1949–1952
München 1953

Seite 205
Karl Spengler
Journalist, Heimatforscher
geb. 29. 6. 1901 in München
gest. 24. 12. 1976 in München
»Der Vogeljakob«
zitiert nach: 150 Jahre Oktoberfest
hrsg. von Ernst Hoferichter und Heinz Strobl
München 1960

Seite 206
Ludwig Thoma
Schriftsteller
geb. 21. 1. 1867 in Oberammergau
gest. 26. 8. 1921 in Tegernsee
»Münchnerinnen«
aus: Ludwig Thoma, Gesammelte Werke
R. Piper & Co. Verlag, München 1968

Seite 228
Karl Valentin
(eigentlich Karl Valentin Fey)
Komiker
geb. 4. 6. 1882 in München
gest. 9. 2. 1948 in München
»Tingeltangel/Das Oktoberfest«
aus: Karl Valentin, Gesammelte Werke
R. Piper & Co. Verlag, München 1961

Seite 230
Weiß Ferdl
(eigentlich Ferdinand Weisheitinger)
Dichter, Komiker, Leiter der »Dachauer« im Platzl
geb. 28. 6. 1883 in Altötting
gest. 19. 6. 1949 in München
»München und sein Bier«
© Münchner-Humor-Verlag

Seite 231
Weiß Ferdl
»Heut gehn ma auf die Wiesn«
© Münchner-Humor-Verlag

Seite 232
Thomas Wolfe
Romancier
geb. 3. 10. 1900 in Asheville/North Carolina
gest. 15. 9. 1938 in Baltimore/Maryland
aus: Oktoberfest
Harper & Brothers, New York

Seite 235
Helmut Zöpfl
Universitätsprofessor, Schriftsteller
geb. 25. 11. 1937 in München
»Wies'n im Jahr 2000« oder »Hoffentlich net«
»Oktoberfest«

Fotonachweis

Kaspar Angermaier: Seite 6
Florian Dering: Seite 112
Heinz Gebhardt: Seite 110, 118
A. Labryga: Seite 116, 117
Knut Liese: Seite 120
Wolfgang Pulfer: Seite 123
Münchner Stadtmuseum: Seite 8, 15, 26, 27, 36, 80, 218 oben
Alle anderen Fotos: Stadtarchiv München

Lohn dem Fleisse
Zur Erinnerung an das